Walter Achilles

Vermögensverhältnisse braunschweigischer Bauernhöfe
im 17. und 18. Jahrhundert

QUELLEN UND FORSCHUNGEN ZUR AGRARGESCHICHTE

Herausgegeben von

Professor Dr. Dr. Friedrich Lütge
München

Professor Dr. Günther Franz   Professor Dr. Wilhelm Abel
Stuttgart-Hohenheim   Göttingen

BAND XIII

Vermögensverhältnisse braunschweigischer Bauernhöfe im 17. und 18. Jahrhundert

Von

Walter Achilles

GUSTAV FISCHER VERLAG · STUTTGART

1965

©
Gustav Fischer Verlag Stuttgart
1965
Alle Rechte vorbehalten
Satz und Druck: A. Oelschläger'sche Buchdruckerei, Calw
Einband: Sigloch, Künzelsau/Württ.
Printed in Germany

Inhalt

Vorwort	VII
Das Ziel der Untersuchungen	1

ERSTER TEIL: Bodenwert und Inventarbesatz

A. Die Quellen	7
B. Die untersuchten Vermögensbestandteile	9
I. Der Boden	9
II. Das lebende Inventar	18
a) Die Zugtierhaltung	18
b) Die Nutzviehhaltung	22
1. Die Rindviehhaltung	22
2. Die Schafhaltung	29
3. Die Schweinehaltung	33
III. Das tote Inventar	36
C. Entwicklungsvergleich zwischen den Roggenpreisen und dem Gesamtwert des lebenden und toten Inventars	47
D. Zusammenfassung	50

ZWEITER TEIL: Abfindungen und Altenteile

A. Die Eheverträge als rechts- und wirtschaftsgeschichtliche Quellen	52
I. Die Abfindungen als Maßstab der Ertragslage	52
II. Die Verfügungsfreiheit des Bauern bei der Übergabe des Hofes	58
III. Der Wandel der Erbsitten	63
B. Die Abfindungen der weichenden Erben	70
I. Die Abfindung als Entschädigung für das Erbrecht am Hof	70
II. Die Bestandteile der Abfindungen und ihr Wert	81
a) Die Mitgabe an Bargeld	81
b) Die Mitgabe an Vieh	85
c) Die Mitgabe an Korn	89
d) Die Mitgabe an Kisten, Betten und Ehrenkleidern	91
e) Die Hochzeitskosten	94
III. Die Entwicklung des Gesamtwertes der Abfindungen	97
C. Das Altenteil	101
I. Die Leistungen des Hofes an den Altenteiler	101

a) Besondere Bestimmungen über die Art des Altenteils vor dem Dreißigjährigen Kriege 101
b) Art und Umfang des Altenteils nach dem Dreißigjährigen Kriege . 102
II. Die Vererbung des Nachlasses der Altenteiler 110
D. Schlußbetrachtung 111

Quellenverzeichnis 116

Vorwort

Die vorliegende Untersuchung soll einen Beitrag zur Kenntnis der Vermögensverhältnisse braunschweigischer Bauernbetriebe in den Ämtern am Elm im 17. und 18. Jahrhundert geben. Durch Zufall stieß ich in der Dorfbeschreibung von Hedeper, Kr. Wolfenbüttel, auf das Inventar eines Bauernhofes, das mit Schätzpreisen versehen war. Der Verfasser dieser im Maschinendruck erschienenen Arbeit, Herr Dr. Werner Küchenthal, Hedeper, verwies mich auf die Amtshandelsbücher im Niedersächsischen Staatsarchiv zu Wolfenbüttel, in denen weitere Inventare dieser Art zu finden seien. Da in der bisherigen Literatur dieses Sachgebiet nur selten systematisch untersucht worden war, erschien die Bearbeitung reizvoll und lohnend.

Bei der Auswertung der Amtshandelsbücher zeigte es sich bald, daß sie noch in anderer Hinsicht Aufschlüsse zu geben vermochten. In vielen Ehestiftungen wurde die Belastung der Höfe durch Altenteile und Abfindungen erkennbar. Gelang es, diese Lasten zu repräsentativen Durchschnitten zusammenzufassen und über einen längeren Zeitraum zu verfolgen, so mußte aus ihnen die wechselnde Ertragslage der Bauernhöfe abgelesen werden können.

Beide Teilabschnitte der Untersuchung wurden mit finanzieller Unterstützung der Deutschen Forschungsgemeinschaft durchgeführt, für deren Vermittlung ich Herrn Prof. Dr. W. Abel, Göttingen, herzlich danken möchte. Großen Dank schulde ich auch Herrn Staatsarchivdirektor Dr. H. Kleinau für die vielen Anregungen und Hinweise und Herrn Staatsarchivrat Dr. H. Goetting für die unermüdliche Hilfe bei vielen Sachfragen.

Der Druck dieser Arbeit wurde durch die Zuvorkommenheit des Gustav Fischer Verlages, Stuttgart, und die Zuweisung von Mitteln aus der Konzessionsabgabe des Zahlenlottos ermöglicht.

Sorsum bei Hildesheim, im Dezember 1964

Walter Achilles

DAS ZIEL DER UNTERSUCHUNGEN

Das Entscheidende bei jeder Art des Wirtschaftens ist der Erfolg. Das gilt auch für die frühere Landwirtschaft, selbst wenn es häufig so scheinen mag, als ob er bei ihr lediglich in der Deckung des Eigenbedarfs bestanden habe. Zieht man aber die Leistungen und Abgaben an die Grund- und Gerichtsherren mit heran, so weisen auch die bäuerlichen Wirtschaften einen Gewinn auf, der bei der Eigenart der damaligen Besitzverhältnisse allerdings nur zu oft nicht dem Erzeuger zufloß, sondern den Berechtigten für die Abgaben und Dienste. Dadurch verliert die Ermittlung des Erfolges aber keineswegs an Bedeutung. Sie gibt in jedem Falle Auskunft über das Einkommen des Bauern und zeigt darüber hinaus, welchen Anteil sich Grund-, Dienst- und Landesherren nahmen. Die sozialen Verhältnisse werden hierbei gut sichtbar.

Wie erfolgreich der Bauer wirtschaftet, läßt sich auf zweierlei Art feststellen. Die direkte Methode erfordert das Zusammenfassen aller Positionen der Ertragsseite, von denen jene der Aufwandsseite abzuziehen sind. Nach Abschluß dieser Erfolgsrechnung verbleibt das Roheinkommen des Bauern[1]. Indirekt läßt sich der Ertrag der Bauernwirtschaften erschließen, wenn verfolgt werden kann, wofür das Roheinkommen ausgegeben wird.

Erfolgsrechnungen sind in den früheren Jahrhunderten für bäuerliche Betriebe nur selten aufgestellt worden[2]. Außerdem reicht ihre Aussagekraft nicht an die jener Rechnungen heran, die heute im «Bericht über die Lage der Landwirtschaft» geordnet nach Betriebstypen, -größen und Einheitswerten je Hektar vorgelegt werden[3]. Dafür sind vier Gründe verantwortlich zu machen. Erstens schwankten früher die Abgaben und Dienste von Hof zu Hof ganz erheblich. Sie erreichten auf der Aufwandsseite absolut und im Verhältnis einen weit stärkeren Umfang, als das heute bei den Steuern der Fall ist. Infolgedessen wurde durch sie das Einkommen des Bauern weit stärker verändert, als es heute die Abgaben an den Staat vermögen. Allerdings wären die durch Abgaben und Dienste verursachten Einkommensunterschiede noch am ehesten zu ermitteln, da hier die Quellen reichlicher fließen. Zweitens fehlte früher eine tief-

---

[1] Zum Aufwand gehört auch der Lohnanspruch der Bauernfamilie, so daß streng genommen der Reinertrag verbleibt. Da es sich hierbei aber mehr um eine rechnerische Größe als um tatsächliche Ausgaben handelt, wurde hier der Lohnanspruch nicht zum Aufwand gerechnet.

[2] ABEL, W.: Geschichte der deutschen Landwirtschaft, in: Deutsche Agrargeschichte, Band II, Stuttgart cy. 1962, vermag auf S. 232 nur eine Erfolgsrechnung eines Bauernhofes zu bringen, obwohl er diesen Rechnungen stets große Aufmerksamkeit zuwandte.

[3] Seit 1956 hat die Bundesregierung gemäß § 4 des Landwirtschaftsgesetzes dem Bundestag jährlich einen Bericht über die Lage der Landwirtschaft vorgelegt. Innerhalb der gleichen Betriebstypen und -größen werden maximal drei Klassen nach der Bodengüte getrennt.

lockernde Bodenbearbeitung, drittens wurden keine Handelsdünger eingesetzt, und viertens kannte man noch so gut wie gar keine Schädlingsbekämpfung. Diese drei Maßnahmen gleichen aber nicht nur die unterschiedliche Fruchtbarkeit der Böden aus, sie vermindern auch die Ernteschwankungen von Jahr zu Jahr. Deshalb müßten für eine Übersicht über die Lage der Landwirtschaft früherer Jahrhunderte mehr Gruppen gebildet werden, die den unterschiedlichen Erträgen verschiedener Bodentypen entsprechen, und es müßten auch mehr Erntejahre erfaßt werden, um einen repräsentativen Durchschnitt errechnen zu können. Diese Forderungen scheitern aber am Mangel an geeigneten Quellen.

Will man dennoch auf dem Wege der direkten Einkommensermittlung vorankommen, so erscheint es zweckmäßig, jede Position der Ertrags- und Aufwandsseite gesondert zu ermitteln und sie dann zu einem Gesamtbild zu vereinen, aus dem sich der Erfolg bäuerlichen Wirtschaftens ablesen läßt. Dieses Vorgehen mag zu abstrakt erscheinen, da der Wirtschaftserfolg nicht mehr an Hand der Betriebsergebnisse tatsächlich vorhandener Bauernhöfe festgestellt wird. Aber bei dieser Methode wird bei richtiger Anwendung mit repräsentativen Durchschnittswerten gearbeitet, die ebenso repräsentative Betriebsmodelle ergeben. Auch das Einkommen des Bauern, das bei dieser Modellkalkulation erkennbar wird, genügt dann der Forderung nach Repräsentanz. Die agrarhistorische Forschung gewinnt bei diesem Verfahren den Vorteil, jetzt jede Quelle auswerten zu können, die etwas über Erträge und Unkosten der Bauernwirtschaften aussagt. Je öfter das geschehen kann, um so genauer wird dann auch die Ertragslage der Landwirtschaft zu erkennen sein.

Zu diesem Ziel und zu dieser Methode soll der erste Teil dieser Arbeit beitragen. Dabei liegt der Schwerpunkt auf der Ermittlung von Umfang und Wert des lebenden und toten Inventars auf Bauernhöfen. Beide gehören nach der Nomenklatur der landwirtschaftlichen Betriebslehre zum Aktivkapital, dessen Unterhaltung Unkosten verursacht, die eine Position auf der Aufwandsseite des Betriebsabschlusses bilden.

Zwar fehlt es in der bisherigen Literatur nicht an Beschreibungen der Nutzungsrichtungen und Bestandsveränderungen des Viehbesatzes einzelner Güter und Landschaften[4], jedoch erfahren wir nur selten etwas über den Umfang und die Zusammensetzung des Viehstapels einzelner Bauernhöfe[5], und Wertangaben schließlich fehlen fast ganz. Sie sollen hier nachgetragen werden; denn nach Kriegen, Seuchen und bei fehlender Nachzucht waren die Geldmengen bedeutsam, die der Bauer benötigte, um den verminderten oder vernichteten Viehbestand wieder auf die Mindesthöhe zu bringen, die zur Fortführung der Wirtschaft erforderlich war. Das gilt besonders für das Zugvieh. Da im 17. und 18. Jahrhundert die Mittel für solche Neu- oder Ersatzbeschaffungen fast ganz aus dem Ackerbau stammten, ist das Verhältnis zwischen

[4] Eine umfassende Übersicht der älteren Literatur gibt RIEMANN, F. K.: Ackerbau und Viehhaltung im vorindustriellen Deutschland, Diss. agr. Göttingen 1952 (gedr.: III. Beiheft zum Jahrbuch der Albertus-Universität Königsberg i. Pr., Kitzingen 1953, S. 46 ff.); seitdem WÄCHTER, H.-H.: Ostpreußische Domänenvorwerke im 16. und 17. Jahrhundert, Diss. agr. Göttingen 1957 (gedr.: XIX. Beiheft des Jb. der eben genannten Universität, Würzburg 1958, S. 71 ff.). FINCKENSTEIN, H. W. GRAF: Die Landwirtschaft in Preußen und Deutschland in den neun alten preußischen Provinzen von 1800—1930, drei Bände (Bern 1959, Mschr.); SAALFELD, D.: Bauernwirtschaft und Gutsbetrieb in der vorindustriellen Zeit, Diss. agr. Göttingen 1957 (gedr.: Quellen und Forschungen zur Agrargeschichte, Band VI, Stuttgart 1960, S. 66 ff.).

[5] SAALFELD, a. a. O., S. 68 ff.

Korn- und Viehpreisen zu verfolgen, da nur aus ihm zu erkennen ist, ob die Unkosten der Viehhaltung die Gesamtausgaben vermehrten oder verringerten.

Daneben ist es ebenso wichtig, für den einzelnen Bauernhof über einen längeren Zeitraum hinweg zu ermitteln, wieviel Tiere von jeder Nutztiergattung gehalten wurden. Hier werden nämlich wesentliche wirtschaftliche Bestimmungsgründe sichtbar; und nur wenn wir wissen, wieviel Nutztiere der einzelne Bauer hielt, können wir ermessen, welche Mengen nach Abzug des Eigenverbrauchs für den Verkauf bereit standen. Ihr Gelderlös zeigt dann, mit welchen Einkünften der Bauer aus diesem Wirtschaftszweig rechnen konnte. Das gleiche kann aber niemals aus den Bestandszahlen ganzer Dörfer oder Landschaften herausgelesen werden; denn es wäre ohne weiteres denkbar, daß die Vergrößerung der Viehbestände ausschließlich durch die Neubesetzung wüster Höfe erfolgte. In einem solchen Falle ist aber nicht sicher, daß diese Vergrößerung bei relativ steigendem Eigenverbrauch auf kleineren Betrieben zur Zunahme des Fleischangebotes auf dem städtischen Markt führte oder die Fleischversorgung der Bauernfamilie verbesserte, falls der Viehbesatz je Betrieb unverändert geblieben war.

Während wir in der deutschen agrargeschichtlichen Literatur noch einiges über die Nutzviehhaltung erfahren können, obwohl auch hier keineswegs ein umfassendes Bild zu gewinnen ist, sind Angaben über das tote Inventar kaum zu erhalten. Lediglich in Gutsbeschreibungen finden sich manchmal recht knappe Mitteilungen. Noch seltener ist etwas darüber zu erfahren, wie die Bauernhöfe mit den notwendigen Ackerbaugeräten ausgestattet waren. Besser ist hier der englische Agrarhistoriker gestellt, der auf einige materialreiche Arbeiten zurückgreifen kann[6].

Die in ihnen angewandten Bearbeitungsmethoden können allerdings nicht als richtungweisend angesehen werden. Zwar werden auch bei den englischen Inventaren die einzelnen Nutztierarten und das tote Inventar mit ihrem Geldwert erfaßt, doch wird zum Gesamtwert auch der zu erwartende Erlös für die Ernte gerechnet. Anschließend werden dann für die Ernte, zum Teil für die einzelnen Fruchtarten, für die Nutztierarten und für das tote Inventar die Prozentanteile am Gesamtwert ausgewiesen. Diesem Vorgehen stehen aber gewichtige Gründe entgegen. Von der Ernte gehört nur der Teil zum «Inventar», der als Saatgut und Viehfutter in das Umlaufkapital eingeht. Vor allem aber werden die Prozentsätze der einzelnen Inventarposten durch die großen Schwankungen der Erntemengen und Getreidepreise von Jahr zu Jahr verändert, und es bleibt infolgedessen offen, ob sich die Prozentanteile nur aus diesen beiden Gründen veränderten, oder ob sie durch eine unterschiedliche Wirtschaftsweise bedingt waren. Das zu ermitteln, wird aber stets der Wunsch des Agrarhistorikers bleiben. Infolgedessen wurden in dieser Untersuchung die vereinzelt aufgezeichneten Erntemengen nicht zum Inventarwert hinzugerechnet.

Der Geldwert des toten Inventars verdient besondere Beachtung. Er setzt sich im wesentlichen aus den Materialkosten und den Löhnen für die Bearbeitung zusammen; denn schon im Untersuchungszeitraum war der Bauer nicht mehr in der Lage, Wagen, Pflüge und den Großteil der Geräte selbst herzustellen und zu unterhalten. Deshalb erforderten Ersatzbeschaffungen an totem Inventar und dessen Pflege Bargeld, das

---

[6] STEER, F. W.: Farm and Cottage Inventories of Mid-Essex 1635—1749, Colchester 1950; KENYON, G. H.: Kirdford Inventories, 1611 to 1776, in: Sussex Archaeological Collections, Vol. 93, Oxford 1955, S. 78 bis 156; LONG, W. H.: Regional Farming in Seventeenth-Century Yorkshire, in: The Agricultural History Review, Vol. VIII, 1960, S. 103 bis 115.

wiederum nur aus den Überschüssen des Ackerbaus gewonnen werden konnte. Ein Entwicklungsvergleich der Getreidepreise und jener des toten Inventars ist daher auch hier unerläßlich.

Die Kapitalkosten des toten und lebenden Inventars unterscheiden sich zwar erheblich – das tote erfordert Abschreibungen und Reparaturen, das lebende verursacht bei ausreichender Nachzucht diese Kosten nicht –, doch ist beiden eins gemeinsam: sie stellen ein Kapital dar, das aus den laufenden Erträgen der Wirtschaft verzinst und nach Kriegen, Bränden und Seuchen ersetzt werden mußte. Wenn hierzu auch eventuell Kredite von nichtlandwirtschaftlichen Geldgebern herangezogen wurden, so war es doch wieder der Ertrag der Bodenproduktion, mit dem die geliehenen Mittel abgetragen und verzinst werden mußten. Deshalb wurden abschließend noch einmal der Gesamtwert des toten und lebenden Inventars und die Getreidepreise verglichen. Um mögliche Veränderungen nachzuspüren, erschien es zweckmäßig, diesen Vergleich am Anfang und Ende des Untersuchungszeitraumes durchzuführen. Dabei steht fest, daß zum Schluß des 18. Jahrhunderts dem Landwirt nicht nur die gestiegenen Getreidepreise Ersatz und Erhaltung des Inventars erleichterten, sondern auch die gestiegenen Ernteerträge. Der Vergleich der drei veränderlichen Größen – Inventarwert, höhere Getreidepreise und -ernten – wird dabei immer erst dann übersichtlich und sinnvoll, wenn er an Hand repräsentativer Betriebsmodelle erfolgt.

Zum Aktivkapital wird aber auch der Boden gerechnet. Da er – wie es vereinfachend heißt – «unzerstörbar» ist, entfallen die Kosten für Tilgung und Unterhaltung. Doch muß auch hier wieder der Kapitalwert verzinst werden. Das kann selbstverständlich nur aus jenen Überschüssen geschehen, die bei seiner Bewirtschaftung entstehen. Infolgedessen besteht zwischen Reinertrag und Bodenwert ein Zusammenhang. Er ist bereits von Abel eingehend dargestellt und als Maßstab für die Agrarkonjunktur herangezogen worden[7]. Da das untersuchte Material nicht nur über das tote und lebende Inventar Aufschluß gab, sondern auch etliche Verträge über Landverkäufe enthielt, erschien es angebracht, an Hand der Verkaufserlöse die Entwicklung des Bodenwertes und damit der Agrarkonjunktur einführend darzustellen. Damit war der Maßstab gesetzt, an dem gemessen werden konnte, wie sich die Preissteigerungen beim toten und lebenden Inventar auf den Ertrag eines landwirtschaftlichen Betriebes auswirkten.

Schließlich sei noch darauf verwiesen, daß der Erfolg eines Wirtschaftszweiges untrennbar mit den Produktionsverfahren verknüpft ist, die in ihm angewandt wurden. Unser Wissen darüber ist aber immer noch recht lückenhaft[8]. Es erschien deshalb gerechtfertigt, immer dann auf die Wirtschaftsweise einzugehen, wenn die Quellen entsprechende Hinweise boten.

Der erste Teil dieser Arbeit zeigt aber auch deutlich die Schwierigkeiten, die entstehen, wenn der Wirtschaftserfolg eines Bauernhofes auf direktem Wege ermittelt werden soll. Zu einer Erfolgsrechnung gehören stets alle Positionen der Ertrags- und Aufwandsseite, doch geben die vorhandenen Unterlagen nur über Umfang und Wert des Inventars Auskunft. Die Veränderung seines Wertes läßt dann zwar Rückschlüsse

---

[7] ABEL, W.: Agrarkrisen und Agrarkonjunktur in Mitteleuropa vom 13. bis zum 19. Jahrhundert, Berlin 1935, passim.

[8] Die bisher umfassendste Darstellung gibt RIEMANN, a. a. O., S. 32 ff.; WÄCHTER und SAALFELD (s. Anm. 4) geben weitere Hinweise für die von ihnen untersuchten Gebiete.

darüber zu, ob die Unkosten der untersuchten Kapitalgüter stiegen oder fielen und dadurch den Betriebserfolg schmälerten oder verbesserten; doch bleibt seine Gesamthöhe unbekannt.

Das gilt vor allem deshalb, weil auf der Aufwandsseite zwei umfangreiche Positionen fehlen, nämlich die Lohnkosten und die Belastungen durch Abgaben und Dienste. Besonders für die Löhne ließen sich noch keine brauchbaren Unterlagen finden, die es erlaubten, sie zahlenmäßig zu bestimmen. Will man aber dennoch erkennen, mit welchem Erfolg die Landwirtschaft des hier ausgewählten Gebietes während des Untersuchungszeitraumes wirtschaftete, so muß versucht werden, auf indirektem Wege die Ertragslage der Landwirtschaft zu erschließen.

Hierfür stehen die Eheverträge zur Verfügung, die Abfindungen und Altenteile enthalten, wie sie bei der Hofübergabe versprochen wurden. Beide mußten vom Hoferben aus dem erwirtschafteten Roheinkommen aufgebracht werden. Das Material enthielt auch sichere Anzeichen dafür, daß bei steigendem Einkommen die Abfindungen wuchsen und sich bei schwindendem wieder verminderten. Dennoch kann sich innerhalb enger Grenzen der Anteil am Roheinkommen verändert haben, den der Anerbe Geschwistern und Eltern abtreten mußte. Da aber nicht festzustellen war, in welchem Verhältnis dieser Anteil zum gesamten Roheinkommen stand, konnte dessen absolute Höhe auf diesem Wege auch nicht ermittelt werden, sondern nur noch, wie es sich veränderte.

Bei den Abfindungen und Altenteilen könnte vermutet werden, ihr Umfang habe sich auch nach dem Besitzrecht gerichtet, das der Bauer an seinen Ländereien geltend machen konnte. Besonders die größeren Höfe wurden im Untersuchungsgebiet häufig zu Meierrecht besessen, dem deshalb besondere Bedeutung zukommt. Es war anfänglich ein reines Pachtrecht, das nach sechs oder neun Jahren zur Erneuerung des Pachtkontraktes zwang. Im ehemaligen Herzogtum Braunschweig—Wolfenbüttel wurde es aber schon im 15. Jahrhundert zunehmend gebräuchlicher, mit Meiern, die zufriedenstellend gewirtschaftet hatten, das Pachtverhältnis fortzusetzen, und bereits im 16. Jahrhundert drang die Landesregierung immer stärker auf eine endgültige Fixierung der Meierzinsen, die sie 1597 mit dem Landtagsabschied von Salzdahlum erreichte[9]. In dem gleichen Vertragswerk wurden die Kündigungsgründe derartig eingeschränkt, daß die meisten Autoren von diesem Zeitpunkt an ein erbliches Nutzungsrecht des Bauern an seinem Meierhofe anerkennen[10].

Dadurch wurden die Meier zumindest in der Praxis des Rechtslebens den Bauern

[9] Die angeführten Archivnummern beziehen sich alle auf die Findbücher des Niedersächsischen Staatsarchivs Wolfenbüttel. 40 Slg. 989.

[10] Nach den Bestimmungen des Landtagsabschiedes von Salzdahlum (s. Anm. 9) sind von dem Meier verursachte Kündigungsgründe ein zweijähriger Rückstand der Meierzinsen, das Liefern nicht «markgebigen» Kornes und das Mitgeben der Meiergüter zur Aussteuer oder das Verpfänden, Verkaufen, Vertauschen, Verwüsten und Ausmergeln solcher Güter. Dazu gehört auch, daß er sie sonst in fremde Hände kommen läßt oder sie in anderer Weise beschwert. Es wird aber ausdrücklich bestimmt, daß bei Fortfall dieser Gründe der Meier bei der Meierstatt zu belassen sei. Infolgedessen bezeichnet WITTICH, W.: Die Grundherrschaft in Nordwestdeutschland, Leipzig 1896, S. 21, das Meierrecht als ein «erbliches, dingliches Recht auf die Nutzung eines fremden Gutes». Ebenso äußert sich STEINACKER, A.: Particulares Privatrecht des Herzogthums Braunschweig, Wolfenbüttel 1843, S. 496/7. Lediglich REINBECK, C.: Das Recht des bäuerlichen Grundbesitzes im Herzogtume Braunschweig, Wolfenbüttel 1903, S. 68, Anm. 21, stellt fest, daß eine ausdrückliche gesetzliche Bestätigung dieses Erbrechtes bis zur

gleichgestellt, die Erbenzins- und Lehnhöfe bewirtschafteten und von vornherein den Anerben frei wählen konnten. Weibliche Erbfolge war allerdings bei den Lehnhöfen ausgeschlossen. Die Gleichstellung betrifft aber auch die Abfindung weichender Erben; denn die Landesordnung von 1647 nennt als Bemessungsgrundlage nicht etwa das unterschiedliche Besitzrecht, sondern ausschließlich die Größe des Hofes[11]. Im Jahre 1714 wurde die von Lehnhöfen aufzubringende Mitgift gesondert geregelt[12], so daß nach diesem Zeitpunkt nur noch Meier und Erbenzinsbauern der gleichen Rechtsnorm unterlagen, wenn sie für die weichenden Erben die Mitgabe festsetzten. Da aber einzelne Ackerstücke oder ganze Höfe, die zu Lehnrecht besessen wurden, im Herzogtum und im Untersuchungsgebiet außerordentlich selten waren, lohnt es nicht, die Besonderheiten dieser Hofgruppe zu verfolgen. Die erbrechtlichen Verhältnisse auf Meier- und Erbenzinshöfen sind für den braunschweigischen Bauernstand durchaus repräsentativ.

Für das Gerechtigkeitsgefühl des Bauern war es selbstverständlich, Frau und Kinder entsprechend der Leistungsfähigkeit des Hofes so gut wie möglich auszustatten, um die Bevorzugung des Anerben wenigstens etwas zu mildern. Dazu trieb aber auch der Bauernstolz, wurde doch die Brautgabe auf dem geschmückten »Kästewagen« nach dem Hofe des Ehemannes gebracht[13], und die Höhe der ebenfalls eingebrachten Barschaft blieb bei der Tätigkeit des Brautwerbers sicherlich kein Geheimnis.

Die Höhe der Mitgift und des Altenteils sind aber nicht nur Ausdruck der Leistungskraft des Hofes und des Bauernstolzes, sie stellen gleichzeitig die notwendige materielle Sicherung des Lebensunterhaltes dar, und deshalb drang die Landesregierung auch schon 1578 auf die Eintragung dieser Erbteile in die Amtshandelsbücher[14].

Diese Bücher sind in großem Umfang erhalten geblieben, und bei einigen Ämtern umfassen sie beinahe lückenlos den Zeitraum vom Ende des 16. bis zum Anfang des 19. Jahrhunderts. In ihm sind aber nicht nur kürzere Zeitspannen mit einer erheblichen Zahl solcher Ehe- und Übergabeverträge vertreten, oft genug stammt eine beachtliche Anzahl bereits aus einem einzigen Jahr. Infolgedessen verfügt hier die agrargeschichtliche Forschung über ein Quellenmaterial, das nicht nur eine ausreichende Kontinuität, sondern vor allem eine ausreichende Dichte besitzt.

Mit seiner Hilfe kann jetzt auch das Ziel des zweiten Teils dieser Arbeit erreicht werden, über die Höhe von Abfindungen und Altenteilen zu einem sicheren Rückschluß auf die Veränderungen der Ertragslage braunschweigischer Bauernbetriebe zu gelangen.

Ablösungsverordnung nicht erfolgt sei, aber auch er erkennt an, a. a. O., S. 85, Anm. 4, daß die einheimischen Rechtsquellen zwischen Erbmeiern und gewöhnlichen Meiern nicht unterscheiden, sondern sie vielmehr gleichsetzen. Damit wäre das Erbrecht für alle Meier als gültig anzusehen. Dem steht aber entgegen, daß sie auch ohne ihre Schuld das Nutzungsrecht an der Meierstatt verlieren konnten, wenn, so sieht es der Salzdahlumer Landtagsabschied vor, der Gutsherr das Gut zu seiner eigenen Notdurft zurückforderte. Davon ist allerdings beinahe nie Gebrauch gemacht worden.

Die Vorgeschichte dieses Landtagsabschiedes bringt GESENIUS, C.: Das Meierrecht mit vorzüglicher Hinsicht auf den Wolfenbüttelschen Theil des Herzogthums Braunschweig-Lüneburg, Wolfenbüttel 1801, 1. Band, S. 454 ff.

[11] So schon die Landesordnung von 1644, die womöglich nicht in Kraft trat, und die von 1647 = 40 Slg. 2101 und 2191.
[12] 40 Slg. 4372 = Verordnung vom 15. II. 1714.
[13] ANDREE, R.: Braunschweiger Volkskunde, Braunschweig 1901², S. 301.
[14] 40 Slg. 656.

ERSTER TEIL:

BODENWERT UND INVENTARBESATZ

A. Die Quellen

Die vorliegende Untersuchung stützt sich auf Unterlagen des Niedersächsischen Staatsarchives zu Wolfenbüttel. Von ihnen waren für diese Arbeit die Amtshandelsbücher von überragender Bedeutung[15]. Sie enthalten mit recht unterschiedlicher Häufigkeit die Inventare bäuerlicher Betriebe. Entsprechend der Größe der einzelnen Bauernklassen überwiegen die Inventare von Kothöfen; Halbspänner- und Ackerhöfe sind mit annähernd der gleichen Anzahl vertreten. Im Laufe der Zeit wurden nicht nur immer mehr Kleingeräte berücksichtigt, es vergrößerte sich auch die Zahl von Inventaren, die durchgehend mit Schätzpreisen versehen sind. Sie stammen fast immer von verpflichteten Schätzern, die vor Beginn ihrer Tätigkeit vom meist ebenfalls anwesenden Amtmann auf ihr Gelöbnis hingewiesen wurden, sachgerecht und zu keines Menschen Vorteil zu urteilen. Häufig waren auch noch die Vormünder zugegen; denn alle Inventare wurden aufgenommen, um unmündigen Kindern ihr Erbe zu sichern, wenn die Mutter sich wiederverheiratete und für eine bestimmte Anzahl von Jahren ein Interimswirt die Bewirtschaftung des Hofes übernahm.

In einigen Fällen wurde spürbar, daß zwischen dem Tod des Eigentümers und dem Antritt des Interimswirts eine so große Zeitspanne lag, daß der Hof durch die mangelhafte Wirtschaftsführung der Witwe und ihrer Hilfskräfte Schaden genommen hatte und dadurch eine Devastierung erfolgt war. Solche Inventare wurden ausgelassen. Unvermeidlich aber war es, daß aus dem Anfang des Untersuchunszeitraumes nur wenig Inventare mit Schätzpreisen vorlagen und zum Schluß hin eine gewisse Ballung eintrat. Durch Heranziehung weiterer Quellen konnte dieser Mangel indessen etwas gemildert werden.

Aus den Amtshandelsbüchern der Ämter Schöningen, Königslutter, Jerxheim und Achim konnten zwar der Viehbesatz und die Zahl der vorhandenen Wagen, Pflüge und Eggen für 24 Ackerhöfe, 29 Halbspänner- und 38 Kothöfe herausgezogen werden, doch reichte diese Zahl noch nicht aus, um innerhalb der Bauernklassen Entwicklungstendenzen während des Untersuchungszeitraumes zu erkennen. Die Hinzunahme weiterer Ämter erschien nicht zweckmäßig, da dann das Untersuchungsgebiet zu groß und

---

[15] Alle 21 Alt.

zu uneinheitlich geworden wäre. Bei der unterschiedlichen Streuung der Überlieferungsdichte wäre auch noch nicht einmal sicher gewesen, ob die Handelsbücher weiterer Ämter einen nennenswerten Zuwachs an Unterlagen gebracht hätten. Das Gebiet blieb so auf reine Ackerbaubetriebe beschränkt, die alle nur über einen recht unbedeutenden Grünlandanteil verfügten. Die Bodengüte, mit Ausnahme der Äcker unmittelbar am Elm, liegt in allen Ämtern erheblich über dem Durchschnitt und erreicht um und südlich von Schöningen sowie in den Ämtern Jerxheim und Achim die Bodenwertzahl von 100 Punkten.

Das ziemlich im Mittelpunkt liegende Amt Schöningen wurde nicht zuletzt deshalb als Ausgangsbasis der Untersuchung gewählt, weil in den Amtsakten unter «Varia» der Viehbesatz aller Amtsdörfer für das Jahr 1602 aufgezeichnet worden war[16].

Damit wurde für den Anfang des Untersuchungszeitraumes wenigstens für das lebende Inventar eine umfassende Festlegung des Bestandes erreicht, der allein aus dem Jahre 1602 für 56 Ackerhöfe, 31 Halbspänner- und 52 Kothöfe überliefert wird. Für das Ende des untersuchten Zeitraumes wurde aber nun nicht die Ballung der aus den Amtshandelsbüchern entnommenen Inventare ausgenützt, die immer noch erheblich hinter diesen Zahlen zurückgeblieben wäre, sondern es wurde auf die Viehbestandsberichte in den Dorfbeschreibungen zurückgegriffen, die meist aus dem Jahrzehnt von 1750 bis 1760 stammen[17].

Für die gleichen Dörfer wie im Jahre 1602, die Amtsgrenzen hatten sich inzwischen verändert, ergaben sich ganz ähnliche Zahlen, nämlich: 45 Acker-, 50 Halbspänner- und 49 Kothöfe[18].

Diese Zahlen bleiben auch in den rektifizierten Kontributionskatastern[19] und in den Hornviehtabellen[20] ziemlich unverändert, die über die Bestandsentwicklung während der 2. Hälfte des 18. Jahrhunderts Auskunft geben.

In dieser Weise konnte für jede Bauernklasse eine repräsentative Durchschnittszahl für die einzelnen Nutzviecharten ermittelt werden, und da weiterhin diese Quellen den wesentlichen Teil des Untersuchungszeitraumes einschließen, konnte eine Veränderung der Viehhaltung zweifelsfrei nachgewiesen und allen Deutungsversuchen eine gesicherte Fragestellung gegeben werden. Das gleiche Vorgehen scheiterte für das tote Inventar am Mangel ähnlich gelagerter Quellen, doch wog dieser Mangel nicht

---

[16] 4 Alt Findbuch 2 Schöningen 98.
[17] Alle 20 Alt.
[18] Die geringe Zahl der Kothöfe erklärt sich daraus, daß im Bericht des Jahres 1602 alle Kothöfe unter 10 vha Getreidefläche und in den Dorfbeschreibungen alle unter 15 vha Ackerfläche ausgelassen wurden. Dadurch wurde versucht, diese Bauernklasse auf die landwirtschaftlichen Vollerwerbsbetriebe einzugrenzen, was natürlich niemals absolut, sondern immer nur für die Mehrzahl der Fälle gelingen kann. Tatsächlich erreichen in den Dorfbeschreibungen Kothöfe, deren Inhaber noch ein Handwerk als Leineweber, Schmied, Schneider oder Schuster ausüben, fast nie diese Größe, und es kommt selten vor, daß Betriebe oberhalb dieser Grenzen nicht über ein Gespann Pferde verfügen. Die Erhöhung der Grenze von 10 vha Getreidefläche auf 15 vha Ackerfläche geschah, da für das Untersuchungsgebiet die Dreifelderwirtschaft gesichert ist. Durch dieses Vorgehen wurden 1602 172 und bei der 2. Zählung 106 Kothöfe ausgeschieden.
[19] Alle 74 Alt.
[20] 2 Alt Suppl. XI Nr. 2.

schwer, da auch die Inventare am Ende des 18. Jahrhunderts noch einen so geringen Besatz an Wagen und Geräten zeigen, daß eine ordentliche Wirtschaftsführung in früherer Zeit mit geringerem Zubehör einfach nicht denkbar ist.

Um das Ziel dieser Arbeit zu erreichen, konnte neben der zahlenmäßigen Ermittlung des Bestandes nicht auf die Wertermittlung verzichtet werden. Sie bot beim toten Inventar wesentlich geringere Schwierigkeiten, da es nicht nur anteilsmäßig von viel geringerer Bedeutung war, die Preise für die Wagen und Geräte schwankten auch viel weniger als beim Vieh, so daß aus verhältnismäßig wenigen Schätzpreisen ein brauchbarer Durchschnittswert gezogen werden konnte. Bei den Nutztierarten gelang das trotz des umfangreicheren Materials nur für kürzere Zeiträume, ohne daß für den gesamten Zeitraum die Preisschwankungen exakt nachzuweisen waren. Es wurden deshalb noch die Inventare der herzoglichen Domänen im Untersuchungsgebiet herangezogen, die aber auch nicht sehr zahlreich sind[21]. Da die Ämter mit Ausnahme der Pferde über recht umfangreiche Rinder-, Schweine- und Schafherden verfügten, lagen nun für eine wesentlich größere Zahl von Nutztieren aus weiteren Jahren Schätzpreise vor, die meist von 3 Schürzen taxiert und dann gemittelt waren[22].

Trotzdem gelang es nicht, kontinuierliche Preisreihen aufzustellen; ihr Verlauf konnte lediglich durch einige Durchschnittspreise angedeutet werden. Das aufgefundene Preismaterial reichte aber aus, an Hand der gut gesicherten Besatzzahlen den Wert des toten und lebenden Inventars für die Modellbetriebe zu errechnen.

B. Die untersuchten Vermögensbestandteile

I. Der Boden

In Ackerbaubetrieben stellt der Bodenwert den höchsten Anteil am Aktivkapital; dennoch wird bei der Reinertragsberechnung von seiner Wertbestimmung abgesehen, da sich zu große Schwierigkeiten auftürmen, wenn man ihn aus Verkehrswerten ermitteln will. Auch im «Grünen Bericht» kommt man nicht umhin, mit schematisch eingesetzten Werten zu arbeiten. Die heute maßgebenden Gründe brauchen hier nicht im einzelnen erörtert zu werden, zum Teil sind es die gleichen, die auch in dieser Arbeit die Festlegung des Bodenwertes verboten. Dabei fehlt es in den Amtshandelsbüchern keineswegs an Verkaufsverträgen. Aber es überwiegen bei weitem die Verkäufe einzelner Feldstücke, während genau wie heute nur selten geschlossene Höfe ihren Besitzer wechselten. Leider, und damit entfällt jeder Vergleich mit den Bodenpreisen bei Einzelverkäufen, nennen die Verträge über Gesamtverkäufe oder -versteigerungen nur den Kaufpreis, ohne zu erwähnen, welcher Anteil den Gebäuden, dem toten und lebenden Inventar und vor allem dem Boden zugerechnet werden muß. Eins aber ist erkennbar, bei den wenigen Gesamtverkäufen wird nicht der Preis erzielt, der sich aus der Summe aller Einzelverkäufe an Bodenflächen und Gegenständen des Besatzkapitals ergeben hätte.

[21] Alle 4 Alt Findbuch 2.
[22] Schürze = Schätzergruppe von 2 oder 3 Schätzern, die auf die korrekte Durchführung ihrer Tätigkeit besonders verpflichtet waren.

Es ist nicht schwer, diesen Sachverhalt zu erklären. Bereits im Untersuchungszeitraum dienten Parzellenverkäufe häufig der Schuldendeckung, oder bereits verpfändete Ackerstücke wechselten endgültig den Eigentümer, wenn der Schuldner keine Möglichkeit mehr sah, in absehbarer Zeit seine Verpflichtungen abzutragen. Vielleicht drängte auch der Gläubiger, der das Eigentum an Land einer Rückzahlung in Geld vorzog. Verhältnismäßig häufig waren es Nichtlandwirte, die Land erwarben, meistens Landhandwerker, und der Wunsch, überschüssiges Geld sicher in Landbesitz anzulegen, kann zu Preissteigerungen führen, die über den Wert des Bodens als Produktionsfaktor hinausgehen. Auch die Amtmänner kauften während ihrer Amtszeit regelmäßig Land auf, um es nach ihrer Dienstzeit zur Sicherung des Lebensunterhaltes ebenso regelmäßig wieder zu verkaufen. Nach ihrem Tode setzten dann die Witwe oder die sonstigen Erben den Abverkauf fort. Hier ist es der Zwang zur Vorsorge für das Alter oder für die Witwe, der den Amtmann bewog, das Gebot eines landwirtschaftlichen Konkurrenten zu überbieten, der bei ausreichender Betriebsgröße seinen Hof sicher nicht um jeden Preis vergrößern wollte und das in Zeiten schlechter Agrarkonjunkturen auch gar nicht konnte. Aber selbst der Landwirt, der bereits einen genügend großen Betrieb besaß, war am Zukauf einzelner Parzellen immer dann interessiert, wenn deren Bewirtschaftung ohne Vergrößerung des Besatzkapitals und der Arbeitsmacht erfolgen konnte; denn in diesen Fällen steigt die Rentabilität unverhältnismäßig stark an, so daß der höhere Preis für ein einzelnes Feldstück auch wirtschaftlich gerechtfertigt ist.

Die angegebenen Gründe entwerten weitgehend die Preise für Parzellenkäufe als Maßstab für den Bodenwert, aber sie machen sie nicht völlig wertlos. Wollte ein Bauer für seinen zweitgeborenen Sohn einen Betrieb zusammenkaufen, oder wollten das Brautleute tun, die beide weichende Erben waren und zu diesem Zweck ihre Mitgift zusammenlegten, so konnten sie bei der Seltenheit von Gesamtverkäufen nicht auf ein solches Angebot warten, sondern sie mußten versuchen, möglichst schnell eine genügend große Zahl einzelner Feldstücke zu erwerben, die insgesamt eine landwirtschaftliche Existenz boten. In diesen Ausnahmefällen entspricht der Bodenwert eines Betriebes tatsächlich der Summe der Parzellenpreise. Aber noch aus einem anderen Grunde erscheint die Darstellung der zusammengetragenen Preise für Einzelstücke zweckmäßig. Bei geschlossenen Verkäufen entfällt zwar eine geringere Summe auf die Flächeneinheit als wenn sie einzeln erworben wird, doch sind bei beiden Preisarten im Laufe der Zeit gleichmäßige Preisschwankungen zu erwarten, aus dem einfachen Grunde, weil sicher niemand mehr an einen geschlossenen Verkauf denkt, wenn die Parzellenpreise unverhältnismäßig stärker angestiegen sind. Diese Gleichmäßigkeit der Preisschwankungen zeigt demnach auch dann die Veränderung des Bodenwertes, wenn man nur auf die Preise von Einzelstücken zurückgreifen kann. Darüber hinaus sind Steigen und Fallen des Bodenpreises bereits mit Erfolg als Hilfsmittel für das Erkennen von Agrarkonjunkturen und -krisen herangezogen worden[23].

Die nachstehende Tabelle enthält nur Preise aus dem Amt Schöningen. Diese Beschränkung konnte erfolgen, weil bereits aus diesem Bezirk eine hinreichend große Anzahl von Verkaufsverträgen zu erhalten war und außerdem der Vorteil gewahrt blieb, nur ein kleines, aber gleichmäßiges Untersuchungsgebiet zu behalten. Nachdem erst

---

[23] ABEL: Agrarkrisen, a. a. O., passim.

die Preise für Ländereien mit unterschiedlichen Besitztiteln getrennt erfaßt wurden, stellte sich überraschenderweise heraus, daß die Preise zwischen zehntpflichtigen und zehntfreien Äckern, zwischen Erb-, Meierdings-, Lehn- und Erbenzinsland keine nennenswerten Unterschiede aufwiesen. Lediglich in zwei Jahrzehnten wurde für Erbland ein deutlich höherer Preis bezahlt. Infolgedessen erschien es auch im Interese einer größeren Übersichtlichkeit erlaubt, die Preise für alle Verkäufe eines Jahrzehnts zusammenzufassen und aus ihnen den Durchschnittspreis für einen Morgen Land zu errechnen[24].

Tabelle 1
Zahl der Verkäufe und die Verkaufspreise von Ackerland im Amt Schöningen

Zeitraum	Zahl der Verkäufe	Verkaufte Fläche in Morgen	Durchschnittspreise in Talern je Morgen
1661–70	15	25,75	19
1671–80	13	21	18
1681–90	19	52	20
1691–1700	3	3,5	24
1701–10	2	32	13
1711–20	10	13	27,5
1721–30	15	48,75	45
1731–40	22	69	50
1741–50	32	126	49
1751–60	13	28	48,5
1761–70	23	59,25	62
1771–80	48	146,6	59
1781–90	24	110,25	63
1791–1800	56	169,28	120
1801–08	43	98,5	160

Quelle: 21 Alt 781 bis 800, 899 und 900.

Die Häufigkeit der Verkäufe nahm in der zweiten Hälfte des 18. Jahrhunderts stark zu und ebenso die insgesamt verkaufte Fläche, sie erreichte aber selbst im letzten Jahrzehnt noch nicht 1 v. H. des Ackerlandes der erfaßten Dörfer. Bei den Preissteigerungen sind zwei deutliche Erhöhungen auszumachen. Der Durchschnittspreis des Jahrzehnts von 1721–1730 zeigt den ersten stärkeren Preisanstieg, und nach weiteren drei Jahrzehnten folgt einem langsamen Steigen ein geradezu sprunghaftes Hochschnellen gegen Ende des Jahrhunderts, das auch zu Beginn des nächsten anhält[25].

Innerhalb der erfaßten 140 Jahre stiegen die Preise also um das Sechsfache, und eine so starke Veränderung verlockt zu einer ausführlichen Deutung. Um sie auf die wesentlichsten Ursachen zurückführen zu können, soll zuerst der konjunkturelle Einfluß geschildert werden.

Das kann nur im Vergleich mit einem zweiten Maßstab erfolgen, der ebenfalls Krisen und Konjunkturen anzuzeigen vermag, und hierfür sind bereits häufiger die Ge-

[24] Ein braunschweigischer Morgen umfaßt rund 2500 m², daher auch Viertelhektar (vha).
[25] Im Amt Schöningen betrug das Acker : Grünland-Verhältnis rund 15 : 1. Entsprechend dem geringen Wiesenanteil lagen die Preise für 1 vha Wiese entweder knapp unter den Durchschnittspreisen für Ackerland oder sogar darüber.

treidepreise verwandt worden, da sie praktisch die Schwankungen der Verkaufserlöse früherer landwirtschaftlicher Betriebe kennzeichnen. Das Ergebnis des Vergleichs zeigt Bild 1. Beide Preisreihen weisen auf die Verbesserung der Konjunktur hin. Bedenkt man aber, daß es die Getreidepreise sind, die zuerst auf die größere Nachfrage der Agrarproduktion ansprechen, und erst ihr Steigen und die damit verbundene günstigere

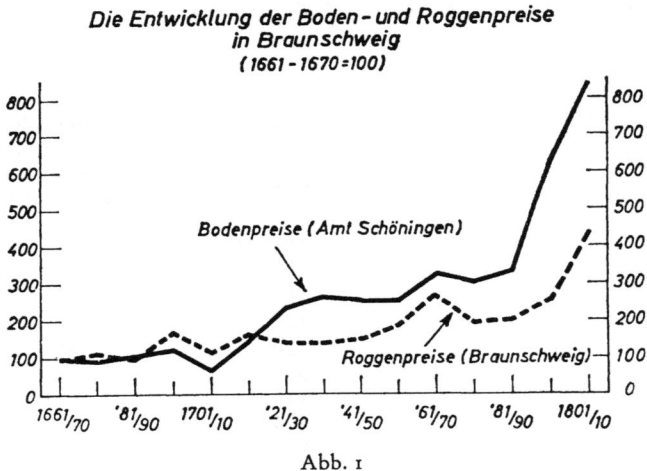

Abb. 1

Quellen: Die Bodenpreise s. Tabelle 1. Die Roggenpreise wurden von 1661 bis 1740 dem Buch von UNGER, J. F.: Von der Ordnung der Fruchtpreise, Göttingen 1752, Tabellenanhang, entnommen. Es sind Preise des St. Blasiusstiftes zu Braunschweig. Anschließend handelt es sich um das gleiche Preismaterial, das Herr Dr. SAALFELD, Göttingen, im Braunschweiger Stadtarchiv erhob und mir freundlicherweise zur Verfügung stellte.

Tabelle 2
Zeitvergleich von 11 Dorffeldmarken um Schöningen (in vha Ackerfläche)

Ort	1752—1768	1827—1845
Alversdorf	1395 vha 76 Ruth.	1368 vha 118 Ruth.
Büddenstedt	2107 vha 95 Ruth.	2099 vha 105 Ruth.
Emmerstedt	1976 vha 0 Ruth.	2101 vha 28 Ruth.
Esbeck	1988 vha 20 Ruth.	2025 vha 36 Ruth.
Hohnsleben	512 vha 90 Ruth.	518 vha 71 Ruth.
Hoiersdorf	1756 vha 10 Ruth.	1672 vha 115 Ruth.
Offleben*)	536 vha 65 Ruth.	535 vha 45 Ruth.
Reinsdorf	969 vha 70 Ruth.	974 vha 105 Ruth.
Runstedt	1893 vha 65 Ruth.	1893 vha 48 Ruth.
Twieflingen	2712 vha 16 Ruth.	2681 vha 45 Ruth.
Wobeck	1920 vha 89 Ruth.	1983 vha 48 Ruth.
Insgesamt	17768 vha 116 Ruth.	17855 vha 44 Ruth.

*) Nur die Ländereien im Braunschweigischen ohne den preußischen Teil der Feldmark.

Quellen: In der Reihenfolge der Dörfer, 1752—1768 20 Alt, 11 I, 74 I, 111 I, 118 I, 193, 194 II, 293 I, 310, 327, 370 I, 424 I, 1827—1845 71 Neu Findbuch 4, 12, 76, 116, 123, 200, 201, 313, 333, 351, 398, 455.

Ertragslage eine Erhöhung der Bodenpreise bewirkt, so zeigt die graphische Darstellung das bereits häufiger beobachtete Bild, daß im Verlauf mehrerer Jahre die Bodenpreise durchaus voranzueilen vermögen. Neben dem Anstieg der Getreidepreise sind weitere Gründe denkbar, die ein Ansteigen der Bodenpreise verursachen könnten. Betrachten wir deshalb beim Boden das Verhältnis von Angebot und Nachfrage, soweit es sich innerhalb der Landwirtschaft verfolgen läßt.

Natürlich ist bei einem Konjunkturanstieg nicht mit einer Verringerung der landwirtschaftlichen Nutzfläche zu rechnen, doch ist es trotzdem sinnvoll, den möglichen Veränderungen ihres Umfanges nachzuspüren, da eine Vermehrung der bebauten Flächen weit eher wahrscheinlich ist und sie eine Erhöhung der Bodenpreise auch dann dämpft, wenn sie tatsächlich stark ansteigen. Sie wären bei gleichbleibendem Umfang der Flächen eben noch höher geklettert.

Aus der Tabelle ist jedoch keine Veränderung der landwirtschaftlichen Nutzfläche zu ersehen. In den Ackerbaugebieten war eben der Landausbau bereits so weit fortgeschritten, daß selbst eine so starke Agrarkonjunktur, wie sie gegen Ende des 18. Jahr-

Tabelle 3
Anzahl der bewirtschafteten Bauernhöfe in 11 Dörfern um Schöningen

	1602	1752—68	1803
Ackerhöfe	56	45	44
Halbspännerhöfe	31	50	56*)
Kothöfe	224	155	131
Brinksitzerstellen	21	83	87
Insgesamt	332	333	318

*) Um 1830 sind es bereits wieder 53 Stellen.

Quellen: 1602, 4 Alt Findbuch 2 Schöningen 98, 1752–68, s. Tabelle 2, 1803, Hassel, G., und Bege, K.: Geographisch-statistische Beschreibung der Fürstenthümer Wolfenbüttel und Blanckenburg, II. Band, Wolfenbüttel 1803.

hunderts beobachtet werden kann, zu keiner weiteren Landnahme mehr führte. Hierfür spricht auch der geringe Wiesenanteil, wie er in den Dorfbeschreibungen ausgewiesen wird. Er betrug ungefähr ein Fünfzehntel der Ackerfläche.

In einem Zeitraum, in dem sich die Bevölkerung erheblich vermehrte, muß natürlich damit gerechnet werden, daß die Zahl der Bauernstellen – besonders der Kleinstellen – ebenfalls wuchs, und die Nachfrage nach Ackerland stieg[26].

Diese Vermutung wird jedoch durch die vorstehenden Zahlen nicht gestützt, eher kann aus dem Material eine geringe Verminderung der Anzahl bewirtschafteter Betriebe herausgelesen werden. Das muß indessen nicht zu einem großzügigeren Angebot an Ackerland führen. In den beiden ersten Bauernklassen blieb zudem der Landbesitz nahezu gleich. Von den Acker- und Halbspannerhöfen wurden 1752–68 zusammen 10 992 vha und 1827–45 10 945 vha Ackerland bewirtschaftet. Für die Kleinstellen stand also ebenfalls, die Feldmarkgrößen blieben unverändert, eine gleichgroße Fläche

[26] Abel, a. a. O., S. 108.

zur Verfügung. In ihr teilten sich um 1803 rund ein Sechstel weniger Kothöfe als 1752–68[27].

Das kann bedeuten, daß in dieser Bauernklasse gerade die größeren Betriebe, die eine selbständige landwirtschaftliche Existenz boten, mit aller Kraft ihre Flächen vergrößerten, um zu einer rentableren Verwertung ihres Besatzes an Zug- und Arbeitskräften zu kommen. Leider lassen sich gerade für diese entscheidenden Jahre keine Unterlagen finden, die um 1800 Auskunft über die Größe einzelner Betriebe geben, so daß diese Vermutung nicht mit sicheren Unterlagen gestützt werden kann.

Schließlich muß eine wesentliche Möglichkeit erwähnt werden, die ebenfalls eine nicht spekulativ bedingte Steigerung der Bodenpreise bewirken konnte. In einer Untersuchung, deren Gebiet an das unsrige grenzt, wird für das 18. Jahrhundert nicht nur eine Erhöhung der Ernten von 20 v. H. angenommen, sondern auch eine Vermehrung der auf einem Morgen angebauten Früchte. Dieser zusätzliche Anbau, meistens waren es Futterpflanzen im Brachfelde, erlaubte wiederum eine umfangreichere Viehhaltung, so daß die Produktionskraft des Bodens unmittelbar und auch mittelbar über die Veredelungswirtschaft zunahm[28].

Man betritt aber unsicheren Boden, wenn man diese Veränderungen auch zahlenmäßig fassen will. Zweifellos nahm gegen Ende des 18. Jahrhunderts der Anbau von Brachfrüchten zu; und neben den Erbsen, die am meisten Fläche einnahmen, waren es Wicken und Klee, die in der Haupt- und Nebennutzung mehr Viehfutter lieferten.

Aber es müssen erst einige Teilfragen geklärt werden, wenn der Mehrertrag an Geld errechnet werden soll. Schon die einfache Frage, um wieviel dz/ha die Durchschnittserträge an Getreide anstiegen, kann nicht ohne weiteres beantwortet werden, weil einfach nicht genügend Unterlagen vorhanden sind.

Tabelle 4
Zeitvergleich von Getreideerträgen im 18. Jahrhundert in dz/ha

Ort	Zeitraum	Weizen	Roggen	Gerste	Hafer
Lucklum	1734–1745	8,4	10,7	12,1	6,5
	1789–1800	11,4	12,2	12,6	8,8
Hedeper	1638–1690	10,9	9,9	10,0	6,4
Schladen/Harz	1803–1811	15,1	13,0	13,4	13,7

Quellen: Lucklum, SAALFELD, a. a. O., S. 163, Hedeper, Kirchenrechnungsbuch, aufbewahrt im Pfarramt. Schladen, Handschriftliche Übersicht über die Erträge des Amts-Öconomie Schladen aus der Berichtszeit. Freundlicherweise von Herrn H. KEUNE, Gielde, zur Verfügung gestellt.

Viel Material enthält die Tabelle gerade nicht, und methodisch sind durchaus einige Bedenken anzumelden. Schließlich wird die gesamte Ertragszunahme auf die Ernteergebnisse zweier Güter gestützt. Die Tabelle zeigt deshalb nur, daß die Annahme nicht ganz unbegründet ist, die Erträge seien im 18. Jahrhundert um 20 v. H. gestiegen.

Fassen wir jetzt die Indizes der Getreidepreiserhöhung und der Ertragssteigerung zusammen, so ergibt sich bei einer Zunahme der Ernten auf 120 und einem Preisanstieg auf 254 für das Jahrzehnt von 1791–1800 ein Gesamtindex von 305 (Basis 1661–70).

[27] S. Tabellen 2 und 3.
[28] SAALFELD, a. a. O., S. 93.

Tatsächlich sind die Bodenpreise von 1661–70 bis zu diesem Zeitpunkt auf 629 geklettert. Beide Faktoren reichen also zur Erklärung des starken Steigens der Bodenpreise nicht ohne weiteres aus.

Diese Verhältnisse bleiben auch dann bestehen, wenn wir die Erträge der Viehwirtschaft hinzurechnen. Das ergibt sich aus der nachfolgenden Überlegung. 1752–68 waren es noch rund 30 vha, die bei Halbspänner- und Ackerhöfen auf eine Kuh entfielen; nach der starken Vermehrung des Viehbesatzes wurde 1791 jedoch eine Kuh bereits auf rund 20 vha Ackerland gehalten[29]. Auf 60 vha vergrößerte sich demnach der Besatz an Kühen, aber nicht an Rindern, um eine Kuh. Natürlich stieg die Fleischerzeugung nicht im gleichen Umfang; denn nur jede neunte Kuh diente dem Eigenverbrauch oder wurde verkauft[30]. Man benötigte also immerhin 180 vha, um jährlich eine Kuh selbst schlachten oder verkaufen zu können. Rechnet man noch den Wert eines Kalbes hinzu, obwohl auch einige zur Zucht zurückbehalten werden müssen[31], so erhält man auf der genannten Fläche einen Wert der Fleischerzeugung von maximal 15 Talern oder drei Mariengroschen pro Morgen. Hinzu kommt noch eine vergrößerte Milcherzeugung. Sie ist ganz besonders schwer zu ermitteln. Der Verbrauch für die Aufzucht des Kalbes und an Trinkmilch ist höchstens zu schätzen, und Zahlenangaben liegen nur für die Butter- und Käseerzeugung vor. Sie machten in den Amtshandelsbüchern gegen 1800 förmlich einen Sprung nach oben[32].

Obwohl sich die aufgefundenen Leistungsangaben nur auf die Kühe beziehen, die für die Altenteiler gehalten wurden, sind sie doch allgemein verbindlich; denn es hieß hier stets: diese Kühe seien mit in der Reihe zu füttern, wodurch eine Sonderstellung gegenüber den Tieren des Bauern ausgeschlossen werden sollte; und in einer weiteren, häufig wiederkehrenden Bemerkung liegt auch schon die Begründung für die starke Zunahme der Milchleistung je Kuh, hieß es doch des öfteren, die Kuh des Altenteilers sei mit an der Sommerstallfütterung zu beteiligen, falls der «possessor» sie bei seiner Herde durchführe.

Das Quellenmaterial ist aber zu gering, um hieraus den Mehrwert der Milcherzeugung exakt zu errechnen. Wir können lediglich feststellen, daß zu Beginn des 18. Jahrhunderts auf 60 vha zwei Kühe gehalten wurden, während es gegen Ende des gleichen Jahrhunderts drei waren. Für sie wird für die Zeit um 1800 ein Ertrag von 18 bis 20 Reichstalern je Kuh angegeben[33], so daß auf 60 vha der Wert der Milcherzeugung 60 Taler betrug, pro Morgen Ackerland also ein Taler zu 36 Mariengroschen. Nimmt man noch den Wert der Fleischerzeugung hinzu, die mit drei Mariengroschen je Mor-

---

[29] Siehe hierzu die Tabellen 6 und 10.
[30] 2 ALT Suppl. XI 2.
[31] Nach der in Anm. 30 genannten Quelle ergibt sich ein Abkalbeprozentsatz von 100 v. H.
[32] Alle Angaben nach 21 ALT, jeweilige Nummer in Klammern: 1765, statt der sonst zu haltenden Kuh 10 Pfd. Butter (795); 1784, statt der Haltung einer Kuh 12 Pfd. Butter (899); 1790, statt dessen 13 Pfd. Butter, 2 Schock Käse und Milch (798); 1798, statt dessen 52 Pfd. Butter und 2 Schock Käse (799); 1799, statt dessen 52 Pfd. Butter und 1 Schock Käse (799); 1800, statt dessen 78 Pfd. Butter, 1 Schock Käse und Milch (799); 1801, 1 Kuh in der Reihe zu füttern oder 52 Pfd. Butter (799). In allen Fällen konnte der Altenteiler wählen, ob er selbst eine Kuh halten wollte, für die der Hof das Futter und die Einstreu liefern mußte oder ob er gleich die Fertigprodukte beziehen wollte. Letzteres kam besonders bei zunehmender Gebrechlichkeit in Betracht.
[33] Landschaftliche Bibliothek 1225, Bd. VIII und X und HASSEL-BEGE, a. a. O., Bd. I, S. 103.

gen ermittelt war, so erhält man insgesamt 39 Mariengroschen je Morgen Ackerland aus der Rindviehhaltung. Neben dem Wert der Getreideerzeugung nimmt sich dieser Betrag recht bescheiden aus. Im Jahrzehnt 1661/70 betrug der Geldertrag eines Morgen Ackerlandes bei Roggen 147 und bei Gerste 142 Mariengroschen[34]. Bei der damals herrschenden Dreifelderwirtschaft waren das 96 Groschen je Morgen und Jahr[35]. Gegen Ende des 18. Jahrhunderts stieg diese Summe auf 287 Groschen an[36]. Der Steigerung des Geldwertes der Getreideproduktion um 191 Groschen steht ein Erlös der Milchviehhaltung von 39 Groschen gegenüber, von dem wir erst noch den Wert der Erzeugnisse um 1660 abziehen müßten, damit wir hier ebenfalls vom Mehrwert sprechen können, aber das ist bei dem Fehlen zuverlässiger Unterlagen kaum möglich. Immerhin wissen wir, daß auf 60 vha nur 2 Kühe von den Bauern gehalten wurden, aber über die Leistung ist nichts zu erfahren. Unterstellt man, um wenigstens einen groben Anhalt zu haben, daß die Kühe der Bauern und die der herzoglichen Domäne Schöningen die gleiche Leistung aufwiesen, so sind pro Kuh 20 Pfd. Butter anzusetzen, deren Wert 80 Mariengroschen betragen haben kann, und vielleicht konnte aus der abgesahnten Milch noch Magerkäse bereitet werden und etwas Trinkmilch ist sicherlich auch entnommen, so daß der Gesamtwert vielleicht insgesamt 120 Groschen betrug[37], pro Morgen also nicht mehr als 4 Groschen, denen noch der Wert der Fleischerzeugung zugerechnet werden muß, doch kann bei einem geringeren Viehbestande und niedrigeren Viehpreisen nur noch mit einem Groschen je Morgen gerechnet werden. So unsicher auch diese Rechnung sein mag, eines ist gewiß: Die Steigerung der Gelderträge ist bei der Rindviehhaltung wesentlich größer gewesen als bei der Getreideproduktion.

Tabelle 5
Zeitvergleich der Einnahmen aus der Rindviehhaltung und dem Getreidebau in Mariengroschen je Morgen Ackerland

	Getreidebau	Rindviehhaltung
1661–1670	96	5
1791–1800	287	39
Mehrerlös	191	34

Quellen: Anm. 33 bis 36.

Während sich also die Einnahmen aus dem Getreidebau verdreifachten, stiegen sie bei der Rindviehhaltung um das Siebenfache. An der Gesamterzeugung aber war sie

[34] Erträge siehe Tabelle 4 (Hedeper), Preise siehe Bild 1.

[35] Selbstverständlich wurden auch Hafer und Weizen angebaut. Bei dieser vereinfachten Darstellung darf aber angenommen werden, daß die höheren Gelderträge der geringen Weizenflächen die niedrigen Gelderträge der auch nicht so bedeutenden Haferflächen ausglichen.

[36] Die Erträge der Tabelle 4 (Hedeper) wurden um 20 v. H. erhöht und mit den Preisen der Blasianischen Fruchttaxe (s. Bild 1) für das Jahrzehnt 1791–1800 multipliziert.

[37] 22 A Alt 1499, 1670 betrug der Butterertrag der gesamten Herde im Schnitt 20 Pfd. Butter je Kuh. Als Preise werden für ein Pfd. Butter drei Mariengroschen und für ein Schock Käse 12 Mariengroschen angegeben, die aber, wie sich aus dem Vergleich mit den Getreidepreisen ergibt, etwas unter den Marktpreisen lagen.

auch um 1800 erst mit 11 v. H. beteiligt. Trotzdem darf man ihren Einfluß nicht unterschätzen.

An einem kleinen Beispiel läßt sich schnell das Wesentliche erkennen. Betrug der Erlös aus dem Getreidebau 96 Groschen und aus der Viehhaltung vier Groschen je Morgen, so blieben dem Bauern bei 80 Groschen Gesamtunkosten 20 Groschen. Steigern wir jetzt die Erzeugung der Rindviehhaltung auf das Doppelte, so stellt sie auch jetzt erst acht v. H. an der Gesamterzeugung, sie erhöht aber das Einkommen der Bauern auf 24 Groschen, und das sind 20 v. H. mehr, so daß der Vermehrung der Gesamteinnahmen von 100 auf 104 eine Einkommenssteigerung von 100 auf 120 gegenübersteht; und nur sie kann für die Verzinsung des im Boden angelegten Kapitals herangezogen werden.

Damit aber stehen wir vor neuen Problemen. Es genügt also nicht, die Mehreinnahmen aus dem Ackerland, seien sie auf direktem oder indirektem Wege gewonnen, mit dem Steigen der Bodenpreise zu vergleichen; denn auch wenn wir Getreideproduktion und Rindviehhaltung zusammenfassen, ergibt sich nur eine Steigerung von 101 Groschen je Morgen auf 326, und sie kann für unsere Zwecke einer Indexsteigerung gleichgesetzt werden. Aber die Bodenpreise kletterten von 100 auf 629, und die Diskrepanz zwischen beiden Indizes bleibt. Doch wie sähe die Steigerung des landwirtschaftlichen Roheinkommens aus, aus denen die Verzinsung des Bodenkapitals erfolgen müßte? Erst wenn wir auch die Ausgabenseite kennen, ergeben sich die benötigten Zahlen, und vielleicht kann dann festgestellt werden, daß die Kurven der Bodenpreise und des Einkommens aus der Landwirtschaft durchaus parallel verlaufen, und dann entfiele auch die Spekulation als preistreibendes Moment. Bei dem heutigen Stande der Agrargeschichtsforschung stehen wir aber noch vor einer wechselseitigen Ursachenverknüpfung, die endgültige Aussagen verbietet. Wir müssen alles über die Position »Boden« des Aktivkapitals in Erfahrung bringen, weil wir diese Kenntnisse für die Aufstellung von Erfolgsrechnungen brauchen. Ehe sie aber nicht fertiggestellt sind, können wir nichts darüber sagen, inwieweit wirtschaftliche Bestimmungsgründe wiederum den Wert dieser Position veränderten; und das gilt für alle Posten des Aktivkapitals[38].

Daher ist es nicht nur unmöglich, sondern auch methodisch falsch, die Auswirkungen der einzelnen Bestimmungsgründe ohne Kenntnis aller Posten der Einnahmen und Ausgabenseite quantifizieren zu wollen, man darf sie lediglich aufzählen. So war bereits auf den Wunsch von Nichtlandwirten hingewiesen worden, ihr flüssiges Kapital sicher anzulegen, und hierdurch können ganz sicher Preissteigerungen hervorgerufen worden sein. Aber bei der guten Agrarkonjunktur ist es ebenso denkbar, daß auch die Landwirte Überschüsse erwirtschafteten, und es war für sie noch naheliegender, davon Land

---

[38] An dieser grundsätzlichen Aussage ändert sich selbstverständlich nichts, wenn man auf die Unvollständigkeit der Einnahmeseite verweist. Sicherlich brachten auch Schweine- und Schafhaltung in der zweiten Hälfte des 18. Jahrhunderts noch Einnahmesteigerungen, aber auch die vermehrte Schafhaltung kann nicht solche Einnahmesteigerungen bewirkt haben, daß beide Indizes zur Deckung gekommen wären, und bei der Schweinehaltung stiegen die Erlöse nur durch Erhöhung der Preise und nicht wegen einer Vermehrung des Bestandes; und ebenso wenig entscheidend ist auch der Rückgang der Zugtierhaltung und die damit verbundene Kostenersparnis, weil gleichzeitig der Umfang der zu zahlenden Dienstgelder zunahm. Verglichen mit den aufgeführten Einnahmen aus dem Getreidebau und der Rindviehhaltung bleiben außerdem alle Posten so gering, daß sie hier vernachlässigt werden dürfen.

zu kaufen; und das ist tatsächlich in ziemlichem Umfang geschehen, obwohl sich das Gesamteigentum an Land bei den einzelnen Bauernklassen kaum veränderte[39]. Im Einzelfall wird natürlich der Betriebsleiter das höhere Gebot abgegeben haben, der zu einer rentableren Ausnutzung seines Besatzkapitals und seiner Arbeitskräfte kommen wollte, aber wenn sehr viele Betriebe Land kaufen konnten, kann man auch vermuten, daß entweder der Gewinn den höheren Bodenpreisen entsprach oder einfach genug Geld vorhanden war, und wenn schließlich in allen Bauernklassen annähernd gleich viel Land gekauft und verkauft wurde, so scheint es damals noch keine Klasse gegeben zu haben, die der anderen wirtschaftlich überlegen war. Aber man sollte abschließend noch einmal betonen, daß es sich hier immer nur um Erwägungen handelt. Ob und in welchem Ausmaß sie den früheren Verhältnissen entsprechen, kann erst nach weiteren, recht umfangreichen Untersuchungen geklärt werden. Vorerst müssen wir uns mit Vermutungen begnügen.

II. Das lebende Inventar

a) Die Zugtierhaltung

Jeder wirtschaftlich denkende Landwirt wird stets bestrebt sein, den Besatz an Zugkräften so gering wie möglich zu halten, um die mit ihnen verbundenen Unkosten ebenfalls auf ein Minimum zu senken. Erwähnt seien die Verzinsung des investierten Kapitals, im Untersuchungszeitraum Unterhaltungskosten für die Zugtiere und deren Geschirre, sowie – falls keine oder keine ausreichende eigene Nachzucht getrieben wurde – die Amortisation. Der optimale Besatz ist allerdings nicht unbedingt jener, der gerade noch zur Erledigung aller Arbeiten ausreicht. Erst eine gewisse Zugkraftreserve läßt die Ausnutzung kurzfristiger Schönwetterperioden zu, und die termingerechte Ausführung der meisten landwirtschaftlichen Arbeiten schafft Mehreinnahmen, die über die vermehrten Unkosten einer etwas größeren Zugtierhaltung weit hinausgehen. Zum Unterschied zu den heutigen Verhältnissen besteht aber bei der Landwirtschaft des 18. Jahrhunderts keine Möglichkeit zu bestimmen, ob der Umfang des Zugkraftbesatzes zu groß, zu gering oder angemessen war; und zwar einfach deshalb, weil keine brauchbaren Untersuchungen über die Arbeitsmengen vorhanden sind, die mit den Zugtieren erledigt werden mußten. Allerdings kann man wohl annehmen, daß sich die aus vielen Betrieben gewonnenen Durchschnittszahlen der optimalen Besatzgröße annähern.

Aus der Tabelle kann eine beachtliche Abnahme des Zugtierbesatzes entnommen werden, und da sich die Betriebsgrößen nicht veränderten, scheint in der Mitte des 18. Jahrhunderts eine wesentlich rationellere Ausnutzung der Zugkräfte erreicht worden zu sein; denn die mit einem Pferd bewirtschafteten Flächen stiegen in den ersten

---

[30] Von 42 Ackerhöfen vergrößerten zwischen 1752/68 und 1827/45 10 ihr Eigentum an Ackerland um mehr als fünf vha; neun verringerten es um ebenfalls mehr als fünf vha. Bei 47 Halbspännerhöfen nahm das Eigentum um die gleiche Spanne bei fünf Höfen zu, während drei Betriebe mehr als fünf vha abgaben. Aber auch bei den Höfen ohne nennenswerte Veränderung der Ackerfläche kommen häufig Käufe und Verkäufe vor, nur daß sie sich hier mehr oder minder ausgleichen.

beiden Bauernklassen nicht unerheblich an. Doch dieses Bild ist trügerisch, und der aufklärende Hinweis liegt bereits in dem Sachverhalt, daß nur die Ackerleute und Halbspänner, aber nicht die Kotsassen zu einem erfolgreicheren Einsatz ihrer Pferde gekommen sein sollen.

Tabelle 6
Zeitvergleich des Pferdebesatzes in 11 Dörfern um Schöningen

Bauernklasse	Pferde je Hof		Durchschn. Feldgröße		vha Acker je Pferd*)	
	1602	1752/68	1602	1752/68	1602	1752/68
Ackerhöfe	10	6	147	145	14,7	24
Halbspännerhöfe	7,6	4,2	87	89	11,4	21
Kothöfe	2,2	2,2	25	26	11,2	12

*) 1602 wurde die Betriebsgröße in vha Korn angegeben. Da für unser Gebiet die Dreifelderwirtschaft gesichert ist, wurden diese Zahlen um 50 v. H. erhöht, um sie den Betriebsgrößenangaben von 1752/68 vergleichbar zu machen.

Quellen: Siehe Tabellen 1 und 2.

Im Anfang des 17. Jahrhunderts standen nämlich den Bauern des Untersuchungsgebietes keineswegs ihre Pferde zur alleinigen Nutzung zur Verfügung. In der Regel mußte der Ackermann ein Dienstgespann zwei Tage und der Halbspänner ein Gespann einen Tag in der Woche zum Herrendienst schicken, die Kotsassen dagegen dienten an zwei Tagen der Woche mit der Hand[40]. Ausnahmen kamen, wie das die Dorfbeschreibungen zeigen, gar nicht selten vor, doch trafen die aufgeführten Dienstleistungen für die weitaus größte Zahl der untersuchten Höfe zu.

Eine Verringerung der Pferdehaltung wird demnach auch dann zu erwarten sein, wenn die Bauern nicht mehr mit den Pferden zu dienen brauchen, und in einer Dorfbeschreibung wird beim Pferdebesatz ausdrücklich angemerkt, daß zwei Ackermänner noch je acht Pferde halten, weil sie auch den Dienst noch «in natura» leisten, während die anderen beiden bereits mit vier Pferden auskommen und statt der Dienste Dienstgeld zahlen[41]. Demnach liegt der Rückgang der Pferdehaltung nicht nur in einer besseren Ausnutzung der Zugtiere begründet, sondern auch in dem Ersatz der Naturaldienste durch Dienstgelder. Hierfür spricht auch das häufige Vorkommen von Dienstgeldverträgen, die dem Bauern wenigstens für die Dauer des Vertrages das ausschließliche Verfügungsrecht über seine Spannkräfte sicherten und umgekehrt dem Berechtigten den gewissen Eingang seiner Einnahmen[42].

Aus der Tabelle läßt sich aber auch die unterschiedliche Belastung der Bauernklassen durch die Zugtierhaltung herauslesen. Obwohl die Kotsassen nur Handdienste zu leisten hatten, konnten sie mit einem Pferd — und natürlich gilt dasselbe für ein Gespann — doch nicht mehr Land beackern als ein Halbspänner, der seine Pferde immerhin für einen Tag in der Woche entbehren mußte. Die Ackerleute schließlich, die zwar mehr Pferde hielten, aber dafür auch an zwei Tagen ein Dienstgespann schicken muß-

---

[40] 40 Slg. 4918, ein Dienstgespann umfaßt (1722) vier Pferde. Wer aber aus dringenden Gründen nicht so viele Tiere halten kann, dient mit denen, die er besitzt.
[41] 20 Alt 293 I.
[42] STEINACKER, a. a. O., S. 520.

ten, bewirtschafteten mit jedem gehaltenen Pferd sogar noch gut zwei Morgen mehr. Dabei ergibt sich für die Ackerleute auch dann keine Mehrbelastung gegenüber den Kotsassen, wenn man für das Dienstgespann den nötigen Knecht hinzurechnet, schließlich mußten ja auch die Kotsassen an zwei Tagen eine Arbeitskraft stellen.

Die Bauernklasse mit dem geringsten Landbesitz und demzufolge wohl auch mit dem niedrigsten Einkommen mußte demnach auch noch eine vergleichsweise unwirtschaftliche Zugtierhaltung in Kauf nehmen. Das läßt sich aber mit Sicherheit nicht auf mangelnde wirtschaftliche Einsicht zurückführen. Die kleinste Zugkrafteinheit ist eben ein Gespann von zwei Pferden[43], und wenn der Betrieb nur über wenig Ackerland verfügt, und es nicht gelingt, ihn aufzustocken – wie es für den Untersuchungszeitraum nachgewiesen wurde –, so bleibt der Pferdebesatz pro Flächeneinheit unvermeidbar höher und unwirtschaftlicher. Auch bei den Halbspännern scheint das Optimum des

Tabelle 7
Zusammensetzung des Gesamtwertes an totem und lebendem Inventar (Gesamtwert = 100)

Bauernklasse	Zahl der Höfe	Wertanteil d. Zugkräfte	Wertanteil d. Nutzviehs	Wertanteil d. Wagen u. Geräte
Ackerhöfe	7	41,8	35,1	23,1
Halbspännerhöfe	8	45,2	31,2	23,6
Kothöfe	9	39,7	31,0	29,3

Untersuchungsgebiet: Siehe Abschnitt «Quellen».
Untersuchungszeitraum: 1680–1804.

Quellen: 21 Alt 463, 467, 469, 484, 487, 490, 491, 495, 497, 498, 785, 794 und 908, dazu eine handschriftliche Kopie, die mit Amtsstempeln beglaubigt ist.

Zugtierbesatzes noch nicht ganz erreicht worden zu sein, da hier in der Mitte des 18. Jahrhunderts auf ein Pferd noch drei Morgen weniger als bei den Ackerleuten entfielen. Vielleicht liegt es daran, daß sich bei den kleinsten Betrieben dieser Klasse die gleichen Anpassungsschwierigkeiten bemerkbar machten wie bei den Kothöfen[44].

Mit einiger Gewißheit kann man vermuten, daß die Zahl der vorhandenen Zugtiere die notwendigen Unterhaltungskosten bestimmte. Aber die relative Mehrbelastung der Kothöfe gegenüber den Acker- und Halbspännerhöfen ist von geringem Einfluß, wenn die absolute Höhe dieser Unterhaltungskosten gering ist. Hierfür sprechen auch einige

[43] Beim Pflügen wurden häufig drei Pferde und vor größeren Wagen vier angespannt. Aber schon der geringere Preis für die Wagen der Kotsassen zeigt, daß hier nur zwei Zugtiere benötigt wurden. Manchmal wird das in den Inventaren auch direkt angegeben. Daneben kommen des öfteren auch Kothöfe vor, auf denen nur ein Pferd gehalten wurde, und es mußte dann wohl eine Kuh daneben gespannt werden, aber es gab auch Kothöfe, die drei und vier Pferde hielten. Ob bei vier Pferden bereits an einen Fuhrbetrieb als Nebengewerbe gedacht werden muß, ist mangels brauchbarer Unterlagen nicht zu entscheiden, bei drei Pferden kann man wohl aber noch annehmen, daß das dritte Pferd als Ersatz, zum wechselweisen Anspannen oder zur besseren Erledigung schwerer Ackerarbeiten diente. Die meisten Kotsassen jedoch verfügten über zwei Pferde.
[44] Halbspänner- und Kothöfe lassen sich der Größe nach nicht immer unterscheiden. 40–50 vha große Betriebe werden sowohl als Kot- wie als Halbspännerhöfe geführt.

Gründe[45], doch muß darauf hingewiesen werden, daß am Wert des toten und lebenden Inventars der Zugkräftebesatz in allen drei Bauernklassen den höchsten Anteil stellte.

Die Inventare stammen zwar aus einem größeren Zeitraum, in dem sich auch die Preise erheblich veränderten, doch gibt es bei den Acker- und Halbspännerhöfen nur je einen Betrieb, dessen Zugkräftebesatz nicht den höchsten Wertanteil stellte und bei den Kothöfen waren es drei[46].

Wenn auch wegen fehlender Unterlagen auf die Ermittlung der absoluten Höhe der Unterhaltungskosten verzichtet werden muß, so muß dennoch der Möglichkeit nachgegangen werden, daß durch einen stärkeren Anstieg der Pferdepreise gegenüber den Roggenpreisen, dem Maßstab für die Haupteinkünfte, die Zugtierhaltung den Betrieb gegen Ende des 18. Jahrhunderts hin stärker belastete als vorher.

Tabelle 8
Pferde- und Getreidepreise von 1617–1800

Zeitraum	Zahl der Tiere	Pferdepreise in Talern	relativ		Roggenpreise in Mgr./ Himten	relativ	
1617–25	7	11	100	89	21	100	140
1675–82	21	12,5	114	100	15	71	100
1720–26	26	13,15	120	105	22	100	140
1753–57	18	22,67	206	181	27	129	180
1788–1800	31	32,33	294	258	32	152	213

Quellen: 21 Alt 479, 481, 463, 786, 483, 484, 793, 490, 794, 469, 495, 497 und 498. Die Nummern sind chronologisch geordnet. Preise s. Bild 1.

Gehen wir bei dieser Nachprüfung von den Preisrelationen vor dem Dreißigjährigen Krieg aus[47], so verteuerte sich die Pferdehaltung erheblich, und man mußte am Ende des 18. Jahrhunderts auch bei einer angenommenen Ertragssteigerung von 20 v. H. statt 100 Einheiten Roggen 160 aufwenden, wenn man ein Pferd kaufen wollte. Wählt man jedoch als Basis den Zeitraum von 1675–1682, der ungefähr dem entspricht, der bei der Betrachtung der Bodenpreise ausgesucht wurde, so wiegen die Erhöhung der Getreidepreise und die Ertragssteigerung um 20 v. H. das Ansteigen der Pferdepreise auf.

Abschließend mögen noch einige Anmerkungen über die im Untersuchungszeitraum gehaltenen Pferde folgen, die zum Teil auch noch Aufschluß über die Unterhaltungskosten geben können. Leider wurde in den Quellen überhaupt nichts über das Gewicht der Pferde erwähnt, woraus man auf Zugkraft und Futterbedarf hätte schließen kön-

---

[45] Die Bezeichnung »Graspferde« und der Flurname »Nachtbleek« (=Nachtweidefläche für die Pferde) deuten bereits auf eine billige Futterversorgung hin.

[46] Auffällig ist, daß bei zwei Kothöfen, die gar keine Pferde hielten (21 Alt 490), auch die Wagen und sonstigen Ackerbaugeräte fehlen; bei beiden Betrieben ergeben sich im Schnitt fast übereinstimmend 84,8 v. H. Wertanteil für das Nutzvieh und 15,2 v. H. für Kleingeräte (1754/55).

[47] Vor dem Jahr 1625 wird unser Gebiet nicht von den Kriegsereignissen berührt, s. KEILITZ, A.: Die Wirkungen des Dreißigjährigen Krieges in den Wittumsämtern des Herzogtums Braunschweig-Wolfenbüttel, in: Quellen und Forschungen zur braunschweigischen Geschichte, Band X, Wolfenbüttel 1938, S. 1/2.

nen, lediglich eine Äußerlichkeit wie die Farbe und das Alter der Pferde wurden überliefert und zur Unterscheidung der Einzeltiere benutzt. Bei 131 Pferden werden wir über die Farbe unterrichtet, von denen die meisten braun (47), hell- (9) oder schwarzbraun (7) gefärbt waren, aber auch die schwarzen waren zahlenmäßig stark vertreten (48). Außerdem waren auch noch Füchse (7) vorhanden. Wesentlich seltener waren die Schimmel (5), zu denen sich noch je ein Grau- und Rotschimmel gesellen, und schließlich werden auch noch vier fahle oder gelbe Pferde und zwei graue genannt. Mit diesen Angaben ist indessen wenig anzufangen, wenn man von der Erkenntnis absieht, daß es früher offensichtlich mehr schwarze Pferde gab als heute, doch findet man auch heute bei den Pferden einer Rasse unterschiedliche Farben, so daß die vorhergehende Aufzählung keine weitere Ausdeutung zuläßt.

Wichtig ist dagegen das überlieferte Alter von 106 Pferden, das im Durchschnitt 9,6 Jahre beträgt. Da nur fünf Pferde im Alter von drei Jahren in den Inventaren vorkommen und andererseits auch häufig dreijährige Fohlen genannt werden, ist anzunehmen, daß die Pferde mit einem Alter von drei bis vier Jahren zum ersten Mal angespannt wurden. Im Durchschnitt müßten sich dann je Pferd sechs Nutzungsjahre ergeben, oder anders ausgedrückt müßte in jedem Jahr ein Sechstel des Bestandes ausscheiden und durch junge Tiere ersetzt werden. Hierfür genügt natürlich nicht ein Fohlenbestand, der ein Sechstel des Besatzes an alten Pferden ausmacht. Wenn ein Fohlen erst nach drei bis vier Jahren zum Zug verwandt werden konnte, so mußten dementsprechend drei bis vier Sechstel oder besser die Hälfte bis zwei Drittel an Fohlen gehalten werden. Tatsächlich betrug 1602 der Anteil des Nachwuchses aber nur ein Viertel bis ein Fünftel, und wir müssen deshalb annehmen, daß die Bauern Pferde aus anderen Gegenden zugekauft haben[48].

Da nicht in allen Dorfbeschreibungen aus der Mitte des 18. Jahrhunderts die Fohlen erwähnt werden, wird die Untersuchungsbasis noch schmaler, aber mit Sicherheit ist auch jetzt zu erkennen, daß die Zahl der vorhandenen Fohlen nicht genügte, um den Bestand ausreichend zu ergänzen. Wir müssen also mit einem Zukauf rechnen, der für die Hälfte des Besatzes ausreichte, da die eigene Nachzucht wiederum nur den halben Bestand zu ersetzen vermochte, und bei sechsjährigem Umtrieb ist das ein Zukaufsbedarf an erwachsenen Pferden von ungefähr einem Zwölftel des Bestandes an Alttieren, so daß neben den sonstigen Unterhaltungskosten eine Amortisation in dieser Höhe noch einzusetzen ist.

b) Die Nutzviehhaltung

1. Die Rindviehhaltung

Innerhalb der Nutzviehhaltung stellte in allen drei Bauernklassen die Rindviehhaltung den weitaus bedeutendsten Anteil.

Während die Tabelle sonst keine nennenswerten Abweichungen bringt, fällt der geringere Anteil der Rindviehhaltung bei den Ackerhöfen auf. Sowie man aber Schaf- und Rindviehhaltung zusammenfaßt, bestehen innerhalb der Bauernklassen keine Unterschiede mehr. Ein Teil der Rindviehhaltung wurde also in der größten Bauernklasse durch die Schafhaltung ersetzt, und es waren sicherlich die steuerliche Bevor-

---

[48] HASSEL-BEGE, a. a. O., Bd. I., S. 105. In den Ackerbaugebieten reichte die eigene Nachzucht nicht aus, Zukäufe z. B. aus Holstein.

zugung dieser Klasse und die bessere Rente dieses Betriebszweiges, die hier zu einer umfangreicheren Haltung führten[49].

Tabelle 9
Zusammensetzung des Geldwertes der Nutztierhaltung

Bauernklasse	Anteil des Rindviehs in v. H.	Anteil der Schweine in v. H.	Anteil der Schafe in v. H.	Anteil des Geflügels in v. H.
Ackerhöfe	63,6 (22,4)*)	17,4	15,8	3,2
Halbspännerhöfe	76,3 (23,8)*)	19,9	2,6	1,2
Kothöfe	78,4 (24,3)*)	14,8	3,9	2,9

*) Anteil der Rindviehhaltung am Gesamtwert des toten und lebenden Inventars.
Quellen: Siehe Tabelle 7. Die Anzahl der Betriebe bleibt unverändert.

Geradezu überraschend aber sind die zahlenmäßigen Veränderungen des Rindviehbesatzes.
Mögen auch in einzelnen Dörfern erhebliche Abweichungen vorkommen, wie zum Beispiel der hohe Viehbesatz in Hohnsleben um 1680, die Entwicklungstendenz ist doch allgemein feststellbar und in den beiden Vollbauernklassen ziemlich übereinstimmend[50].
Vor dem großen Kriege hielten die Bauern, obwohl von einem Futterbau auf den Brachschlägen noch kaum die Rede sein konnte, erheblich mehr Kühe als 1680, und

Tabelle 10
Zeitvergleich der Kuhbestände in 11 Dörfern um Schöningen

Ort	1602		1680		1752/68		1784		1791		1792
	1)	2)	1)	2)	1)	2)	1)	2)	1)	2)	2)*)
1. Ackerhöfe											
Alversdorf	6	41	6	20	5	30	5	29	5	33	33
Büddenstedt	8	40	8	18	9	31	9	27	9	51	35
Emmerstedt	6	33	5	9	2	12	3	17	—	—	—
Esbeck	5	21	4	13	3	12	3	12	3	13	16
Hohnsleben	0	0	0	0	0	0	0	0	0	0	0
Hoiersdorf	7	41	6	10	7	28	8	36	—	—	—
Offleben	6	40	5	13	4	23	4	19	4	26	31
Reinsdorf	2	9	3	8	3	16	3	17	3	23	24
Runstedt	4	24	2	5	2	7	2	9	2	12	11
Twieflingen	7	33	5	17	5	13	5	19	5	20	23
Wobeck	5	24	4	6	4	21	4	19	—	—	—
Insgesamt	56	306	48	119	44	193	46	204	31	178	193
Kühe je Hof		5,5		2,5		4,4		4,3		5,7	6,2

[49] 20 Alt 104 und 303. Für einen Mariengroschen Schafschatz durften die Ackerleute 30, die Halbspänner 15 und die Kotsassen 5 Schafe halten. Schafe, die darüber hinaus vorhanden waren, kosteten zwei Mariengroschen Schafschatz.
[50] Da nicht bei allen Zeiträumen für die erfaßten Betriebe die Größe angegeben wurde, war eine Trennung der Kothöfe in Voll- und Nebenerwerbsstellen nicht möglich. Auf diese Klasse wurde deshalb verzichtet. Betriebe, die eine Kuh hielten, aber über gar kein Ackerland verfügten, hätten sonst das Bild zu sehr verzerrt.

23

Tabelle 10 (Fortsetzung)
Zeitvergleich der Kuhbestände in 11 Dörfern um Schöningen

Ort	1602		1680		1752/68		1784		1791		1792
2. Halbspännerhöfe											
Alversdorf	3	13	3	9	5	13	5	16	5	22	22
Büddenstedt	3	14	5	8	3	7	4	9	4	17	18
Emmerstedt	3	8	1	4	10	32	10	31	—	—	—
Esbeck	2	5	2	6	3	7	3	9	3	12	11
Hohnsleben	5	22	5	26	5	17	5	15	5	29	31
Hoiersdorf	0	0	0	0	0	0	0	0	—	—	—
Offleben	0	0	0	0	4	13	4	9	4	17	21
Reinsdorf	5	17	3	6	3	7	3	6	3	17	19
Runstedt	5	31	8	14	8	24	8	24	8	33	32
Twieflingen	5	16	7	11	7	14	7	18	7	17	18
Wobeck	0	0	0	0	2	7	2	6	—	—	—
Insgesamt	31	126	34	84	50	141	51	143	39	164	172
Kühe je Hof		4,1		2,5		2,8		2,8		4,2	4,4

1) Zahl der Betriebe.
2) Zahl der Kühe.
*) Zahl der Betriebe wie 1791.

Quellen: 1602 s. Tabelle 3, 1680 23 Alt 256, 1752/68 s. Tabelle 2, 1784 74 Alt 678–685 u. 816, 821 und 828, 1791/92 (sowie 1794/95 für Twieflingen) 2 Alt Suppl. XI 2.

erst 1791 wurde in den beiden Klassen der alte Bestand wieder erreicht. In der Zwischenzeit gelang es den Ackerleuten etwas besser, ihren Besatz an Kühen wieder zu erhöhen, während bei den Halbspännern die Besatzzahlen von 1680 bis 1784 nahezu gleichblieben. Da aber die Bestandszahlen aus vielen Gründen – ungleichmäßiger Altersaufbau, Krankheit, besonders Seuchen, Ausstattung weichender Erben mit Vieh – immer stark schwankten, dürfen solche Abweichungen erst dann voll gewertet werden, wenn über ein genügend großes Untersuchungsmaterial verfügt werden kann. Ob dazu 30 bis 50 Betriebe schon ausreichen, ist noch nicht sicher, und deshalb sollten die Abweichungen zwischen den beiden Bauernklassen nicht überschätzt werden.

Tabelle 11
Entwicklung des Rindviehbestandes in Twieflingen von 1792–95 (fünf Acker- und sieben Halbspännerhöfe)

Zeitraum	Kühe	Rinder
1792	41	5
1794	44	10
1795	49	5

Quelle: Siehe Tabelle 10.

Auffällig ist, wie exakt das sprunghafte Ansteigen der Bodenpreise und die Vermehrung der Viehbestände zeitlich übereinstimmt. Dabei handelt es sich nach 1784 bei den Viehbeständen genau wie bei den Bodenpreisen um einen fortlaufenden Anstieg und nicht um eine einmalige Erhöhung. Nachzuweisen ist das allerdings nur bis zum

Jahre 1792 und darüber hinaus nur noch für Twieflingen. Da aber auch sonst zwischen den Dörfern keine übermäßigen Abweichungen zu beobachten sind, dürften die Verhältnisse dieses Dorfes wohl als zutreffend für die Entwicklung in allen Ortschaften angesehen werden.

Auffällig ist hier in allen Fällen die Zusammensetzung des Bestandes, bei dem die Kühe bei weitem überwogen, und man ist fast versucht, die Ergänzung aus eigener Nachzucht in Frage zu stellen, doch entspricht das Beispielsdorf hier nicht mehr den allgemeinen Verhältnissen. Wenn aber bei so geringer Nachzucht trotzdem der Kuhbestand erhöht wurde, so ist eine Vermehrung erst recht in den Dörfern zu vermuten, in denen mehr Jungvieh gehalten wurde.

Tabelle 12
Zusammensetzung des Rindviehbestandes in 11 Dörfern um Schöningen (nur Acker- und Halbspännerhöfe, Kuhbestand = 100)

Zeitraum	Kühe	Rinder	Kälber
1602	100	105	34
1680	100	61	—
1752/68	100	45	—
(1752/68*)	100	32	17)
1784	100	42	—
1791**)	100	32	—
1792	100	28	—

*) nur Büddenstedt, Reinsdorf und Runstedt.
**) ohne Emmerstedt, Hohnsleben, Hoiersdorf und Twieflingen.
Quellen: Siehe Tabelle 10.

Aus der Tabelle ergibt sich die eindeutige Tendenz, den Jungviehanteil immer mehr einzuschränken, um statt dessen mehr Kühe zu halten; und das geschah ganz sicher zu dem Zweck, die Milcherzeugung zu steigern; denn eine vermehrte Fleischproduktion hätte über die Rindermast viel eher erreicht werden können.

Besondere Vorsicht ist aber geboten, wenn aus der Vermehrung des Kuhbesatzes auf eine bessere Versorgung des Ackers mit Stallmist geschlossen wird. Es ist unumgänglich, zuerst einmal die Veränderung des gesamten Rindviehbestandes zu betrachten.

Trotz der Zunahme der Kuhzahlen erreichte der Bestand, gerechnet nach Rindvieheinheiten (RE), auch 1792 noch nicht die Höhe, die für das Jahr 1602 ermittelt werden konnte. Bei den Ackerleuten waren es nur 80 und bei den Halbspännern nur 72 v. H. des alten Besatzes. Allerdings brachten die Kühe am Ende des 18. Jahrhunderts höhere Leistungen und dementsprechend war auch ihr Futterverbrauch höher. Vielleicht waren sie auch bereits etwas schwerer, wodurch wiederum der Futterbedarf für die Erhaltung angestiegen wäre, und da nur die halbe Futtertrockenmasse wieder im Frischmist erscheint, müßte eine RE statt 100 Futtertrockenmasseeinheiten 133,3 gefressen haben, wenn der gleiche Anfall an Frischmist erzeugt werden sollte, wobei die Einstreumenge je Betrieb unverändert geblieben sein müßte[52]. Das nachzuprüfen ist natürlich gänzlich unmöglich, aber da der Rindviehbestand absolut gesehen kleiner blieb, die Futterversorgung jedoch stieg, war dieser Mehrverzehr zumindest nicht unmöglich. Auf jeden Fall ist aber im Untersuchungszeitraum noch nicht mit einer nennenswerten Verbesserung der Stallmistversorgung zu rechnen, da es recht unwahrscheinlich ist, daß innerhalb eines Jahrzehnts das Futteraufnahmevermögen noch stärker als um ein Drittel anwuchs, lediglich die Einstreu könnte sich pro Tier etwas erhöht haben, aber was bedeuten schon diese Überlegungen um geringfügige Veränderungen des Mistanfalls, wenn man bedenkt, daß bei den Ackerhöfen im Durchschnitt 17 und bei Halbspänner-

Tabelle 13
Zeitvergleich des Rindviehbestandes

Bauernklasse	Zeitraum	Kühe je Hof	Rinder je Hof	RE je Hof[51]
Ackerhöfe	1602	5,5	5,5	9,35
	1792	6,2	1,8	7,46
Halbspännerhöfe	1602	4,1	4,7	7,39
	1792	4,4	1,3	5,31

Quellen: Siehe Tabelle 10.

höfen 13 vha Ackerland von einer RE abgedüngt werden mußten und die Misterzeugung pro RE sicher nicht mehr als 30 dz betragen haben kann[53]. Eine grundsätzliche Änderung in der Düngerwirtschaft trat erst ein, wenn die Betriebe zur ganzjährigen Stallhaltung übergegangen waren[54].

[51] RE = Rindvieheinheit, eine Kuh = eine RE, ein Rind = 0,7 RE. Solange über die Gewichte der einzelnen Nutztierarten so wenig bekannt ist wie zur Zeit, kann sich der Verfasser nicht entschließen, in einer historischen Arbeit mit dem Maßstab «GV = Großvieheinheit» zu arbeiten, der bekanntlich ausschließlich auf dem Lebendgewicht der Nutztiere basiert. Jedoch sind die biologischen Wachstumsgesetze nur geringen Wandlungen unterworfen, so daß die Gewichtsrelationen innerhalb der gleichen Tiergattung wesentlich exakter dargestellt werden können. Wenn man also analog den heutigen Verhältnissen unterstellt, daß ein Rind nach einem Jahr 0,5, nach zwei Jahren 0,67 und nach dei Jahren 0,9 und im vierten Jahr 1,0 des Endgewichtes erreicht, so ergeben sich für ein Rind im Durchschnitt 0,7 des Endgewichtes.

[52] Es wurde die bekannte Frischmistformel verwandt: (Einstreutrockenmasse + halbe Futtertrockenmasse) × 4 = Frischmist.

[53] Der Angabe liegt folgende Überschlagsrechnung zugrunde: Heute gilt als Faustzahl, daß bei ganzjähriger Stallhaltung eine Kuh 120 dz Rottemist im Jahr erzeugt. Die Kühe erreichten aber auch im 18. Jahrhundert noch nicht die Hälfte des Gewichts heutiger Tiere (B. H. SLICHER VAN BATH: De agrarische Geschiedenis van West-Europa, Antwerpen cy. 1960, S. 366). Da sie weiterhin wesentlich weniger leisteten, kamen sie auch mit geringeren Futtermengen aus, so daß hier höchstens mit 40 v. H. des heutigen Verzehrs gerechnet werden kann. Bei einer Bestandesdichte, die nur die Hälfte der augenblicklichen ausmachte und – vor Einführung der Sommerstallfütterung – bei halbjährigem Weidegang könnte vermutet werden, daß einer Kuh pro Tag die vierfache Strohmenge zur Verfügung stand wie heute. Indessen erreichten aber auch die Strohernten nur 25 v. H. der heute üblichen Mengen (ACHILLES, W.: Die Getreidewirtschaft der Kirchen zu Bornum und Hedeper, Kreis Wolfenbüttel, in: Zeitschr. f. Agrargesch. u. Agrarsoz., Jahrgang 8, Heft 2, 1960, Tabelle X), so daß die Strohversorgung keine Unterschiede aufzuweisen scheint. Jedoch wurde früher mit Sicherheit wesentlich mehr Stroh verfüttert, weshalb man sicher nicht fehl geht, wenn man die Summe aus Einstreutrockenmasse und Futtertrockenmasse auf die Hälfte erniedrigt. Bei halbjährigem Weidegang kann dann nur noch ein Viertel von 120 dz an Rottemist erzeugt worden sein.

[54] VON JUSTI, Göttingische Polizey-Amts-Nachrichten für das Jahr 1755, Göttingen 1755, S. 30, die meisten Landwirte können nur alle neun Jahre den Acker abdüngen.

Aus der veränderten Zusammensetzung des Rindviehbestandes ergibt sich aber weiterhin die für die Kostenrechnung wichtige Frage, ob der geringe Anteil an Jungtieren noch ausreichte, den Kuhbestand fortlaufend zu ergänzen. Leider war in den Inventaren nur bei 26 Kühen das Alter angegeben, das im Durchschnitt 7,2 Jahre betrug. Da wir andererseits sowohl von dreijährigen Kühen wie auch von dreijährigen Rindern hören, muß die Färse zwischen drei und vier Jahren zum ersten Mal abgekalbt haben. Es verbleiben also rund vier Nutzungsjahre je Kuh. Bei einer Aufzuchtdauer von drei Jahren und einem Abgang von einem Viertel des Alttierbestandes müßte also der Jungtieranteil drei Viertel des Alttierbestandes betragen haben. Hiervon müßte noch der in den Quellen fehlende Kälberbestand abgezogen werden, auf den ein Viertel entfiel, da die Tiere bis zu einem Jahr noch als Kälber bezeichnet wurden[55]. Es müßte also ein Rinderbestand in Höhe der Hälfte des Kuhbesatzes vorhanden gewesen sein, wenn man ohne Zukauf auskommen wollte. Seit der Mitte des 18. Jahrhunderts ist das aber nicht mehr der Fall.

In der Quelle von 1784 ist neben den Bestandsangaben auch der Ver- und Zukauf von Tieren angegeben, und man kann daraus keineswegs den Eindruck gewinnen, daß die Bestandsergänzungen auch noch durch Zukauf erfolgten[56]. Aber dann muß eine längere Nutzungsdauer je Kuh angenommen werden, die auch von anderer Seite berichtet wird[57]. Gehen wir jetzt von den genannten sechs bis sieben Nutzungsjahren aus, so brauchte nur noch ein Sechstel bis ein Siebentel ersetzt zu werden, und bei zwei erforderlichen Rinderjahrgängen ergab sich dann ein Jungtieranteil von einem Drittel bis zwei Siebentel des Alttierbestandes. Gegen Ende des 18. Jahrhunderts sind aber kaum noch diese zwei Siebentel vorhanden, so daß nach 1784 auch beim Rindviehbesatz mit einem gelegentlichen Zukauf gerechnet werden muß, der aber zahlenmäßig völlig unbedeutend bleibt.

Tabelle 14
Kuh- und Kornpreise von 1617—1800

Zeitraum	Zahl der Tiere	Kuhpreise in Talern	relativ		Kornpreise relativ	
1617—29	95	7,3	100	133	100	147
1675—86	618	5,5	75	100	68	100
1716—25	140	7,3	100	133	95	140
1743—58	337	8,2	112	149	100	147
1768—72	54	10,0	137	182	150	220
1788—1800	49	12,7	174	231	145	213

Quellen: Da zum Unterschied zu den Pferdepreisen die Preise von Kühen übereinstimmten, gleichgültig, ob sie auf Bauernhöfen oder Domänen gehalten wurden, wurden sie hier zusammengefaßt. Kühe von Bauernbetrieben: 21 Alt 479, 463, 483, 484, 487, 467, 489, 490, 794, 491, 469, 495, 497, 498; Kühe von Domänen: 4 Alt Findbuch 2, St. Lorenz Nr. 9, Hessen Nr. 7, Schöningen Nr. 6, Jerxheim Nr. 8, Warberg Nr. 14, Schöningen Nr. 25, Königslutter Nr. 6, Winnigstedt Nr. 6, St. Lorenz Nr. 8. Beide Reihen sind chronologisch geordnet.

[55] Dem heutigen Sprachgebauch entsprachen früher die „Sog"- und „Wehnekälber", das sind Saugkälber und abgewöhnte Kälber.
[56] 2 Alt Suppl. XI 2
[57] SAALFELD, a. a. O., S. 75.

Die für solche Zukäufe aufzuwendende Geldmenge blieb erheblich hinter derjenigen zurück, die zur Ergänzung des Pferdebestandes erforderlich war; nicht nur, weil beim Rindviehbestand wesentlich weniger Tiere zugekauft werden mußten, sondern vor allem deshalb, weil der Preis für eine Kuh bei weitem nicht die Summe erreichte, die für den Kauf eines Pferdes aufgewandt werden mußte.

Die Preisentwicklung stimmt ungefähr mit jener überein, die bereits bei den Pferdepreisen beobachtet werden konnte. Allerdings nur dann, wenn wir als Basis den Zeitraum von 1675 bis 1686 wählen. Nehmen wir als Vergleichsgrundlage jedoch die von 1617 bis 1629, so ergeben sich erhebliche Abweichungen, die aber leicht damit erklärt werden können, daß der Pferdepreis von 1617 bis 1625 zu niedrig ermittelt wurde, und das ist nicht unwahrscheinlich, da dieser Preis nur auf 7 Notizen beruht. Gegenüber den Roggenpreisen ergibt sich wiederum eine ganz ähnliche Preisrelation, wie wir sie bereits von dem Verhältnis Roggen : Pferdepreisen mit der Basis 1675–1682 kennen. Auf Grund des anderen Anfangspreises ist es bei den Kuhpreisen aber gleichgültig, welchen Zeitraum wir = 100 setzen. Die Preisentwicklung bei den Roggen- und Kuhpreisen stimmt stets überein, woraus zu folgern ist, daß diejenigen Kapitalkosten, die durch den Wert des Rindviehstapels bedingt wurden, während des gesamten Untersuchungszeitraumes durch eine gleichbleibend hohe Getreidemenge abgedeckt werden konnten.

Tabelle 15
Übersicht über die Farbbezeichnungen beim Rindvieh

Farbbezeichnung	Zahl der Tiere
Rot	31
Rot buntköpfig	4
Rot weißköpfig	1
Rotweißköpfig	1
Rotweiß bunt	1
Braun	21
Hellbraun	1
Dunkelbraun	1
Braun weißköpfig	3
Braun buntköpfig	1
Gelb	9
Schwarz	2
Schwarzbraun	1
Weißköpfig	1
Buntköpfig	1
Insgesamt	79

Quellen: 21 Alt, Amt Schöningen, Twieflingen, Königslutter, Jerxheim und Achim.

Zum Abschluß soll wieder kurz die Färbung der untersuchten Kühe beschrieben werden, und das ist in diesem Fall aufschlußreicher als die Betrachtung der Pferdefarben, da wir heute verlangen, daß Rinder einer Rasse auch gleichmäßig gefärbt sind. Lediglich die Scheckung variiert bei einigen Rassen, so daß zum Beispiel innerhalb des schwarzbunten Niederungsviehes fast weiße und auch fast schwarze Tiere vorkommen, während im allgemeinen beide Farben einen gleich hohen Anteil stellen.

Früher boten aber schon die Kühe eines verhältnismäßig kleinen Gebietes ein außerordentlich buntes Bild, so daß selbst die Annahme einer wenig durchgezüchteten Landrasse unwahrscheinlich ist. Bei der Vielzahl der Farbbezeichnungen ist es nicht leicht zu systematisieren, am ehesten läßt sich noch ein Überblick an Hand einer Tabelle gewinnen.

Natürlich gehören die beiden Tiere, bei denen nur Weiß- oder Buntköpfigkeit angegeben ist, zu einer entsprechenden Gruppe der roten oder braunen Kühe, aber andererseits sind wieder hell- und dunkelbraune Tiere in aufeinanderfolgenden Inventaren unterschieden, so daß diese Benennungen sicher nicht willkürlich gewählt wurden. Aber selbst wenn man einige Gruppen zusammenfassen kann, bleibt die Farbausprägung doch derart vielgestaltig, daß es schwerfällt, an das Vorhandensein einer Landrasse zu glauben.

2. Die Schafhaltung

Bei der Abfassung der Inventare hat man sich von dem zweckmäßigen Grundsatz leiten lassen, Inventarstücke von besonderem Wert genauer zu beschreiben. Schafe haben aber je Tier nur einen geringen Wert, und sie stellten insgesamt bereits in der

Tabelle 16
Entwicklung des Schafbestandes in 11 Dörfern um Schöningen

	Zahl der Betriebe	Schafe je Hof	Hammel je Hof	Jährlinge je Hof	Lämmer je Hof
1. Ackerhöfe					
1602	56	4,4	0	2,0	3,1
1752/68	45	30,2	—	—	—
2. Halbspännerhöfe					
1602	31	3,4	0	1,1	2,8
1752/68	50	17,5	—	—	—
3. Kothöfe					
1602	52	6,4	0	2,2	9,8
1752/68	49	8,7	—	—	—

Quellen: Siehe Tabellen 2 und 3.

Gruppe der Nutztiere nur einen geringen Anteil, so daß es nicht verwunderlich ist, daß die Quellen nur wenig Einzelheiten über die Schafhaltung enthalten. Nur die Bestandsentwicklung war in großen Zügen zu ermitteln, und sie zeigt die weitaus größten Veränderungen, die in einem so starken Ausmaß sonst nicht beobachtet werden konnten.

Leider wechselt in den Quellen die Bezeichnung der erfaßten Tiere. In den Viehbestandsberichten der Dorfbeschreibungen wird immer nur von Schafen berichtet, ohne daß eine nähere Aufteilung erfolgt wäre, während aus den Angaben für das Jahr 1602 auch der Bestandsaufbau ersehen werden kann. Trotzdem ist ganz deutlich zu erkennen, daß die Schafhaltung in den ersten beiden Bauernklassen ganz beträchtlich ausgedehnt und dadurch die verminderte Kuhhaltung zum Teil wieder ausgeglichen wurde. Bei den Kothöfen bleiben die Besatzzahlen dagegen verhältnismäßig konstant.

Vielleicht fehlte hier für eine Vergrößerung des Schafbestandes die erforderliche Futtergrundlage, da bei diesen Betrieben auch noch in der Mitte des 18. Jahrhunderts bereits auf 13 bis 14 Morgen eine Kuh gehalten wurde, während es bei den Acker- und Halbspännerhöfen rund 30 Morgen waren.

Die Vergrößerung der Schafhaltung setzt sich aber auch in der zweiten Hälfte des 18. Jahrhunderts fort, und jetzt sind alle Bauernklassen an dieser Vermehrung ziemlich gleichmäßig beteiligt.

Tabelle 17
Entwicklung des Schafbestandes in Büddenstedt und Twieflingen (in Stückzahlen je Hof)

Hofklasse	Zeitraum				
	1602			1753/55	1770
	Schafe	Jährlinge	Lämmer	Schafe	Schafe
Ackerhöfe (14/15 Höfe)	5,8	2,6	4,1	29,8	45,4
Halbspännerhöfe (8/11 Höfe)	3,1	1,5	2,8	10,6	17,5
Kothöfe (20/35 Höfe)	7,3	2,7	5,8	5,8	8,9
Brinksitzerstellen (15)	—	—	—	2,5	5,1

Quellen: 1602 siehe Tabelle 3, 1753/55 20 Alt 370 I und 74 I; 1770 20 Alt 370 III und 74 II.

Vergleicht man die in der Tabelle 16 aufgeführten Dörfer, so unterscheiden sich Büddenstedt und Twieflingen nicht sehr stark von den anderen. Man darf deshalb hoffen, daß auch die zusätzlichen Bestandszahlen aus dem Jahre 1770 wiederum nicht wesentlich von der Entwicklung in den übrigen Orten abweichen. In diese Richtung deuten auch die erste und die rektifizierte Dorfbeschreibung von Ingeleben aus den Jahren 1752 und 1767, die eine ganz ähnliche Vermehrung des Schafbestandes zeigen[58].

Bereits bei der Darstellung der Rindviehhaltung wurde davor gewarnt, allein aus der Kuhhaltung auf die Stallmistversorgung des Ackers zu schließen, und diese Warnung vor einer zu einseitigen Betrachtung muß wiederholt werden, wenn allein aus einer verstärkten Schafhaltung gleich eine erhöhte Bodenfruchtbarkeit abgeleitet werden soll. Es kann nur so sein, daß die entgegengesetzt verlaufenden Bestandsbewegungen bei den Rindern und Schafen zusammen gesehen werden und daraus ein Schluß über die Mistversorgung gezogen wird. Dabei ist es zulässig, wenn die Schweine, die außerdem den geringwertigsten Mist liefern, wegen ihrer anderen Haltungsweise ausgelassen werden. Allerdings müssen die Pferde mit einbezogen werden, da sie zahlen- und gewichtsmäßig von Bedeutung waren, wenn sie auch häufig genug – man denke nur an die Nachtweide und die vielen Fuhren – dem Stall ferngeblieben sein mögen und dadurch für die Mistgewinnung ausfielen.

Natürlich wäre es jetzt folgerichtig, die einzelnen Tierarten nach dem GV-Schlüssel in einer Zahl zusammenzufassen, und bei jeder Bauernklasse auszurechnen, wieviel Großvieheinheiten auf einem Morgen Ackerland gehalten wurden, aber das ist so

---

[58] 20 Alt 210 I und III.

lange zweckwidrig, wie man nicht weiß, wieviel Stallmist von einem Pferd, einer Kuh oder einem Schaf erzeugt wurde. Ein Anhalt kann nur gewonnen werden, wenn man feststellt, für wieviel Morgen Ackerland der Dung eines Tieres ausreichen mußte, und das ist in den einzelnen Hofklassen recht unterschiedlich.

Tabelle 18
Zeitvergleich des Pferde-, Rindvieh- und Schafbestandes je Betrieb in 11 Dörfern um Schöningen

Hofklasse	1602			1752/68		
	Pferde	RE	Schafe*)	Pferde	RE	Schafe
Ackerhöfe	10	9,35	6,4	6	5,84	30,2
Halbspännerhöfe	7,6	7,39	4,5	4,2	3,57	17,5
Kothöfe**)	2,2	4,60	8,6	2,2	2,32	8,7

*) Schafe und Jährlinge,
**) Kothöfe über 15 Morgen Ackerland.

Quellen: Siehe Tabellen 6, 13 und 16.

In den ersten beiden Hofklassen war die Viehdichte bei allen Nutztierarten noch recht ähnlich, bei den Kothöfen aber stieg sie bei den Rindvieheinheiten auf das Zwei- bis Dreifache an, und der Schaf- und Pferdebesatz je Morgen war auch hier bedeutend höher. Der Stallmistanfall war also ganz grob gegriffen in der kleinsten Bauernklasse rund dreimal so hoch wie in den beiden anderen, und dieser starke Unterschied, wie er zwischen den einzelnen Klassen zu finden ist, kann bei den Schwankungen des Viehbesatzes einer Bauernklasse nicht noch einmal beobachtet werden. Setzen wir einmal – unter allem Vorbehalt – zehn Schafe einer Kuh gleich, wie das heute üblich ist, so hätten die Ackermänner 1602 rund zehn Rindvieheinheiten auf ihren Höfen gehalten und 1752/68 rund neun. Bei den Halbspännern unterscheiden sich beide Werte stärker, da hier der Besatz von rund acht Rindvieheinheiten auf fünf absank. Aber wir müssen bekennen, daß es äußerst ungewiß ist, ob der Mistanfall von zehn Schafen dem einer Kuh entsprach, vielleicht produzierten bereits fünf dieselbe Menge und eventuell

Tabelle 19
Zeitvergleich der Größe des Ackerlandes in 11 Dörfern um Schöningen, auf der ein Pferd, eine Kuh oder ein Schaf gehalten wurde.

Hofklasse	1602			1752/68		
	Morgen je Pferd	Morgen je RE	Morgen je Schaf*)	Morgen je Pferd	Morgen je RE	Morgen je Schaf
Ackerhöfe	14,7	15,5	22,8	24	25,0	4,8
Halbspännerhöfe	11,4	19,5	19,5	21	24,9	5,0
Kothöfe**)	11,2	5,5	3,0	11,2	11,0	2,9

*) Schafe und Jährlinge,
**) Kothöfe über 15 vha Ackerland.

Quellen: Tabellen 18 und 6.

waren sogar fünfzehn dazu nötig[59]. Aber selbst im ungünstigsten Fall braucht keine stärkere Abnahme des Besatzes und damit der Mistproduktion als auf 50 v. H. bei den Halbspännerhöfen angenommen werden. Wenn man also den schwankenden Viehbesatz als Ursache für die Veränderungen von Durchschnittsernten werten will, so muß man auch zugestehen, daß die Kotsassen erheblich mehr ernteten als die Halbspänner und Ackerleute, doch läßt sich dafür bislang kein Material beibringen.

Tabelle 20
Entwicklung der Schafpreise von 1635 bis 1798

Jahr	Tierzahl	Preis je Schaf in Talern	Bemerkungen
1635	327	1,33	
1671	?	1	
1675	137	1	milchend
	12	0,98	güst
	123	1	
1680	3	1	
	6	1,33	tragend
1683	?	1	
1696	120	1,55	
1709	7	1	
1722	428	1,08	
1738	30	0,89	
1749	91	1,33	
1751	266	1,25	
1757	7	1,25	
1763	248	1,67	
1768	91	1,17	
1769	185	1,5	
1780	12	1,5	
1789	8	1,33	güst
1794	24	1,33	Jährige und güste
	21	1,25	
1798	9	1,67	

Quellen: 4 Alt Findbuch 2 Jerxheim 8, Twieflingen 4, Schöningen 25, Königslutter 6, Achim 8, St. Lorenz 9; 21 Alt 463, 495, 498, 785, 794 und 908.

Bei der Schafhaltung weicht aber nicht nur die Bestandsentwicklung von der anderer Nutztierzweige ab, auch die Preisentwicklung nahm einen durchaus eigenständigen Verlauf.

Es ist schwierig, in der Tabelle überhaupt eine Preisentwicklung zu erkennen, obwohl immerhin über 1000 Tiere mit ihren Schätzpreisen erfaßt werden konnten. Auf jeden Fall blieb bei den Schafen die Preissteigerung weit hinter jener bei Pferden und Kühen zurück, und das ist um so merkwürdiger, weil das Schaf sich zweifellos einer steigenden Wertschätzung erfreute, die eindeutig durch die steten Bestandsvermehrungen belegt wurde.

[59] v. Justi, a. a. O., S. 29, setzt sogar erst 20–24 Schafe sowohl in der Fütterung «als auch in der Mistung» einer Kuh gleich. Saalfeld, a. a. O., S. 157, rechnet auf eine Kuh dagegen nur fünf Schafe.

Man fühlt sich deshalb zu der Vermutung gedrängt, daß die früheren Schafhalter das Schaf als Woll-Lieferanten schätzten, während sie die Fleischnutzung gering achteten, und vielleicht kompensierten stark steigende Wollpreise den geringeren Anstieg der Fleischpreise, aber hier lassen uns die Quellen im Stich; denn Wollpreise kamen nur recht vereinzelt in einigen Amtsrechnungen vor. Schließlich muß auch berücksichtigt werden, daß die Wolleistung eine jährliche Einnahme bringt und die Fleischnutzung nur eine einmalige beim Schlachten des Tieres. In welchem Verhältnis schließlich die Werte beider Produktionsrichtungen zueinander stehen, entscheidet dann neben den Preisen die durchschnittliche Nutzungsdauer, aber auch hierüber geben die Quellen keine Auskunft.

3. Die Schweinehaltung

Über die Entwicklung der Schweinebestände ist etwas mehr in Erfahrung zu bringen als bei den Schafen, da hier wieder die Kontributionskataster mit verwandt werden können, in denen die Schweine genau wie die Pferde und das Rindvieh als steuerpflichtige «Incerta» aufgenommen wurden[60].

Es ist nicht leicht, das Zahlenmaterial der Tabelle zu deuten. Die Klassifizierung der Tiere wechselte, und außerdem ist nur von der letzten Zählung der Stichtag bekannt. Ihm kommt aber bei der Überprüfung von Schweinebeständen eine besondere Bedeutung zu; denn es ist durchaus nicht gleichgültig, ob die Aufnahme im Sommer, vor dem Einschlachten im Winter oder danach erfolgt. Die Unterschiede zwischen den letzten drei Zählungen dürfen deshalb nicht überbewertet werden. Die Bestandszahlen aus den Jahren 1752/68 stammen außerdem aus den Dorfbeschreibungen, die in der Hauptsache zur exakten Feststellung der kontributionspflichtigen Ländereien abgefaßt

Tabelle 21
Entwicklung des Schweinebestandes in 11 Dörfern um Schöningen (in Stückzahlen je Hof)

Hofklasse*)	Sauen	1602 Vasel gr.	kl.	1680 Schweine	1752/68 Schweine	1779/84 Schweine**)
Ackerhöfe	1,5	6,0	9,8	3,1	4,4	3,2
Halbspännerhöfe	1,2	4,3	7,7	3,3	2,4	2,3
Kothöfe***)	0,6	2,3	3,5	—	1,5	—

*) Zahl der Betriebe siehe Tabelle 10.
**) 74 Alt 3 I u. III, Schweine über ein Jahr sind zur Kontribution heranzuziehen, diese Anordnung scheint mit ziemlicher Sicherheit seit 1683 zu gelten. Nach Bd. III ist der Stichtag der Bestandsaufnahme der 1. Mai.
***) Kothöfe über 15 vha Ackerland.

Quellen: Siehe Tabelle 12.

[60] Incerta deshalb, weil im Gegensatz zu den Kontributionseinnahmen vom Landbesitz die Höhe der Steuereingänge unsicher war. 1697 wurde deshalb der Viehbesatz laut Anordnung der Herzoglichen Regierung nicht mehr ermittelt, sondern entsprechend dem Landbesitz festgelegt, um gleichmäßige Einnahmen zu erzielen (40 Slg. 3645). Ab 1771 erfolgte am 1. April jedes Jahres wieder eine Zählung des Bestandes (74 Alt 3 I), die 1774 auf den 1. Mai verlegt wurde (74 Alt 3 III).

wurden, und wie nebensächlich hier die Erfassung der Viehbestände angesehen wurde, geht schon daraus hervor, daß manchmal in den rektifizierten Dorfbeschreibungen einfach die Bestandszahlen der alten Beschreibungen wiederholt wurden. Da die Kontributionskataster und die Dorfbeschreibungen der Erhebung der gleichen Steuer dienten, ist es jedoch nicht unwahrscheinlich, daß man in jedem Falle nur die Schweine zählte, die älter als ein Jahr waren.

Anders sieht es aber aus, wenn man die Schweinebestände aus dem Jahre 1602 mit den nachfolgenden vergleicht. Von den großen Vaselschweinen darf man mit Sicherheit behaupten, daß sie älter als ein Jahr waren, und selbst bei den älteren der kleinen Vasel ist es denkbar, daß sie das erste Lebensjahr vollendet hatten, da die Gruppe der mittleren Vasel in dieser Aufstellung auf die der großen und kleinen aufgeteilt worden ist[61].

Rechnet man auch nur die Sauen und großen Vasel zusammen, so ergeben sich für den Anfang des 17. Jahrhunderts Bestandszahlen, die erheblich höher lagen als jene, die aus dem Ende des gleichen Jahrhunderts berichtet werden. Das gilt auch dann noch, wenn man den ungünstigen Fall annimmt und den Zeitpunkt der Erfassung für das Jahr 1602 in den Spätherbst und den für 1680 in das Frühjahr verlegt. Selbstverständlich muß dann damit gerechnet werden, daß 1602 nach einigen Monaten zum Beispiel bei den Ackerleuten alle sechs großen Vasel geschlachtet waren, aber unter den kleinen müssen bei einem normalen Bestandsaufbau mindestens ebenfalls wieder sechs gewesen sein, die bereits das erste Lebensjahr vollendet hatten, wenn man im nächsten Jahr wieder über sechs schlachtreife Tiere verfügen wollte. Den Ackerleuten verblieben also mindestens sechs Vasel, zu denen aber der Sauenbestand noch hinzugezählt werden muß, wenn wir die Zahlen von 1602 und 1680 vergleichen wollen. Die Schweinehaltung ist demnach zu Beginn unseres Untersuchungszeitraumes mit Sicherheit umfangreicher gewesen als nach dem Dreißigjährigen Kriege.

Auch über die Haltung der Schweine sind wir etwas besser unterrichtet als über die der Schafe. In den Hofübergabeverträgen, die in den Amtshandelsbüchern verzeichnet sind, sicherte sich der Altenteilsberechtigte fast immer die Lieferung eines Schweines, und häufiger werden die Abgabebedingungen näher bezeichnet, um späteren Mißverständnissen vorzubeugen. Zweimal begnügte man sich schon mit der Lieferung eines sechs Wochen alten Ferkels, das dementsprechend verhältnismäßig früh abgesetzt sein muß[62], während die Mehrzahl der Berechtigten auf der Lieferung eines einjährigen »Polckes« bestand[63]. Zum Ausfüttern konnten die Altenteiler natürlich Getreide von den Flächen nehmen, die sie sich zur eigenen Nutzung vorbehalten hatten, aber sie bedachten auch jene Zeit, in der sie wegen zunehmender Gebrechlichkeit ihre Ackerstücke nicht mehr selber bewirtschaften konnten und schrieben für diesen Fall dem

---

[61] 4 Alt Findbuch 2 Warberg 14, 1678 werden auf dem Vorwerk Räbke 13 große Vasel über zwei Jahre und 47 mittlere über eineinhalb Jahre aufgeführt. Nach 4 Alt Findbuch 2 St. Lorenz Nr. 9 werden 1738 11 große Vasel ebenfalls als zweijährig bezeichnet. Siehe auch SAALFELD, a. a. O., S. 77/78.

[62] 21 Alt 793 und 798.

[63] Jüngere Schweine wurden auf den Gütern als Vasel bezeichnet. Bei den Bauern kommt diese Benennung so gut wie gar nicht vor. Nach dem Sprachgebrauch zu schließen, wurden die Polcke oder Pölcke, ein Vierteljahr bis ein Jahr alt, später geschlachtet, während die Fortschweine vorerst zur Zucht verwandt wurden. Einjährige Tiere waren zu liefern nach 21 Alt 791, 792, 794, 795, 798 und 800.

Hofannehmer die Getreidemengen vor, die sie neben dem Brotgetreide zum Ausmästen ihres Schweines benötigten. Dieser Vorsorge verdanken wir interessante Aufschlüsse. Wahrscheinlich wurden manche Schweine bereits geschlachtet, ehe sie ausgewachsen waren; denn anders ist es nicht recht zu verstehen, wenn wir hören, daß zwei Himten Gerste «zur Ausfütterung eines Farckens» geliefert werden mußten[64].

Schließlich wurde nach Ablauf eines Jahres bereits ein neues Ferkel eingestellt, für das auch nur zwei Himten Gerste zur Mast verfügbar waren, so daß nicht zu verstehen ist, wie das erste Tier das nach zwei Jahren übliche Endgewicht erreicht haben soll. Es ist auch unwahrscheinlich, für das zuerst aufgestallte Schwein noch einen zweijährigen Weidegang anzunehmen, da dann die Altenteiler im Anfang zwei Jahre lang über kein Schlachttier verfügen konnten.

Für ein halbjähriges Schwein, das ebenfalls jährlich in diesem Alter an die Altenteiler abgegeben werden mußte, wird die zum Ausfüttern benötigte Gerste immerhin mit der doppelten Menge angegeben[65], während für ein vierteljähriges sogar 12 Himten geliefert werden sollten[66]. Den Leibzüchtern, die einjährige Schweine bekamen, standen nach ihren Übergabeverträgen zweimal dreieinhalb Himten, zweimal vier, dann fünf, acht und zehn Himten zum Mästen zur Verfügung[67], schließlich wird in zwei Fällen auch noch die Menge berichtet, die an anderthalbjährige Tiere verfüttert werden konnte. Es sind einmal sechs Himten Gerste und zum anderen acht Himten Erbsen und sieben Himten Gerste[68]. Erbsen werden noch in einem weiteren Vertrag als Schweinefutter erwähnt, doch heißt es hier, es solle die Menge verfüttert werden, die von der Aussaat eines Himtens geerntet wurde. Schließlich wurden auch noch Mohrrüben bei der Endmast eingesetzt[69].

Tabelle 22
Entwicklung der Sauenpreise von 1620–1804 in Talern

Zeitraum	Zahl der Tiere	Durchschnittspreis	Mindestpreis	Höchstpreis
1620–29	40	3,5	3	4
1671–91	94	3,0	1,3	3,5
1721–49	141	4,3	2	6
1750–89	96*)	4,7	3	5
1790–1804	7	6,4	4,5	12

*) Ohne das Jahr 1763, in dem der Durchschnittspreis für 89 Tiere neun Taler betrug. Wahrscheinlich ist dieser hohe Preis jedoch weitgehend auf eine Verminderung des Geldwertes zurückzuführen, da nach HASSEL-BEGE, a. a. O., Bd. I, S. 135, von 1759 bis 1764 das Roßgeld dritten Schlages geprägt wurde, bei dem 100 Taler Conventionsgeld 175 Reichstalern gleichzusetzen waren.

Quellen: Siehe Tabelle 20. Dazu 4 Alt Findbuch 2 Hessen 7 und Winnigstedt 6; ferner 21 Alt 483, 487, 489 und 491.

[64] 21 Alt 787, SAALFELD, a. a, O., S. 154, ein Himten Gerste = 18,5 kg.
[65] 21 Alt 798.
[66] 21 Alt 796.
[67] Siehe Anmerkung 63.
[68] 21 Alt 796 und 798.
[69] 21 Alt 791.

35

Um die Preisentwicklung bei den Schweinen zeigen zu können, war es zweckmäßig, die Preise für Sauen heranzuziehen, da sie in weit größerem Umfang vorhanden waren als jene für Vasel, Pölcke oder Ferkel. Auch die Sauenpreise unterlagen der immer wieder beobachteten Tendenz, sich vom Ende des 17. bis zum Ende des 18. Jahrhunderts zu verdoppeln.

Eine gesonderte Darstellung der Preisentwicklung bei den ziemlich schlachtreifen Schweinen, die in den bäuerlichen Inventaren als zweijährig und in den Amtsakten als große Vasel bezeichnet werden, lohnt nicht, da sie meistens die gleichen Preise wie die Sauen aufweisen oder ganz knapp darunter lagen. Bei den wenigen Ferkelpreisen, die auch wieder den gleichen Quellen entstammen wie die der Sauen und großen Vasel, läßt sich keinerlei Entwicklungstendenz nachweisen; lediglich ihre absolute Höhe kann in den Grenzen von ⅔ bis 1¾ Talern angegeben werden.

III. Das tote Inventar

Verglichen mit der Darstellung des lebenden Inventars bereitet die des toten verhältnismäßig wenig Schwierigkeiten. Bereits in den Quellen tritt eine weitgehende Vereinfachung ein, da als Unterlagen nur noch Eheverschreibungen und Übergabeverträge in Frage kommen, die beide ausschließlich in den Amtshandelsbüchern zu finden sind. Aus dieser Vereinheitlichung ergab sich aber auch eine wesentliche Verringerung des Auskunft gebenden Materials, doch entstand dadurch kein Mangel, da der Besatz an Wagen, Pflügen, Eggen, Walzen und Handgeräten bei den einzelnen Hofklassen keine erheblichen Schwankungen zeigte, auch unterschieden sich die Bestände zu Anfang des Untersuchungszeitraumes kaum oder gar nicht von denen gegen Ende des 18. Jahrhunderts, und schließlich wiesen auch die Preise zwar im allgemeinen eine Steigerung auf, aber die verschiedenen Preisangaben wichen bei den Wagen und größeren Geräten nur wenig voneinander ab, und bei den kleineren Geräten schließlich gab es so gut wie keine Differenzen. Deshalb war es möglich, auch von einer nunmehr kleineren Grundlage aus eine gesicherte Darstellung zu geben.

Ohne Zweifel sind die späteren Inventare inhaltsreicher, aber es wäre ein Trugschluß, deshalb gleich eine Inventarvermehrung anzunehmen; denn wenn in einem frühen Inventar zum Beispiel Sensen und Mistgrepen nicht aufgeführt wurden, so ist deswegen noch keineswegs der Schluß erlaubt, daß die Landwirte früherer Zeiten ohne sie auskamen. Diese Geräte wurden einfach ihres geringen Wertes wegen ausgelassen, und dementsprechend sind Inventare gar nicht selten, die überhaupt keine Kleingeräte enthalten. Ganz allgemein kann man feststellen, daß auch gegen Ende des Untersuchungszeitraumes so wenig Geräte wie irgend möglich gehalten wurden, und man kann sich bei diesem geringen Bestand nicht vorstellen, daß ein Hof mit noch weniger Inventarstücken überhaupt bewirtschaftet werden konnte. Deshalb kann man annehmen, daß der Besatz an totem Inventar zahlenmäßig durch Jahrhunderte hindurch gleich blieb und lediglich Wertveränderungen vorgekommen sind.

Die Beschränkung auf das unvermeidliche Mindestmaß an Geräten wurde durch wirtschaftliche Gründe von jedem Landwirt erzwungen, fehlte doch bei allen Geräten, zu denen Eisen mit verwendet wurde, die Möglichkeit der Selbstherstellung, und zum Unterschied zum Zug- und Nutzvieh trat hier die Tilgung als Teil der Kapitalkosten für jeden Landwirt deutlich in Erscheinung, da jede Wiederbeschaffung einen Teil des Betriebsertrages erforderte. Aber auch die Reparaturen kosteten in der Regel Bargeld, so daß die Unterhaltungskosten hier viel spürbarer wurden als beim Vieh, das man notfalls auch einmal eine Zeitlang durchhungern konnte.

Wenn also der Wertanteil der Wagen und Geräte bei den einzelnen Inventaren geringer ausfiel als der des Zug- und Nutzviehes, so kann man daraus nicht folgern, daß der Anteil des toten Inventars von geringerer Bedeutung gewesen wäre; vielmehr ist stets zu bedenken, daß hier in jedem Falle Tilgungen und Unterhaltungskosten zu zahlen waren, so daß die Betriebe durch diesen Posten des Aktivkapitals vielleicht am stärksten belastet wurden[70].

Um diese Annahme sichern zu können, müßte man zuvor etwas über die Lebensdauer und die durchschnittlichen Reparaturkosten wissen, aber hier lassen uns die Quellen wieder im Stich.

Dem Wert nach entfielen beim toten Inventar auf die Großgeräte, wie Wagen, Pflüge, Eggen, Eggenschlitten und Walzen, in allen drei Klassen rund ¾ des Wertes, und innerhalb der Gruppe der Großgeräte übertraf der Wert der Wagen wiederum den der anderen Geräte um ein Vielfaches[71]. Dennoch beschieden sich die weitaus meisten Betriebe mit einem Fahrzeug. Soweit die Kotsassen überhaupt einen Wagen besaßen und sich nicht mit einer Karre begnügten, handelt es sich meistens um solche, die nur mit zwei Pferden bespannt wurden, und deren Preis dementsprechend geringer als in den anderen Bauernklassen war. Aber diese Regel gilt nicht ohne Ausnahme.

Ein klein wenig vielfältiger sind die Verhältnisse bei den 23 erfaßten Halbspännerhöfen. In dieser Klasse besaß ein Bauer zwei Wagen, doch grenzt die Hofgröße von 98 Morgen schon an die Klasse der Ackermänner, und bezeichnenderweise handelt es sich auch um ein Inventar aus dem Jahre 1802, und nur noch zwei weitere Betriebe verfügten neben dem üblichen Wagen noch über einen kleinen schadhaften Futterwagen beziehungsweise über eine Karre. In einem Betrieb war allerdings noch ein Frachtwagen vorhanden, der aber bei der Betrachtung des landwirtschaftlich notwendigen Inventars außer acht gelassen werden kann.

Auch von den 19 Ackerhöfen, deren Besatz aus den Quellen zu ersehen ist, kamen die meisten, nämlich zehn Betriebe, mit einem Wagen aus, sieben besaßen allerdings zwei, und zwei Betriebe nannten sogar drei Fahrzeuge ihr eigen.

Wenn in der Mehrzahl der Betriebe nur ein Wagen vorhanden war und damit die unterschiedlichsten Güter, wie Stallmist, Getreidegarben, Korn, Holz und Mergel sowie Personen, befördert werden mußten, so hatte das Fahrzeug vielseitig verwendbar zu sein, und das bestätigen auch die Quellen.

Am umfangreichsten ist ein Inventar aus Gevensleben aus dem Jahr 1788, das geradezu eine verblüffende Vielfalt von Wagenzubehörteilen enthält und trotzdem nicht erschöpfend ist, so daß Ergänzungen aus anderen Quellen vorgenommen werden mußten. Es bietet aber eine gute Einführung. Neben dem Ackerwagen mit komplettem Zubehör werden eine Koppelkette, eine große Kette, eine Unter- und eine Spannkette, ein Vorder- und Hintergeschirr, ein Paar Ernte- und ein Paar Rüstleitern, ein Ernte-

---

[70] Siehe Tabelle 7.
[71] Die Ausführungen über Wagen und Geräte stützen sich neben den in der Tabelle 7 genannten Inventaren auf weitere Angaben, die in den Amtshandelsbüchern 21 Alt 458, 464, 466, 481, 483, 489, 783, 784, 786, 788, 790, 791 und 797 enthalten sind.

brett, ein Vorder- und ein Hinterseil und ein Rüst- und Erntewendeschemel genannt. Dazu kommen aber noch für den Herrendienst ein Herrendienstwendeschemel nebst einer Horde, zwei Brettern, zwei Langwagen und zwei Herrendienstheuleitern und schließlich noch ein neuer Wagenkorb und an Kleinigkeiten drei Lünzen, zwei Rungen und vier Nüsse[72].

Fast in jedem Inventar werden beim Wagen mehrere Paar Leitern aufgeführt, meistens sind es Ernte- oder Farisleitern[73], auch Rüstleitern sind recht häufig und ebenso oft werden Mistleitern genannt, zu denen sich noch die Misthorden gesellen. In einem Inventar scheint es sich um eine aus Weiden geflochtene Leiter gehandelt zu haben. Nicht recht ersichtlich ist die Bedeutung von Erntebrettern, die neben den Ernteleitern genannt werden, es sei denn, sie hätten statt eines Bodens über dem Langwagen gelegen. Dagegen macht die Deutung des Mistbrettes keine Schwierigkeiten, da noch vor wenigen Jahren bei den Pferdewagen zum Mistfahren auf der einen Seite eine Leiter oder Flechte und auf der anderen Seite ein Brett verwandt wurden.

Wohl an allen Wagen dürfen wir Koppelketten vermuten, auch wenn sie nicht besonders genannt wurden. Sie waren vorn an der Deichsel befestigt und dienten zum Aufhalten des Fahrzeuges durch die Zugtiere. Bei der großen Wagenkette handelt es sich eventuell um eine Bremskette, die vorn befestigt war und um ein Hinterrad geschlungen wurde, um es zu blockieren. Spannketten sind auch heute noch gebräuchlich, um den Seitendruck der Ladung auf Leitern und Rungen abzuschwächen. Bei dem hohen Preis für diese reinen Eisenerzeugnisse kommt es vor, daß bei den einzelnen Ketten sogar die Zahl der Glieder und der Verschluß erwähnt wurden. Zum sicheren Transportieren von Heu und Stroh benötigte man die Vorder- und Hinterseile, die den Ernte- oder Heubaum, der in Längsrichtung über dem Fuder lag, gegen die Ladung drückten und damit ein seitliches Abrutschen verhindern sollten.

Nicht ganz eindeutig lassen sich Vor- und Hinterscharr oder in späteren Inventaren das Vorder- und Hintergeschirr deuten. Vielleicht handelt es sich um den großen und die kleinen Schwengel für den normalen Zug, wobei zum Rückwärtsrücken auch hinten ein Schwengel angenommen werden kann, wie er heute noch zum Holzfahren gebräuchlich ist; es könnte sich beim Vorder- und Hintergeschirr aber auch um Einrichtungen gehandelt haben, die bei Heu und Stroh die Ladung gegen das Abgleiten nach vorn oder hinten sicherten.

Der Wagenkorb war ein geflochtenes Gestell, das sich über die halbe Länge des Wagens erstreckte und den Platz zwischen den Leitern genau ausfüllte. Er war oben und an einer Seite offen. In dem verhältnismäßig dichten Wagenraum wurden meistens Personen befördert, doch wird daneben berichtet, in diesen Wagenkörben sei auch Mergel oder Torf transportiert worden[74].

Die «Nüsse» stützten die Rungen und waren auf der Achse zwischen dem Rad und den Achsnägeln befestigt, die früher «Lünzen» genannt wurden. Weiterhin werden

---

[72] 21 Alt 469.

[73] Einige Hinweise und die anschließend gebrachten Worterklärungen gab Herr Dr. WERNER FLECHSIG vom Braunschweigischen Landesmuseum, dem ich hierfür besonderen Dank schulde. Die Bedeutung der Farisleitern war nicht zu ermitteln.

[74] NIEKERKEN, W.: Das Feld und seine Bestellung in Niedersachsen, in: Sprache und Volkstum, Band V, Hamburg 1935, S. 110.

noch in einigen Inventaren zwei «Sticken» erwähnt, die zum Ansetzen der Wagenwinde benötigt wurden.

Schließlich sei noch darauf hingewiesen, daß für die Zubehörteile, die bei der Verrichtung des Herrendienstes benützt wurden, besondere Vorschriften galten, und aus dem Zusammenhang läßt sich erkennen, daß es besonders große und stabile Teile waren, durch die eine Vergrößerung der Ladefähigkeit erzielt wurde[75].

Die Preisentwicklung läßt sich nicht bis ins einzelne verfolgen, da sich die 35 Preisnotizen auf 120 Jahre verteilen und weiterhin berücksichtigt werden muß, daß die Wagen von Kotsassen nicht ohne weiteres mit den Fahrzeugen der Halbspänner und der Ackerleute verglichen werden können. Es lassen sich aber mit Sicherheit zwei Preissprünge erkennen. Während 1680 für einen guten Wagen 15 Taler ausgegeben werden mußten, waren es um 1750 schon 18–20 Taler, und zum Schluß des Jahrhunderts waren bereits 35–40 Taler aufzuwenden[76]. In diesen Schätzpreisen sind alle Zubehörteile inbegriffen. Unter den 28 Betrieben, die hier erfaßt werden konnten, befinden sich drei, die auch über eine Wagenwinde verfügten. In einem Inventar wird sie als Blockwinde bezeichnet. Die Preise für diese drei Geräte betrugen einen, anderthalb und zwei Taler.

Bei den Pflügen wird die Darstellung bereits wesentlich knapper, und meistens wird in den Inventaren schlechthin von Pflügen oder auch von Pflügen samt Zubehör gesprochen. An Einzelteilen werden häufiger die Pflugeisen und das Vordergeschirr erwähnt, zweimal wird auch von einem Triangel berichtet und einmal wird eine Spannkette und ein Sech genannt. Über den Besitz an Pflügen gibt die nachstehende Tabelle Auskunft.

Tabelle 23
Der Besitz an Pflügen in den einzelnen Hofklassen

Hofklasse	Zahl der Betriebe mit			
	keinem Pflug	1 Pflug	2 Pflügen	3 Pflügen
Ackerhöfe	1	7	9	2
Halbspännerhöfe	0	12	11	0
Kothöfe*)	2	25	3	0

*) Auf sämtlichen, hier aufgeführten Kothöfen wurden Pferde gehalten.

Quellen: Siehe Anmerkung 71.

[75] Nach 74 Alt I gehörten zum Getreidefuder beim Herrendienst neun Mandel Getreide oder 135 Garben. Hier erscheint es auch denkbar, daß die Rüstleitern die vorgeschriebene Länge von acht Ellen = 4,56 m (nach dem Tabellenwerk des Finanzrevisors H. FRICKE, Braunschweig 1870) hielten. Ob diese langen Leitern auf dem gleichen Unterwagen gefahren wurden, oder ob hierbei ein längerer Langbaum benutzt wurde, für den dann auch ein längeres Ernebrett sinnvoll wäre, ließ sich an Hand der Archivunterlagen nicht klären, jedoch wird diese Verlängerung des Erntewagens durch einen doppelt so langen Langbaum von BOMANN, W.: Bäuerliches Hauswesen und Tagewerk im alten Niedersachsen, Weimar 1927, S. 128, berichtet. Jedenfalls waren die Mistleitern nur vier Ellen = 2,28 m lang, ihre Höhe betrug eineinviertel Ellen = 71 cm, während der Wagenkasten unten 16 Zoll = 38 cm und oben eine Elle = 57 cm weit sein mußte, wenn er zum Herrendienst eingesetzt werden sollte. Wahrhaftig keine imponierenden Ausmaße, aber wir müssen berücksichtigen, daß beim Laden die Leitern eventuell noch aufgezogen wurden, doch bringt auch diese Vergrößerung der Ladefähigkeit keine wesentlichen Änderungen.

[76] Siehe Anmerkung 71.

Aus den gleichen Quellen wie bisher konnten 41 Preise für Pflüge herausgezogen werden, die nur geringe Abweichungen zeigen, wenn sie aus nicht zu weit auseinanderliegenden Jahren stammen. Zusammenfassend ergibt sich folgende Preisentwicklung: Gegen Ende des 17. und zu Beginn des 18. Jahrhunderts kostete ein Pflug anderthalb Taler, um 1750 stieg der Preis auf gut zwei Taler, und um 1800 war ein mittelmäßiger Pflug nicht mehr unter zweieinhalb Talern zu haben, während gute Geräte bereits mit drei Talern bezahlt werden mußten.

Das Inventar eines Ackerhofes aus dem Jahre 1800 zeigt eindeutig, daß der Bauer mit handwerklicher Geschicklichkeit und durch Selbsthilfe nicht mehr die Anschaffungskosten für alle Geräte einsparen konnte, kostete doch ein neuer unbeschlagener Pflug nur einen Taler, während der zweite, mit allen Eisenteilen versehene auf zweieinhalb Taler geschätzt wurde, obwohl er als alt bezeichnet wurde, und es ist wirklich nicht anzunehmen, daß der Bauer und nicht der Schmied das Beschlagen von Pflügen durchgeführt hätte[77]. In jedem Falle aber hätte vom Landwirt das zum Beschlag nötige Eisen zugekauft werden müssen, dessen Preis neben dem Lohn für die Schmiedearbeiten natürlich auch in der Differenz von anderthalb Talern enthalten ist. Für Wagen gilt selbstverständlich das gleiche.

Tabelle 24
Der Besitz an Eggen in den einzelnen Hofklassen

Hofklasse	Zahl der Betriebe mit						
	1 Egge	2 Eggen	3 Eggen	4 Eggen	5 Eggen	6 Eggen	7 Eggen
Ackerleute	0	3	1	4	2	5	1
Halbspänner	0	3	8	6	1	1	0
Kothöfe*)	1	10	10	2	0	0	0

*) Nur Kothöfe, auf denen Pferde gehalten wurden. Auf zwei Kotstellen, die keine Pferde hielten, befanden sich auch keine Wagen, Pflüge und Eggen.

Quellen: Siehe Anmerkung 71.

Bei dem verhältnismäßig geringen Wert der Eggen begnügten sich die Schätzer fast immer mit der Preisangabe, und lediglich in einigen Inventaren ist der Zusatz zu finden, daß die sonst hölzernen Eggen mit eisernen Zacken ausgerüstet waren. Da Eggenbalken nie erwähnt werden, kann angenommen werden, daß es sich bei diesen Geräten um Einzeleggen handelte, die ein heutiges Eggenfeld an Größe weit übertrafen und für deren Zug ein Pferd ausreichte. Mit einem Gespann von zwei Pferden konnten demnach zwei Eggen gleichzeitig eingesetzt werden, und es ist wohl kein Zufall, wenn der einzige Kotsasse, der mit einer Egge auskam, auch nur ein Pferd hielt.

Aus den bereits bekannten Quellen lassen sich für immerhin 77 Eggen die Schätzpreise ersehen, die untereinander nur geringfügig voneinander abweichen, wenn man von der deutlich wahrnehmbaren Preissteigerung von 1680 bis 1800 absieht. Um 1700 konnte man eine Egge bereits für einen drittel Taler kaufen, um 1750 war dann ein halber Taler der durchschnittliche Preis und gegen Ende des Jahrhunderts stieg er bereits auf einen Taler an. Auch bei den Eggen haben wir wieder ein Beispiel dafür,

[77] 21 Alt 498.

in welchem Ausmaß der Wert des Eisens und der Lohn betriebsfremder Handwerker den Preis des Gerätes bestimmten, kosteten doch in einem Inventar zwei neue Eggenspann (-rahmen) jeweils nur ein drittel Taler, während zwei neue Eggen mit je einem Taler geschätzt wurden[78].

Offensichtlich scheint man zum Transport der Eggen nicht gern die teuren Wagen benutzt zu haben; denn in einer Vielzahl von Inventaren finden sich Eggenschlitten, deren Wert im Vergleich zu jenen ganz unbeträchtlich war (13,2-10 ggr.)[79].

Unter den größeren Geräten werden Walzen verhältnismäßig selten erwähnt. Sie kommen in unserem Untersuchungsgebiet zwar schon um 1629 auf dem Vorwerk Winnigstedt vor[80], doch scheint sich ihr Gebrauch in größerem Umfange erst später durchgesetzt zu haben. Von den 19 Ackermännern und 23 Halbspännern, deren Besatz an Großgeräten erfaßt werden konnte, besaßen nur zwei Ackerleute und drei Halbspänner ein solches Gerät, und bei einem weiteren Halbspänner, dessen Inventar nicht vollständig überliefert wurde, wird ebenfalls eine Walze genannt. Es ist bezeichnend, daß allein vier dieser Geräte aus Inventaren stammen, die nach 1788 abgefaßt wurden, während nur zwei in Beschreibungen aus den Jahren 1713 und 1752 verzeichnet waren. Entsprechend dem seltenen Vorkommen war natürlich auch die Zahl der übermittelten Preisnotizen gering (5, ⅔ bis 1 ½ Taler).

Aufschlußreich ist wieder der Preisvergleich zwischen dem Rohmaterial und dem fertigen Gerät. In dem bereits genannten unvollständigen Inventar eines Halbspänners aus dem Jahre 1794 wird ein Stück Holz zu einer Walze mit 10 ggr. bewertet, während der Preis des fertigen Gerätes mit 16 ggr. angegeben wird. Der Bauer mußte also bei einer Neuanschaffung nicht nur die 6 ggr. für Schmiedearbeiten und das zum Beschlag nötige Eisen aufbringen, sondern ihn kostete das kaum bearbeitete Stück eines Baumstammes bereits 10 ggr. Wenn in einer anderen Beschreibung schon das Holz zu einem Brette mit 2 ggr. bewertet wurde, so ist das ein Zeichen dafür, daß in unserem holzarmen Ackerbaugebiet das reine Herstellungsmaterial bereits erhebliche Kosten verursachte, die von den damaligen Landwirten und Schätzern auch keineswegs übersehen wurden. Selbst dem geschickten Bauern blieb demnach keine Möglichkeit, die Anschaffungskosten für Geräte und damit auch ihre Tilgung durch Herstellung im eigenen Betrieb in einem nennenswerten Umfang zu senken.

Die Kleingeräte sind in ziemlicher Anzahl und Vielfalt überliefert. Eine bessere Übersicht wird sicherlich dadurch erreicht, daß man die einzelnen Geräte zu Gruppen mit gemeinsamem Verwendungszweck zusammenfaßt.

Zur Getreideernte wurden im Untersuchungszeitraum bereits ausschließlich Sensen verwandt; denn wir finden Sicheln (4, 1 ggr.) nur in zwei Inventaren, die außerdem Sensen enthalten, und man kann deshalb vermuten, daß sie weniger als Schneidegerät, sondern als Hilfsmittel beim Garbenbinden benutzt wurden.

---

[78] 21 Alt 490.

[79] Bei den Eggenschlitten und den folgenden Geräten bedeutet die erste Zahl im Klammerausdruck die Anzahl der Schätzpreise, die danach folgenden die Mindest- oder Höchstpreise in Guten Groschen oder Talern (ein Taler = 24 Gute Groschen). Soweit der Durchschnittspreis sich erheblich dem Mindest- oder Höchstpreis nähert, ist er an dritter Stelle aufgeführt. Liegt er ziemlich genau zwischen beiden Preisen, so ist auf seine Nennung verzichtet. Die Quellen aller Angaben nennt wie bisher die Anmerkung 71.

[80] 4 Alt Findbuch 2 Amt Hessen 2. In der gleichen Quelle werden 1763 vier Walzen mit eisernen Bändern und Zapfen genannt, die insgesamt mit neun Talern bewertet wurden.

Zum Schneiden des Wintergetreides dienten Grassensen oder auch Sensen mit Grasbaum (32, 4–14 ggr.), bei denen der Grasbaum (9, 1–2 ggr.) im Gegensatz zum Sensenblatt (17, 4–6 ggr.) keinen großen Wert darstellte. An den Sensenblättern konnten aber auch die Haberzüge (18, 3–6 ggr.) befestigt werden, wenn Sommergetreide gemäht werden sollte. In einigen Betrieben scheint man jedoch auf die wechselnde Verwendung von Grasbäumen und Haberzügen am gleichen Sensenblatt verzichtet zu haben, und natürlich sind in den Fällen, in denen zum Haberzug auch noch das Sensenblatt gehörte, die Geräte erheblich teurer (4, 8–12 ggr.). Die zum Dengeln erforderlichen «Kloppzeuge» werden erstaunlicherweise nur in sieben Inventaren aufgeführt, von denen zwei keine Preisangaben enthalten (5, 6–16 ggr., 10 ggr.), und auch der uns heute unentbehrlich scheinende Wetzstein wird nur einmal genannt, und leider fehlt auch hier noch die Wertangabe.

Vielleicht liegt es am geringen Wert der hölzernen Harken, daß sie in der Mehrzahl der Inventare nicht erwähnt werden; denn sie sind sicher in allen Betrieben vorhanden gewesen, da sie zur Heuernte unerläßlich waren (31, ½–2 ggr., 1 ggr.). Zum Nachharken benutzte man die «Sausterben», von denen nur in sechs Fällen berichtet wird (3, 1½–8 ggr., 5 ggr.). Das Erntegut wurde schließlich mit den Forken aufgeladen (3, 2–4 ggr.), die aber meistens entsprechend dem Verwendungszweck in Heu- und Kornforken unterteilt wurden (Heuforken: 7, 2–4 ggr., Kornforken: 9, 1–3 ggr.).

Beim Drusch des Getreides wurden eine ganze Anzahl von Kleingeräten benötigt. Zuerst wurde der Dreschflegel gebraucht, und hier ist es ähnlich wie bei den Sensen überraschend, daß man selbst auf Halbspännerhöfen mit zwei oder drei Geräten dieser Art ausgekommen sein soll und auch auf Ackerhöfen steigt die Zahl nicht über vier an. Es liegt deshalb die Annahme nahe, daß die Arbeiter eigene Geräte besaßen, die sie zur Arbeit mitbrachten.

Die Dreschflegel weisen geringe Schätzpreise auf (14, ½–3 ggr., 1 ggr.). Wesentlich teurer aber waren die zum Reinigen des Korns erforderlichen Siebe, wenn der Boden aus einem Drahtgeflecht bestand (9, 5–12 ggr.). Einen Drahtboden mögen auch die Rollsiebe besessen haben, mit denen man Erbsen und andere Hülsenfrüchte reinigte, und den gleichen feinmaschigen Drahtboden muß man wohl auch für die Rahlsiebe annehmen, mit denen man den kleinkörnigen Samen der Kornraden absiebte (Rahlsiebe: 1 zu 2 ggr., 3 zu 10 ggr.).

Wenn man sich nicht der Wurfschaufeln bediente (9, ½–2 ggr., 1 ggr.), konnte man die Spreu auch mit Spreusieben vom Korn trennen (1, 2 ggr.), und vielleicht entsprachen sie den hölzernen Sieben, die praktisch mit dem gleichen Preis bewertet wurden (4, 3 ggr.). Verhältnismäßig selten wurden die Schüttehölzer oder -geffeln in die Aufzeichnungen übernommen, die aus einem gegabelten Zweig bestanden (5, ⅔–1 ggr., 1 ggr.). Mit dem Kornkruck oder -schieber wurden Kornhaufen ordentlich hergerichtet (2, 1 ggr.), und zum Einschaufeln schließlich waren die Hohlschaufeln unerläßlich (7, 1–3⅓ ggr.). Als Kornmaß kannte man im Herzogtum Braunschweig den Himten, der wiederum in vier Vierfässer oder 16 Metzen oder Löcher unterteilt wurde[81]. Die ersten beiden Meßgeräte werden in den meisten Inventaren genannt. Bei den Himten-

---

[81] NELKENBRECHERS Taschenbuch der Münz-, Maaß- und Gewichtskunde für Kaufleute, hg. von M. R. B. GERHARDT sen., Berlin 1798, S. 47. 1 Wispel = 4 Scheffel = 40 Himten = 160 Vierfaß = 640 Löcher. 1 Himten = 1565 Pariser Cubik Zoll. Nach dem metrischen Maßsystem sind das 31,04 l.

maßen schwanken die Preise nicht unerheblich, weil die einfachen Holzgefäße recht preiswert waren, während die stabileren mit eisernen Bändern beschlagen wurden, wodurch sich selbstverständlich das Gerät verteuerte (10, 3–24 ggr., 9 ggr.). Das Vierfaß scheint dagegen nur in der einfachen Ausführung benutzt worden zu sein; denn hier ist die Bewertung recht einheitlich (7, 1–3 ggr.). In Lelm und Süpplingen waren auch noch Metzen vorhanden, die neben den größeren Maßgefäßen besessen wurden (3, 1, 2 und 20 ggr.).

Innerhalb der Stallgebäude wurden verhältnismäßig oft in die Verzeichnisse des beweglichen Gutes auch Krippen aufgenommen, die gegenüber den bisher genannten Inventarstücken verhältnismäßig hohe Preisschätzungen aufweisen. Wenn sie aber trotzdem in den meisten Inventaren fehlen, so wird das sicher nicht auf Nachlässigkeit zurückzuführen sein, sondern auf die Auffassung der Schätzer, daß auch transportable Krippen unerläßlicher Bestandteil der Ställe seien und deshalb dem Gebäudewert zugerechnet werden müßten. Es kann aber auch so gewesen sein, daß in den meisten Fällen die Krippen bereits fest eingebaut waren, wie wir es von den heutigen Stalleinrichtungen her kennen, und sich deshalb eine besondere Schätzung erübrigte. Entsprechend der Mehrzahl der Berichtsfälle wurden daher in dieser Arbeit die Bewertungen von Krippen stets unberücksichtigt gelassen, um eine einheitliche Erfassung des Inventars sicherzustellen.

Nach heutiger Auffassung scheint eine Futterkiste zur Aufbewahrung des Pferdefutters unumgänglich zu sein. Trotzdem fehlt sie in den weitaus meisten Inventaren, und die drei Berichtsfälle stammen alle aus dem Ende des 18. Jahrhunderts (2, 12–36 ggr.). Ähnliches gilt für die beim Füttern verwandte Futterschwinge, die auch nur viermal in das Geräteverzeichnis aufgenommen wurde und die 1754 zum ersten Mal genannt wurde (3, ½–1 ggr.). Schließlich sei auch noch ein Futterkumpen erwähnt, der mit einem Wert von 12 ggr. in einem weiteren Inventar aufgeführt wurde. Zum Transport des Futters waren auch Eimer in Gebrauch (1, 6 ggr.), doch ist bei weiteren sechs Stalleimern nicht zu entscheiden, ob sie beim Füttern oder Melken Verwendung fanden (3, 4 ggr.).

Zum Unterschied zu den Heu- oder Kornforken, die meistens nur einmal im Betrieb vorhanden waren, war der Bestand an Mistgrepen wesentlich zahlreicher. Selbst auf Kothöfen wurden häufiger bis zu vier Stück gehalten. Wahrscheinlich ist ihre Zahl deshalb höher, weil Mistgrepen auch beim Entladen von Getreide- oder Heufudern benutzt werden konnten, während sich zum Beladen der Wagen nur die Forken eigneten (53, ¾–3 ggr., 2 ggr.).

Das Entmisten der Ställe muß früher erheblich mühseliger gewesen sein als heute; denn die heute übliche Mistkarre fehlt in allen Inventaren; lediglich in einem Verzeichnis aus dem Jahre 1800 werden zwei Hohlkarren aufgeführt (8 und 16 ggr.), während sonst nur Misttragen oder -bohren in Gebrauch waren (7, 2–6 ggr.). Beim Ausfahren des Mistes wurde zum Abharken der Fuder ein Misthaken benötigt (14, 1–3 ggr.), und wahrscheinlich ist mit dem nur einmal genannten Mistkruck das gleiche Gerät gemeint. Ein Kotsasse besaß neben zwei Mistgrepen auch noch eine Mistschaufel zu 2 ggr., womit er sicherlich einen sehr stroharmen Mist auf die Dungstätte beförderte.

Zu den Stallgeräten sind noch zwei weitere zu rechnen, die der Futterzubereitung dienten. Von verhältnismäßig hohem Wert waren die Futter- oder Schneideladen, bei denen selten der Hinweis fehlt, daß sich bei ihnen ein Messer befand. Entsprechend der

Gewohnheit eher ein billiges als ein teures Gerät auszulassen, sind in fast allen Verzeichnissen solche Schneideladen aufgeführt, und ein Halbspänner besaß sogar zwei, doch ist nicht zu erkennen, ob nicht ein Gerät bereits unbrauchbar war (16, 4 ggr.–2 Taler und 4 ggr., 1½ Taler, später 2 Taler). Vier Betriebe verfügten außerdem über sogenannte Stoßeisen, mit denen im Stoßtrog (1, 12 ggr.) Rüben und später Kartoffeln zerkleinert wurden, um den Tieren die Futteraufnahme zu erleichtern. Da es sich hierbei um einfache Stiele handelte, an denen eine breite Eisenschneide mit einer Tülle befestigt war, lag der Wert dieser Geräte naturgemäß weit unter dem der Schneideladen (3, 3–4 ggr.).

Zur Bestellung des Gartens waren nur wenige Geräte in Gebrauch. Aus den Hofübergabeverträgen ist zu ersehen, daß auf diesen hofnahen Flächen hauptsächlich Kohl und Mohrrüben angebaut wurden, und von beiden Gemüsearten muß früher eine ziemliche Menge verzehrt worden sein. Das gilt ganz besonders vom Kohl; denn oft genug beanspruchte ein Altenteiler in den Übergabeverträgen eine Gartenfläche bis zu 30 Schock[82], und natürlich konnte diese Menge nicht mehr frisch verbraucht werden, so daß wir bei den Hausgeräten, die in dieser Arbeit unberücksichtigt blieben, die erforderlichen Gerätschaften zur Bereitung des Sauerkrauts finden. Aber auch unter den Gartengeräten sind es immerhin vier, die der Kultur dieser Pflanze dienen. Es sind Kohlzieher (1, nicht bewertet) und Kohlstreicher (2, 1 und 1½ ggr.), Vorpfähle zum Pflanzen (1, nicht bewertet) und Kohlhacken (27, 1–4 ggr.). Natürlich wurde vor dem Auspflanzen des Kohls das Pflanzbett mit Spaten umgegraben, und es ist erstaunlich, daß selbst 1755 noch ein Kotsasse dazu ein Gerät verwandte, das ganz aus Holz gefertigt war (1, 2 ggr.). Bei zwei anderen Spaten wird zu der Preistaxe von 6 ggr. ergänzend berichtet, daß sie «eisern» gewesen seien, doch wird sich dieser Zusatz nur auf das Spatenblatt beziehen. Bei den übrigen Geräten (7, 4–6 ggr.) ist auf Grund der Bewertung wohl ebenfalls mit einem eisernen Blatt zu rechnen, doch ist es auch möglich, daß die etwas billigeren nur einen eisernen Beschlag an der Schneide des hölzernen Blattes aufwiesen[83].

Da in den meisten Inventaren Harken fehlen, müßte man annehmen, daß man den Kohl auf Flächen pflanzte, die lediglich umgegraben wurden. Mohrrüben aber kann man in ein so ungenügend vorbereitetes Saatbeet nicht einsäen. Man wird deshalb die Verwendung hölzerner Harken annehmen müssen, die bereits unter den Erntegeräten aufgeführt wurden und die wegen ihres geringen Wertes oft nicht in die Verzeichnisse aufgenommen wurden; denn eine eiserne Harke wird nur einmal in dem jüngsten Inventar aus dem Jahre 1800 zum Preis von 3 ggr. erwähnt. Auf tonigeren Böden wird man auf dem Acker wie im Garten neben den Harken den Klümper zum Zerkleinern der Schollen benutzt haben. Das Gerät wurde ausschließlich aus Holz angefertigt und war dementsprechend nicht sehr teuer (8, ½–⅔ ggr.).

Neben den bisher aufgeführten Geräten, die sich nach einem gemeinsamen Verwendungszweck gut nach Gruppen ordnen ließen, gab es weitere, die zu den unterschiedlichsten Verrichtungen gebraucht wurden. Bei den Schmier- und Teereimern gibt der Name bereits an, wozu sie verwandt wurden (Schmiereimer: 3, 1 ggr.; Teereimer 1, 1 ggr.), während die Leitern so vielseitig eingesetzt werden konnten, daß man sie

---

[82] 21 Alt 799.
[83] Alle drei Formen werden im Landesmuseum zu Braunschweig aufbewahrt.

zweckmäßigerweise nur nach der Länge ordnet. Sie wurde früher nach der Zahl der Strahlen (Sprossen) angegeben, und nach ihr richtete sich auch ungefähr die Bewertung (mit 5 Strahlen: 3, 2–3 ggr.; mit 6: 2, 2–6 ggr.; mit 7: 3, 2–6 ggr.; mit 8: 2, 4 ggr.; mit 10: 2, 6 ggr.; mit 15: 1, 8 ggr.; mit 16: 3, 12–24 ggr.; mit 21: 1, 21 ggr.). Mit den Tragkiepen wurden kleinere Lasten befördert (7, 2–7 ggr., 3 ggr.), und mit den Tobelskiepen brachte man den Feldarbeitern das zu Hause bereitete Frühstück. Neben den Hacken, die im Garten eingesetzt wurden, gab es Mergelhacken (1, 4 ggr.), wobei offen bleibt, ob sie zum Einhacken oder Loshacken des Mergels benötigt wurden, auch breite Hacken (1, 2½ ggr.), Steinhacken (2, 6 ggr.), Rodehacken (1, nicht bewertet) und Bicken oder Spitzhacken (1, nicht bewertet). Vielseitig verwendbar waren auch die Schaufeln (3, 2–4½ ggr.)[84], und der häufige Zusatz «eisern» wird wiederum wie bei den Spaten auf ein eisernes Blatt hindeuten (4, 2–3 ggr.). Erwähnt wurden dann noch in jeweils einem Inventar drei Schafscheeren zu 6 ggr. und ein Schleifstein (1, nicht bewertet). Erstaunlich ist, daß nur in vier Verzeichnissen Säcke aufgenommen wurden, deren Wert besonders dann nicht gering war, wenn sie aus Leinen gewebt waren (6, 4 ggr., ohne Bezeichnung: 4, 2 ggr.). Man kann sich den Transport von Getreide, Hülsenfrüchten und Mehl schlecht ohne diese Hilfsmittel vorstellen, aber sie fehlen eben in 17 Inventaren, und es bleibt ungewiß, ob die Landwirte früher tatsächlich ohne sie auskamen, oder ob sie, trotz ihres Wertes, einfach ausgelassen worden sind.

Die nun folgende Gruppe der Holzbearbeitungsgeräte kann schon nicht mehr voll dem landwirtschaftlichen Inventar zugerechnet werden; denn die Kultur der Nutzpflanzen ist ohne sie ebenso denkbar wie die Viehzucht, aber es besteht natürlich ein außerordentlich enger Zusammenhang, wenn diese Geräte zum Ausbessern der rein landwirtschaftlich genutzten verwandt wurden, doch läßt sich umgekehrt die völlige Herausnahme dieser Inventarstücke immer dann rechtfertigen, wenn sie der Bauer nur in der arbeitsschwachen Winterzeit für seinen Nebenerwerb als Waldarbeiter benötigte. Damit ist allerdings in unserem Untersuchungsgebiet zumindest nicht in der Form zu rechnen, daß die Waldarbeit gegen Entlohnung verrichtet wurde, vielmehr wird der hauptsächliche Verwendungszweck dieser Werkzeuge die Herstellung und Reparatur von Kleingeräten gewesen sein, so daß sie genauso zum landwirtschaftlichen Inventar gezählt werden können, wie wir das heute bei den Werkstatteinrichtungen zur Holz- und Metallbearbeitung tun.

Zum Holzfällen und Zerkleinern benutzte man Äxte (13, 6–12 ggr.), Barten[85] (16, 2–5 ggr.), Quersägen (3, 6–20 ggr.), Kerbsägen (2, 16–32 ggr.), Handsägen (5, 2–8 ggr.) und eiserne Keile (13, 1–6 ggr., 4 ggr.), die mit Holzschlagen in das Holz getrieben wurden (6, ½–1 ggr.). Zur weiteren Bearbeitung dienten Ziehbänke (1, nicht bewertet), Ziehmesser (1, 5 ggr.), Bohrer (5, 1–4 ggr., 2 ggr.) und Hämmer (1, ⅔ ggr.).

Auch bei den Geräten zur Flachsbereitung muß zuvor gefragt werden, ob diese Gruppe dem haus- oder landwirtschaftlichen Inventar näher steht. Wir dürfen sie aber im Untersuchungsgebiet sicherlich dem letzteren zuordnen, da nach Ausweis der Dorf-

---

[84] v. JUSTI, a. a. O., S. 50, zur Vorbereitung des Kohlpflanzbettes wird das Unkraut mit Schaufeln abgestoßen.

[85] Nach WISWE, H.: baare-bil, in: Korrespondenzblatt des Vereins für niederdeutsche Sprachforschung, Jg. 1957, S. 45 und Jg. 1962, S. 8 ff., ist die Barte (baare) schwächer und anders geschmiedet als das Handbeil und diente zum Zerkleinern von Reisig, aber auch von Hackfleisch und Mett.

beschreibungen unter den Kleinkötern und Brinksitzern viele Leineweber bezeugt sind, die sicherlich ihr Rohmaterial nicht allein von den selbstbewirtschafteten Flächen gewinnen konnten und die deshalb von anderen Höfen bereits zubereiteten Flachs zukauften. Fertiger Flachs kann also als Verkaufsprodukt landwirtschaftlicher Vollerwerbsbetriebe angesehen werden, bei dem allerdings mehr Bearbeitungsgänge erforderlich waren als bei den übrigen Feldfrüchten.

Die Zubereitung des Flachses begann mit dem Reppeln, bei dem das Flachsbund durch die gruppiert stehenden Eisenzähne, die sogenannten «Büsche», des Reppelbaumes gezogen wurden, um die Samenkapseln zu entfernen (mit einem Busch: 1, 2 ggr.; mit zweien: 1, 6 ggr.; mit dreien: 7, 12—36 ggr., 18 ggr.). Danach unterwarf man den Flachs der Rotte und darrte ihn wieder, und klopfte ihn im Frühjahr mit der Treite, einer Art Holzhammer, die in keinem Inventar unseres Gebietes vorkommt. Anschließend wurde der Flachs in den Brachen gebrochen (5, 3-4 ggr.) und am Schwingebrett mit der Handschwinge weiter bearbeitet (5, 2 ggr.). Von den Geräten, die zum nächsten Arbeitsgang, dem Ribben, gebraucht wurden, werden nur die Ribbeeisen genannt (3, ½-1 ggr.), während die Ribbestöcke und die dazugehörigen Lederkissen in keinem Fall erwähnt werden. Zum Schluß wurde der Flachs noch gehechelt und konnte dann versponnen werden (4 Hecheln, 3-8 ggr.)[86].

Die Sammelbezeichnung der Kleingeräte ist in den Inventaren des Untersuchungsgebietes, das für diese Arbeit gewählt wurde, durchaus nicht einheitlich. Unter den Überschriften «instrumenta rustica» oder «instrumentis rusticis» werden zwar regelmäßig Wagen, Pflüge, Eggen und Walzen aufgeführt, und meistens wird auch noch eine ganze Anzahl Kleingeräte angeschlossen. Sobald aber noch die Gruppe «Hausgeräte» gesondert aufgeführt wird, enthält sie stets Gegenstände, die, wie zum Beispiel die Sensen, ohne Zweifel zum landwirtschaftlichen Inventar gehören. Diese so häufige Vermischung beruht sicher auf einer hauswirtschaftlichen Betrachtungsweise, wie wir sie aus der Hausväterliteratur kennen, die Haus und Hof noch als ein geschlossenes Ganzes ansah, und unsere Schätzer waren ja auch gewohnt, neben den hier aufgeführten Geräten und Werkzeugen Zinnteller, Fayencen, Bettzeug, Kleidung und eventuell sogar Hauspostillen zu bewerten. Diese ganzheitliche Betrachtungsweise ist in den hier benutzten Quellen aber bis zum Ende des 18. Jahrhunderts zu verfolgen, sie lebte also in den einfachen Landmenschen noch fort, während sie bereits um 1750 in der Literatur von der kameralistischen Denkart abgelöst wurde[87].

Eine Sonderstellung unter dem Kleingerät nimmt das Pferdegeschirr ein, dessen Umfang sich zwar nach der Zahl der gehaltenen Zugtiere richtete, das aber in seiner Art von der landwirtschaftlichen Produktionsrichtung völlig unbeeinflußt blieb. Für unser Gebiet können wir die absolute Vorherrschaft der Sielengeschirre feststellen, da in den Inventaren neben 42 Sielen nur 7 Kummete verzeichnet wurden. Zu dem Sielengeschirr (42, 8-36 ggr., 17 ggr.) gehörten noch Stränge (4 Paar, 2 ggr.) oder Sielenstricke (3 Paar, 1 ggr.), die an den Schwengeln befestigt wurden. Ungeklärt blieb, wie die einmal erwähnte Sattelsiele ausgesehen haben mag. Mit den Halskoppeln (8, 3-6 ggr.) oder den Halssielen (6, 3-7 ggr.) zogen die Pferde den Wagen in eine andere Richtung oder bremsten ihn auf abschüssigen Strecken. Dieses Geschirrteil,

---

[86] Nach ANDREE, a. a. O., S. 235 und 236.
[87] v. FRAUENDORFER, S.: Ideengeschichte der Agrarwirtschaft und Agrarpolitik im deutschen Sprachgebiet, Band I, München 1957, S. 116.

für das auch noch die Bezeichnung Halsseil (7, 3-6 ggr.) üblich war, war mit einer Kette nebst Knebel versehen, die durch den Ring der Koppelketten gezogen und dann verschlossen wurde. Da die Koppelketten fester Bestandteil der Wagen waren, sind sie bereits in deren Bewertung mit eingeschlossen. Um die Pferde lenken zu können, durften Zäume (50, 2-20 ggr., 6½ ggr.) nicht fehlen, dazu gehörten natürlich auch die Leitseile, deren Zahl aber im Vergleich zu den Sielen und Zäumen außerordentlich gering ist (3, 2 zu 2 und 1 zu 20 ggr.). Dieser Widerspruch löst sich aber leicht auf, wenn man bedenkt, daß bei den meisten Ackerarbeiten die Pferde vom Sattel aus gelenkt wurden, so daß die Leinen entbehrlich wurden. In einem Inventar wird ausdrücklich ein Ackersattel neben dem Reitsattel aufgeführt, doch wurden beide mit dem gleichen Preis bewertet. Als Zusatzausrüstung wurden häufig Beineisen und Steigbügel genannt, die bei den Preisschätzungen der Sättel bereits einbegriffen sind (13, 4-36 ggr., 24 ggr.). Selbst beim Pflügen wurden die Pferde vom Sattel aus gelenkt, ein zweiter Mann mußte natürlich den Pflug führen, so daß es verständlich wird, wenn neben der geringen Zahl von Leitseilen nur zwei Pflugleinen (2, 1 ggr.) vorkamen[88]. Damit die Pferde nicht frei im Stall umherlaufen konnten, wurden sie mit einem Halfter angebunden, der nur in zwei Fällen «linnen» war und sonst immer aus Leder bestand (11, 4-12 ggr., 9 ggr.). Zu ihm gehörte noch eine Kette, die aber nicht gesondert bewertet wurde. Den gleichen Zweck werden sicher auch die Halsstricke erfüllt haben, die aber nur vereinzelt vorkamen (2, 1 ggr.).

C. Entwicklungsvergleich zwischen den Roggenpreisen und dem Gesamtwert des lebenden und toten Inventars

Von den frühesten Anfängen des Ackerbaues an bis heute konnte die Landwirtschaft ohne Hilfsgeräte nicht betrieben werden, und selbst wenn zur Zeit des Hackbaues als einziges Hilfsmittel nur der Grabstock besessen wurde, so unterlag man doch dem Zwang, im Walde einen neuen geeigneten Ast zu suchen, wenn der alte zerbrochen war. Die heutige Volkswirtschaftslehre rechnet alle landwirtschaftlichen Geräte zum Produktionsfaktor «Kapital», und man kann natürlich das Inventar unter dem Gesichtspunkt betrachten, inwieweit seine Verbesserung oder Vermehrung die Erzeugung steigert. Diese Betrachtungsweise wird immer dann in den Vordergrund treten, wenn das Streben nach Autarkie für wichtiger gehalten wird als die Rentabilität der landwirtschaftlichen Erzeugung; denn häufig genug übertreffen die gestiegenen Kosten eines vermehrten Kapitalbesatzes den Mehrerlös aus der Produktionssteigerung, falls er nicht durch Stützpreise künstlich erhöht wird. Diese agrarpolitische Maßnahme war aber in unserem Gebiet zur Zeit des 17. und 18. Jahrhunderts noch unbekannt, so daß man die Kosten, die von den einzelnen Produktionsfaktoren verursacht wurden, mindestens ebenso gründlich betrachten muß wie die Höhe der Pro-

---

[88] Nach dem Gemälde «September» von Hans Wertinger, es entstand um 1525 und befindet sich im Germanischen Museum zu Nürnberg, wurde neben der beschriebenen Durchführung des Pflügens sogar das Eggen von zwei Leuten ausgeführt, wobei einer wiederum das einzige vorgespannte Pferd vom Ackersattel aus lenkte.

duktionserlöse, wenn man den Erfolg eines landwirtschaftlichen Betriebes ermessen will.

Dieses Ziel kann aber in dieser Arbeit nicht erreicht werden. Zwar wären die Einnahmen eines Betriebes mit einiger Sicherheit abzuschätzen, doch fehlen auf der Ausgabenseite so wichtige Posten wie der Lohnaufwand und die Tilgungsleistungen und Unterhaltskosten für das tote Inventar. Daneben bedürften auch die Steuern und Lasten erst noch umfangreicher Untersuchungen, ehe eine vollständige Erfolgsrechnung aufgestellt werden kann.

Infolgedessen muß diese Untersuchung auf die Teilfrage beschränkt werden, in welchem Umfang der Geldwert des toten und lebenden Inventars anstieg, wodurch die Kapitalkosten «Verzinsung» exakt bestimmt sind. Bei den Geräten entspricht der Wertsteigerung sicherlich auch die Erhöhung der Amortisation, da nicht anzunehmen

Tabelle 25

Gesamtwert des lebenden und toten Inventars eines Halbspännerhofes*) in Talern

Bezeichnung	Ende des 17. Jahrhunderts		Ende des 18. Jahrhunderts	
	Stückzahl	Wert	Stückzahl	Wert
Pferde	4**)	50	4**)	129
Fohlen	1	8	1	20
Kühe	3	16,5	4	51
Rinder	2	9	2	20
Kälber	1	1,5	1	3
Schafe	6	6	20	30
Schweine	3	3,5	2	5
Geflügel	—	1,5	—	3
Wert des Viehbesatzes	—	96	—	261
Wagen	1	15	1	37
Pflüge	1	1,5	1	3
Eggen	3	1	3	3
Kleingeräte***)	—	8	—	16
Wert der Geräte		25,5		59
Wert des toten und lebenden Inventars		121,5		320

*) Modellbetrieb nach Durchschnittswerten des in dieser Arbeit benutzten Quellenmaterials.
**) Hier geben die hauptsächlich verwandten Kontributionskataster aus den Jahren 1680 und 1778–84 keine eindeutige Auskunft. Es ist auch möglich, daß 1680 ein Pferd mehr und um 1780 eins weniger gehalten wurde. Beides ist aber nicht sehr wahrscheinlich.
***) In diesem Betrag sind einbegriffen: 4 Zäume, 4 Sielen, 4 Halssielen, 1 Sattel, 3 Sensen, 3 Haberzüge, 1 Klopfzeug, 3 Harken, 2 Forken, 2 Dreschflegel, 2 Siebe, 1 Wurfschaufel, 1 Hohlschaufel, 1 Himten, 5 Mistgrepen, 1 Misttrage, 1 Misthaken, 1 Futterlade, 3 Kohlhacken, 1 Spaten, 2 Leitern, 6 Säcke, 1 Säge, 1 Beil, 1 Axt, 1 Keil, 1 Reppelbaum, 1 Flachsbrache, 1 Schwinge, 1 Ribbeisen und 1 Hechel. Der Gesamtwert für das Ende des 18. Jahrhunderts deckt sich gut mit ausführlichen Inventaren. Die Preissteigerung wurde schematisch berücksichtigt, indem der für das 18. Jahrhundert ermittelte Wert halbiert und dann als Wert für das 17. Jahrhundert eingesetzt wurde. Die Anzahl der einzelnen Inventarstücke entspricht dem Durchschnitt der Berichtsfälle.

Quellen: Die Viehbestands- und Preistabellen dieser Arbeit sowie die Preise im Textteil und die Sachangaben des Abschnittes «Geräte».

ist, daß sich während des Untersuchungszeitraumes die Lebensdauer der einzelnen Geräte wesentlich veränderte. Solange allerdings die Nutzungsdauer selber unbekannt bleibt, ist auch die absolute Höhe der Tilgungsleistungen nicht zu ermitteln. Ein gewisser Zusammenhang wird schließlich auch zwischen der Werterhöhung der Geräte und den Unterhaltungskosten bestehen, da in beiden Fällen der Preis für die gleichen Rohmaterialien wie Holz und Eisen in die Kosten mit eingeht. Da aber an ihnen auch die Löhne betriebsfremder Handwerker in hohem Maße beteiligt sind, können bedeutsame Abweichungen auftreten, weil nicht sicher ist, daß die Löhne dieser Leute und die Preise für Holz, Eisen und sonstige Arbeitshilfsmittel die gleiche Entwicklung nahmen.

Tabelle 26
Gesamtwert des lebenden und toten Inventars eines Ackerhofes*) in Talern

Bezeichnung	Ende des 17. Jahrhunderts		Ende des 18. Jahrhunderts	
	Stückzahl	Wert	Stückzahl	Wert
Pferde	6	75	6**)	193
Fohlen	1	8	1	20
Kühe	2—3	14	6	76
Rinder	2	9	2	20
Kälber	1	1,5	1	3
Schafe	12	12	48	72
Schweine	3	3,5	3	8
Geflügel	—	3	—	7
Wert des Viehbesatzes		126		399
Wagen	2	27	2	70
Pflüge	2	3	2	5
Eggen	5	1,5	5	5
Kleingeräte***)	—	11	—	22
Wert der Geräte		42,5		102
Wert des lebenden und toten Inventars		168,5		501

*) Modellbetrieb analog der Tabelle 25.
**) Der Ungenauigkeitsgrad ist der gleiche wie in Tabelle 25.
***) Neben den in Tabelle 25 genannten Kleingeräten sind folgende zusätzlich am Wert beteiligt: 2 Sielen, 2 Zäume, 2 Halssielen, 2 Sensen, 2 Haberzüge, 2 Harken, 1 Forke, 2 Dreschflegel, 1 Sieb, 1 Vierfaß, 2 Mistgrepen, 2 Kohlhacken, 1 Spaten, 2 Leitern, 6 Säcke und 1 Keil.

Quellen: Siehe Tabelle 25.

Schließlich ist der Gesamtwert des lebenden und toten Inventars immer dann von Bedeutung, wenn ein Hof gekauft werden soll oder wenn nach Seuchen, Bränden und Diebstahl ein Teil des Inventars ersetzt werden muß.

Da bei den Ackerhöfen eine abweichende Entwicklung der Viehbestände zu beobachten war und gerade sie am Wert des gesamten Inventars in hohem Maße beteiligt sind, soll auch noch eine Wertübersicht über das Inventar eines Betriebes dieser Klasse gegeben werden. Dagegen muß auf die Darstellung der Verhältnisse bei den Kothöfen verzichtet werden, weil in dieser Klasse die stärksten Unterschiede von Hof zu Hof auftraten und die Absonderung der Vollerwerbsbetriebe an der Unmöglichkeit scheiterte, für die aufgefundenen Inventare von Kothöfen die dazugehörigen Betriebsgrößen festzustellen, aus denen allein mit Sicherheit zu ersehen ist, ob die Landwirtschaft als Voll- oder Nebenerwerb betrieben wurde.

Betrachtet man die beiden Tabellen, so ergibt sich für beide Hofklassen eine recht ähnliche Vermehrung des gesamten Inventarwertes, der allerdings nur bei den Ackerhöfen voll um das Dreifache anstieg. Trotzdem blieb bei diesen Höfen das Inventarkapital je Morgen Ackerland geringer; denn unter Berücksichtigung der Ackerflächen, die im Durchschnitt beider Klassen bewirtschaftet wurden, entfielen bei den Halbspännerhöfen knapp 4 Taler auf einen Morgen, während es bei den Ackerhöfen nur 3 waren.

Nimmt man einmal an, die Kapitalkosten seien im gleichen Umfang wie der Gesamtwert des Inventars gestiegen, so muß auch hier mit den dreifachen Ausgaben gerechnet werden. Ihre Deckung bereitete aber keine Schwierigkeiten, da die Einnahmen aus dem Getreideverkauf durch Ertragssteigerungen und Preiserhöhungen ebenfalls den dreifachen Betrag erreichten[89]. Es wäre aber falsch, daraus zu schließen, die Belastung durch das notwendige Inventar wäre vom Ende des 17. bis zum Ende des 18. Jahrhunderts hindurch gleichgeblieben; denn in der Erhöhung des Inventarwertes steckt eine Vergrößerung des Nutzviehbestandes, die natürlich auch zu einer verstärkten Erzeugung von verkäuflichen Produkten führte, so daß auch aus ihren Erlösen ein Teil der Kapitalkosten getragen werden konnte und dadurch insgesamt eine Verringerung dieser Kosten erreicht wurde.

Es wäre aber verfehlt, jetzt auch eine Steigerung der Rentabilität des Gesamtbetriebes zu folgern. Weder auf der Einnahmenseite noch auf der Ausgabenseite wurden alle Posten erfaßt, und erst deren Summierung und die anschließende Bildung der Ertrags-Aufwand-Differenz hätte Aufschluß darüber geben können, ob die Bauern mehr Geld für sich verbrauchen konnten oder nicht. Diese Frage muß hier unbeantwortet bleiben.

D. Zusammenfassung

Der sachliche Schwerpunkt der vorstehenden Arbeit war zweifellos die Darstellung des Bodenwertes und des toten und lebenden Inventars und, soweit das die Quellen zuließen, eine Beschreibung der landwirtschaftlichen Produktionsweisen, da auch hier noch längst nicht alle Fragen geklärt sind. In methodischer Hinsicht wurde dem Bestreben gefolgt, das Material so aufzubereiten, daß es für eine später aufzustellende Erfolgsrechnung möglichst gut verwendbar wurde, dabei konnte es nicht unterbleiben, daß häufig auf noch vorhandene Lücken hingewiesen werden mußte, bei denen bislang noch keine brauchbaren Quellen aufgefunden werden konnten, um sie zu schließen.

Während des näher untersuchten Zeitraumes von 1680–1800 war es überraschend festzustellen, in welchem Ausmaß besonders die Bodenpreise stiegen, die sich immerhin versechsfachten, während die Agrarstruktur weder durch die Zahl der Betriebe noch durch den Umfang des bewirtschafteten Landes eine wesentliche Veränderung erfuhr. Aber auch die Preise für Pferde, Kühe, Schweine, Wagen, Pflüge und Eggen stiegen

---

[89] Siehe S. 14.

auf das Doppelte und mehr an und erreichten damit eine Erhöhung, die ohne weiteres mit dem Steigen der Getreidepreise während der Preisrevolution des 16. Jahrhunderts verglichen werden kann. Schließlich war aber auch bei den übrigen Inventarstücken eine Preiserhöhung erkennbar, wenn das Quellenmaterial einen solchen Umfang erreichte, daß eine Deutung gewagt werden konnte.

Neben diesen Preiserhöhungen konnte aber auch eine beachtliche Veränderung der einzelnen Nutztierbestände beobachtet werden. Die Pferdehaltung scheint während des Dreißigjährigen Krieges stark zurückgegangen zu sein und verblieb anschließend bis zum Ende des 18. Jahrhunderts auf dem gleichen Stand, doch wurde erkennbar, daß die Pferde immer häufiger im eigenen Betrieb eingesetzt werden konnten, da die Naturaldienste zunehmend durch Dienstgeldzahlungen abgelöst wurden. Auch bei den Rindviehbeständen ist ein starker Rückgang nach dem großen Kriege zu verzeichnen, doch erreichen sie kurz vor dem Ende des Untersuchungszeitraumes wieder den Umfang, den sie im Anfang des 17. Jahrhunderts gehabt hatten. Innerhalb des Rindviehbestandes war eine immer stärker werdende Bevorzugung der Kuhhaltung zu erkennen, die von einer ständigen Abnahme des Jungviehbestandes begleitet wurde. Lediglich bei der Schafhaltung konnte eine fortlaufende, zum Schluß hin zunehmende Vergrößerung der Bestände nachgewiesen werden, während die Schweinehaltung zuerst stark abnahm und dann vom Ende des 17. bis zum Ende des 18. Jahrhunderts auf gleicher Höhe verblieb. Bei den Geräten schließlich konnten kaum Bestandszunahmen erkannt werden, doch scheint auch hier, allerdings erst für die letzten Jahre des 18. Jahrhunderts, über eine verbesserte Erfassung hinaus eine gewisse Vermehrung vorgelegen zu haben.

Aus dieser Vielfalt der Veränderungen muß ein Schluß gezogen werden: Es ist von geringer Bedeutung, wenn für ein Wirtschaftsjahr oder auch für ein Jahrzehnt eine Erfolgsberechnung oder -schätzung aus früherer Zeit in den Archiven entdeckt wird, da ihre zeitliche Gültigkeit zu eng begrenzt ist. Vielmehr müssen alle Posten des Aktivkapitals, dazu die Löhne, Steuern, Abgaben und Dienste und natürlich auch die Einnahmen fortlaufend auf ihre Höhe und ihre Schwankungen hin untersucht werden; denn jeder einzelne dieser Faktoren verändert den Wirtschaftserfolg, dessen Bedeutung erst dann richtig gewürdigt werden kann, wenn er für einen längeren Zeitraum bekannt ist. Um dieses Ziel, noch dazu für ein größeres Gebiet erreichen zu können, bedarf es aber noch einer Fülle von eingehenden Untersuchungen, wenn die Landwirtschaftsgeschichte ihrer vornehmsten Aufgabe gerecht werden will, den Erfolg ihres Wirtschaftszweiges zu erforschen und darzustellen.

ZWEITER TEIL:

ABFINDUNGEN UND ALTENTEILE

A. Die Eheverträge als rechts- und wirtschaftsgeschichtliche Quellen

I. Die Abfindungen als Maßstab der Ertragslage

Die für diese Untersuchung herangezogenen Unterlagen entstammen nicht nur ausschließlich den Amtshandelsbüchern[90], sie sind auch fast alle aus dem gleichen Anlaß, nämlich der Eheschließung, entstanden. Diese Eheverträge, früher auch Ehe-Pacta, Pacta dotalia oder Ehestiftung genannt, werden nur durch sehr wenige Testamente ergänzt.

Bei dem bereits angedeuteten großen Umfang des Quellenmaterials erschien es zweckmäßig, nur so viel Verträge zu bearbeiten, wie zur Repräsentanz des Untersuchungsgebietes nötig waren. Weiterhin wäre es nicht sinnvoll gewesen, den gesamten Untersuchungszeitraum gleichmäßig durchzugehen; denn schon die vorhergehende Erfassung des Preisgeschehens wies solche Unterabschnitte nach, in denen mit stärkeren wirtschaftlichen Veränderungen gerechnet werden muß. Das gilt für die Zeit vor und nach dem Dreißigjährigen Kriege, für den Anfang des 18. Jahrhunderts und nicht zuletzt für dessen letztes Jahrzehnt, das die weitaus stärksten Preisbewegungen aufzuweisen hat. Für alle diese Zeiträume hätte sich aber aus den Ämtern Schöningen und Achim kein Material beibringen lassen, so daß sie unberücksichtigt blieben. Das ist auch schon deshalb gerechtfertigt, weil die verbleibenden Ämter Königslutter und Jerxheim nach wie vor die Landwirtschaft nördlich und südlich des Elms ausreichend charakterisieren; denn das Amt Jerxheim liegt zwischen den Ämtern Achim und Schöningen, und alle drei sind in ihrer Struktur so übereinstimmend, daß von vornherein keine Unterschiede denkbar sind. Hinzu kommt, daß bereits aus den Amtshandelsbüchern der beiden verbleibenden Ämter für die genannten Zeitspannen 762 Verträge herausgezogen werden konnten. Je Spanne und Amt sind das mindestens 60 Verträge, wenn man von der Zeit vor dem Dreißigjährigen Kriege absieht, aus der für Jerxheim nur 49 Verträge zu erhalten waren. Bei solchen Zahlen kann die

---

[90] Alle Amtshandelsbücher stehen in der Abteilung 21 Alt. Soweit sie zitiert werden, wird der Einfachheit halber im Text nur noch die in Klammern gesetzte Bandnummer angeführt, zu der, falls der betreffende Band paginiert ist, noch die Seitenzahl tritt.

immer notwendige Frage, ob die Quellen das Gesamtgeschehen ausreichend repräsentieren, ohne Vorbehalt bejaht werden.

Eine genaue Übersicht bietet die nachstehende Tabelle.

Tabelle 27
Aufgliederung des Quellenmaterials auf die Ämter Königslutter und Jerxheim und die untersuchten Zeitspannen

Amt	Zeitraum	Bandnummern	Zahl der Verträge	
Jerxheim	1566–1589	458, 459	49	
	1652–1683	460, 462, 463	132	
	1708–1720	466	85	
	1745–1750	467	61	
	1794–1800	470	66	393
Königslutter	1589–1601	478	44	
	1614–1625	479	62	
	1668–1680	480, 481	64	
	1708–1720	482, 483	68	
	1745–1750	487–489	61	
	1794–1800	497, 498	70	369
Beide Ämter				762

Eine nahezu vollständige Deckung der Untersuchungsspannen konnte also auch bei den beiden verbleibenden Ämtern nur in der Zeit nach dem großen Kriege erreicht werden. Für die Zeit vor diesem schicksalsschweren Ereignis muß aber auch im vorliegenden Falle mit dem vorlieb genommen werden, was die verschiedensten Wechselfälle überdauert hat. Auf keinen Fall aber erschien es ratsam, wegen der zeitlich voneinander abweichenden Überlieferung auf die Bearbeitung dieser Jahre überhaupt zu verzichten. Die Verträge aus allen vier Bänden vor dem Kriegsbeginn oder besser den Kriegseinwirkungen weisen keinerlei Entwicklungstendenz auf[91], sie bleiben also untereinander voll vergleichbar und geben daneben einen Maßstab ab, an dem mit Hilfe der Verträge aus der Nachkriegszeit die Ausmaße der Kriegsschäden in unserem Gebiet gemessen werden können. Außerdem überliefern diese Vorkriegsverträge noch Gewohnheitsrechte, die nach dem Kriege in Vergessenheit gerieten.

Die Texte der Ehestiftungen, die den Amtshandelsbüchern entnommen wurden, stimmen selbst in einzelnen Redewendungen so weitgehend überein, daß als Verfasser der Amtmann oder Amtsschreiber angesehen werden muß. Zwar offenbart sich ein Wechsel der Beamten unzweifelhaft aus den verschiedenen Unterschriften, doch ließe er sich ohne weiteres auch an Hand stilistischer Merkmale nachweisen. Es mutet aber geradezu als Stilbruch an, wenn der Vertrag von Pastoren oder Schuldienern aufgesetzt wurde; denn trotz der landesherrlichen Mißbilligung traten sie immer wieder als Verfasser auf[92]. Alle Verträge aber wurden im 18. Jahrhundert wesentlich straffer formuliert, ohne an sachlichem Gehalt zu verlieren, während im 17. Jahrhundert wahrhaft

[91] Siehe Anm. 47.
[92] Schon die Verordnung vom 4. IV. 1620 mißbilligt die Autorschaft von Pastoren und Lehrern (40 Slg. 1474). Am 19. II. 1737 ergeht an sie ein regelrechtes Verbot, solche Verträge abzufassen, doch muß es schon am 17. VII. 1741 wiederholt werden (40 Slg. 5819 und 6048).

barocke Weitschweifigkeit das Verständnis erschwert und schon durch die seitenlange, religiös gefärbte Einleitungsformel ermüdet. Ebenso zeigen alle Verträge die gleiche Aufgliederung der Vertragspunkte, die sich zwangsläufig aus dem Zweck des Vertrages ergab.

1. Zuerst wurden Braut und Bräutigam mit Namen und Vornamen genannt, auch der Herkunftsort wurde selten ausgelassen, und in den meisten Verträgen wurden auch die Eltern, soweit sie noch lebten, aufgeführt. Abgesehen von den Verträgen aus der früheren Zeit fehlt auch nur selten die Angabe der sozialen Herkunft, so daß ersichtlich wird, welcher Bauernklasse der Vater angehörte oder welchen Beruf er ausübte.

2. Hierauf wurde ausführlich die Mitgift der Braut beschrieben, und es fehlt nur selten der Hinweis, wer sie aufzubringen hatte, und wann sie zu liefern war; denn besonders das Bargeld und das ausgelobte Vieh bedeuteten für den Hof eine starke Belastung, die häufiger auf mehrere Termine verteilt werden mußte.

3. In Erwiderung dieses Brautgeschenkes – in remunerationem doris – freite dann der Bräutigam der Braut den Hof zu. Im Regelfall geschah es auf Lebenszeit, aber es fehlt hier nicht an Einschränkungen und Bedingungen, besonders in den Verträgen aus der Zeit vor dem Dreißigjährigen Kriege.

Im Braunschweigischen war es aber gar nicht so selten, daß der Bauer seinen Hof an die Tochter abtrat, und zwar auch dann, wenn männliche Erben vorhanden waren, und sie nun den Besitz ihrem Bräutigam zuheiratete. An Freiern scheint es aber auch den Witwen selten gefehlt zu haben; denn im Untersuchungsmaterial waren nur wenige Überlassungs- oder Pachtverträge zu finden, die durch das Unvermögen der Witwe verursacht worden waren, ihren Hof weiterhin zu bewirtschaften. In diesen Fällen der Wiederverheiratung aber verlängert sich die Reihe der Vertragsbedingungen; denn es mußten die Rechte und Pflichten des Interimswirtes bestimmt und die Erbansprüche der Kinder aus der vorhergehenden Ehe gesichert werden.

4. Mit der Annahme des Hofes übernahm der Bewirtschafter zwei Verpflichtungen: Einmal mußte er den Eltern oder Schwiegereltern ein angemessenes Altenteil gewähren und zum anderen hatte er die Geschwister vertragsgemäß abzufinden. Daneben kam es vor, daß der Annehmer noch Schulden oder alte Abfindungen abzutragen hatte.

5. Die Abmachungen für den Todesfall beschlossen den Vertrag. Sie betrafen im allgemeinen Sterbefälle, die erst nach der Heirat eintraten. Vereinzelt wurde aber auch das seltene Vorkommnis geregelt, daß ein Ehegatte während der Verlöbniszeit starb. Dagegen wurde fast immer festgelegt, wer den Hof nach dem Tode beider Eltern bewirtschaften sollte.

Naturgemäß enthalten nicht alle Verträge sämtliche Punkte, denn es sind die verschiedensten Umstände denkbar, die ihre Regelung wenigstens teilweise überflüssig machen. Das gleiche Ergebnis kann aber auch auf bloßer Vergeßlichkeit beruhen und ebenso auf der Erkenntnis, daß für einen weiter in der Zukunft liegenden Termin die Ertragsfähigkeit des Hofes doch nicht abgeschätzt werden konnte, und es infolgedessen unzweckmäßig gewesen wäre, den Überlebenden ihre Handlungsweise zu diesem Zeitpunkt vorzuschreiben. Beide Fälle sind aber in der Minderzahl. Eine Eigenschaft ist dagegen allen Verträgen eigen. Sie wurden in das Amtshandelsbuch eingetragen und vom Amtmann «confirmiert». Damit waren sie rechtsgültig.

Diese Qualität ist zugleich Ansatzpunkt der Quellenkritik. Sie betrifft indessen weniger die Angaben zur Person, die nur Auskunft darüber geben können, ob die

Ehepartner aus dem gleichen Ort oder aus benachbarten Dörfern stammten, und auch natürlich darüber, ob die Ehen innerhalb der gleichen sozialen Schichten geschlossen wurden oder nicht. Die Bestimmungen für den Todesfall entziehen sich sogar ganz einer kritischen Beurteilung; denn durch die obrigkeitliche «Confirmation» sind sie zweifellos gültig, und wer durch sie benachteiligt wurde, hatte keine Möglichkeit, sie zu seinen Gunsten wieder abzuändern. Das verriete schon die fremde Handschrift.

Dagegen ist es von ausschlaggebender Bedeutung, die Aussagekraft der an zweiter Stelle genannten Vertragspunkte zu überprüfen. Sie enthalten die Verpflichtungen, die aus den Erträgen der laufenden Wirtschaft abgetragen werden mußten, und jene Auflagen sollen in dieser Arbeit den Maßstab dafür abgeben, wie sich die Etragslage der Landwirtschaft veränderte. Dabei scheint die Gefahr verhältnismäßig gering zu sein, daß die Überschüsse der Wirtschaft unterschätzt wurden und sich die weichenden Erben mit zu geringen Abfindungen begnügen mußten. Solche Fälle scheinen sehr selten und auch nur dann aufgetreten zu sein, wenn der frühere Hofbesitzer schon gestorben war, das zuerst heiratende Kind den Hof angenommen hatte und nun seine übrigen Geschwister abfinden mußte. Doch gab es hiergegen ein ebenso sinnreiches wie zweckentsprechendes Mittel. Im Herzogtum gab es kein gesetztes Recht und kein Gewohnheitsrecht, wonach zum Beispiel die Söhne – und unter diesen der älteste oder jüngste – den Vorzug vor den übrigen Kindern gehabt hätten. Infolgedessen kam es vor, daß einer der weichenden Erben seinen Geschwistern eine höhere Abfindung versprach, falls man ihm an Stelle des bisherigen Anerben den Hof überließ. Überschritt dieses Angebot nicht die Leistungskraft des Hofes, so mußte der Anerbe in das Gebot eintreten, wenn er den Hof behalten wollte (470/178). Zu geringe Abfindungen wurden aber auch dann erhöht, wenn der Amtmann sie als «unbillig» empfand und Einspruch erhob (483/146). Ähnliches geschah aber auch in Zeiten starken wirtschaftlichen Aufschwungs, wenn die vielleicht Jahrzehnte zurückliegende Ehestiftung Erbteile enthielt, die den nunmehrigen Betriebsüberschüssen nicht mehr entsprachen (470/51, 489, 582; 482/505; 488/284). In diesen Fällen ging aber die Anregung, die Abfindungen der verbesserten Wirtschaftslage anzupassen, nicht vom Amtmann, sondern von den Bauern und den Vormündern unmündiger Kinder aus. Diese Beispiele zeigen, wie sehr man bemüht war, auch die weichenden Erben am Aufschwung der Landwirtschaft zu beteiligen. Dementsprechend kann die Höhe ihrer Mitgift als Maßstab dafür angesehen werden, in welchem Umfang sich die Ertragslage verbesserte.

Weit schwerer aber wiegt der Verdacht, daß die gewählten Kennzeichen eine zu günstige Lage vortäuschen. Hierzu mag den Erblasser allein sein Gerechtigkeitsgefühl verleitet haben; denn selbst bei weit überhöhten Abfindungen verblieben dem Anerben mehr materielle Werte als seinen Geschwistern. Wichtig aber ist nicht der Verkaufswert des Hofes, sondern ausschließlich sein Ertragswert. Er gibt die Höhe der laufenden Überschüsse an, denen die Erbteile entnommen werden sollten. Der Hof aber mußte der Sippe erhalten bleiben; denn auch die Kinder, die ihn verließen, hatten auf ihm ein lebenslanges Zufluchtsrecht. Andererseits muß man dem Bauern, der seinen Betrieb seit Jahren bewirtschaftete, jene Erfahrung zubilligen, die ihm erlaubt, die nachhaltigen Überschüsse der Wirtschaft richtig abzuschätzen. Allerdings läßt sich den Ehestiftungen nicht entnehmen, ob bei den Bauern eine solch realistische Einschätzung ihrer wirtschaftlichen Möglichkeiten vorherrschte.

Der Landesfürst und die Grundherren scheinen daran sogar stark gezweifelt zu haben. Beide hatten aber ein starkes Interesse daran, die Einheit des Hofes und seine wirtschaftliche Leistungskraft zu erhalten. Der Landesfürst hätte sonst auf die ihm zustehenden Dienste und der Grundherr auf seine Abgaben verzichten müssen. Dazu waren sie aber naturgemäß nicht bereit, und deshalb sicherten sie sich durch mannigfaltige Bestimmungen.

Bereits 1566 erging die erste Verordnung, die den Landverkauf, der ohne Einverständnis des Gutsherrn erfolgte, mit Abmeierung bedrohte. Es wurde aber die sofortige Neubesetzung des Gutes vorgesehen, damit der Herrendienst nicht leide[93]. 1593 erließ man eine ganz ähnliche Verordnung[94], und der bekannte Landtagsabschied von Salzdahlum bestätigte schon vier Jahre später diese Auffassung[95], die jetzt für das ganze Herzogtum verbindlich wurde[96]. Auch die Verordnung von 1620 wurde von der Sorge geprägt, daß die Dienstpflicht durch Landverkauf geschmälert würde, und der Braunschweiger Landtagsabschied von 1643 wendete sich wiederum gegen die Zerreißung der Höfe, bis die Landesordnung von 1647 für den Verkauf von Pertinenzland Geldstrafen festlegte[97]. In der Amts-Kammer-Ordnung von 1688 wurde das Veräußerungsverbot zum letzten Mal ausgesprochen[98], und da weitere Wiederholungen fehlen, scheint der Bestand der Höfe jetzt durch eine ausreichende gesetzliche Grundlage gesichert gewesen zu sein.

Neben dem Verkauf ohne Vorwissen des Grundherrn und der Obrigkeit war natürlich auch die Verpfändung von Ländereien oder ihre Mitgabe an weichende Erben geeignet, die Ansprüche des Gutsherrn und die des Landesfürsten zu gefährden. In den Landtagsabschieden von 1597 und 1619, der Landesordnung von 1647 und der Amts-Kammer-Ordnung von 1688 werden deshalb beide Möglichkeiten noch einmal gesondert aufgeführt und ausdrücklich verboten. Die Landesgesetzgebung begnügte sich aber nicht mit dieser reinen Bestandssicherung der Bauerngüter. Gleichzeitig sollte die Ertragskraft der Höfe erhalten bleiben, damit Abgaben und Dienste um so sicherer geleistet werden konnten. Diese Leistungen wären aber auch schon dann in Frage gestellt worden, wenn die Bauern ihren Kindern zu hohe Erbteile mitgaben. Darüber wurde nicht nur Klage geführt[99], man versuchte auch Abhilfe zu schaffen[100]. Es ist aber voreilig, jetzt gleich zu schließen, die Bauern hätten aus Unkenntnis oder aus Mißachtung der tatsächlichen Ertragslage zu große Mitgaben ausgesetzt. Selbst wenn sie es gewollt hätten, so hätte ihnen doch die Möglichkeit dazu gefehlt; und die Landesregierung wäre schlecht beraten gewesen, wenn sie Übelstände nur beklagt, aber nicht verhindert hätte.

Solch eine Schwächung der Wirtschaft wurde am sichersten unterbunden, wenn man die Bauern zwang, alle derartigen Abmachungen, die sie bewirkt haben könnten, dem zuständigen Amtmann vorzulegen und überprüfen zu lassen. Dementsprechend wurde

[93] GESENIUS, a. a. O., S. 429.
[94] GESENIUS, a. a. O., S. 456.
[95] GESENIUS, a. a. O., S. 466 f.
[96] STEINACKER, a. a. O., S. 536.
[97] 1620 = 40 Slg. 1474, 1643 = GESENIUS, a. a. O., S. 483, Landesordnung von 1644 (im Text nicht zitiert) sinngemäß wie jene von 1647 = 40 Slg. 2101 und 2191.
[98] GESENIUS, a. a. O., S. 495.
[99] GESENIUS, a. a. O., S. 453 (1585) und der Landtagsabschied von 1619 = 40 Slg. 1427.
[100] Landesordnungen von 1644 und 1647 = 40 Slg. 2101 und 2191.

schon 1578 verordnet, alle Kaufkontrakte, Donationen, Vermeierungen, Verwendungen der Erbfälle, Verwechselungen (?) und ehelichen Verheiratungen seien in die Kontraktbücher aufzunehmen. Geschah das nicht, so waren die Verträge ungültig[101]. In der Verordnung von 1620 wurde hinzugefügt, daß die Beamten untersuchen sollten, ob durch diese Verträge nicht der Herrendienst, die Landfolge, andere Gebührnisse oder gar die Kontrahenten selbst gefährdet würden[102].

Indem man die Anordnung wiederholte und erneut darauf hinwies, daß nichteingetragene Verträge ungültig seien, bewies man, welch große Bedeutung man dieser Kontrolle durch die landesfürstlichen Beamten beimaß[103]. Daß sie tatsächlich ausgeübt wurde, zeigen Abfindungsverträge, bei denen eine zuvor höhere Mitgift von Amts wegen niedriger festgesetzt wurde (479). Natürlich beantragte auch der Anerbe eine Neufestsetzung, wenn die Abfindungen in nicht aufzubringender Höhe versprochen worden waren (467/12, 35, 211; 482/418; 483/14). Damit ergibt sich aber auch gleichzeitig für die Quellenkritik die Verwendbarkeit des benutzten Materials. Wenn die Bauern, Vormünder und Amtleute darauf sahen, daß zugunsten der weichenden Erben die Überschüsse des Hofes voll herangezogen wurden, so sorgte der gleiche Personenkreis dafür, daß die Ertragslage des Betriebes nicht über Gebühr geschmälert wurde. Infolgedessen sind die in den Ehestiftungen verzeichneten Abfindungen eine brauchbare Quelle, deren Auswertung ein zutreffendes Bild von der wirtschaftlichen Lage der Landwirtschaft ergibt.

Dieses Ergebnis wird auch nicht durch die vielen Hochzeitsordnungen erschüttert, deren Einhaltung immer wieder angemahnt wurde. In ihnen wurde den Bauern durchaus Üppigkeit, Verschwendungssucht, Völlerei und mangelnde wirtschaftliche Einsicht vorgeworfen. Aber trotz dieser vielen Mahnungen sollte man nicht ohne weiteres auf einen Bauernstand schließen, der sich hemmungslos der Prasserei ergeben hätte. Womöglich sollten die Verordnungen nur der natürlich immer wiederkehrenden Gefahr vorbeugen, daß die onera publica nicht ordnungsgemäß abgeführt würden, denn schon die erste überlieferte Hochzeitsordnung von 1594 wird mit den Worten begründet: «damit sie dem Herzog und Gutsherrn die Gebührnis geben»[104]. Es ist auch bezeichnend, daß 1646 ausschließlich den Bauern verboten wird, das Verlöbnis zu feiern, während es den Pastören, Schuldienern, Müllern und anderen Landhandwerkern erlaubt war[105]. Man kann also mit den Hochzeitsordnungen nicht nur die Verhaltensweise des Bauernstandes belegen, sondern ebenso gut die ständige Sorge der Obrigkeit, daß ihre bedeutendste Einnahmequelle versiegen könne.

[101] 40 Slg. 656.
[102] GESENIUS, a. a. O., S. 479.
[103] 1647 s. Landesordnung (40 Slg. 2191), 1746 s. Rescript vom 12. XII. (40 Slg. 6862): Eine Witwe kann aus einer Ehestiftung keine Rechte ableiten, da sie nicht zu Lebzeiten des Erblassers «confirmiert» wurde. 1751 s. Rescript vom 17. VIII. (GESENIUS, a. a. O., S. 529.) Wiederholung der Eintragungspflicht.
[104] Soweit es sich nicht um Eigennamen oder Einzelwörter handelt, werden alle Zitate wortgetreu, aber in moderner Schreibweise gebracht. 40 Slg. 944, dann die Verordnungen von 1604 und 1623 (40 Slg. 1116 und 1567), dazu drei Mahnungen (40 Slg. 1604, 1635 und 1757), dann die Verordnung von 1636 (40 Slg. 1876), dazu wieder zwei Mahnungen (40 Slg. 1936 und 2082), dann die bereits zitierten Landesordnungen von 1644 und 1647.
[105] 40 Slg. 2177.

Schließlich sei noch auf die Länge des Untersuchungszeitraumes verwiesen. Er erstreckt sich über 200 Jahre, und während einer solch langen Zeit konnte ein Berufsstand nicht ständig über seine Verhältnisse leben und seinen Kindern zu hohe Abfindungen mitgeben. Auch hätten dann viel mehr Höfe verkauft oder versteigert werden müssen. Die entsprechenden Verträge mußten aber ebenfalls in die Amtshandelsbücher aufgenommen werden, doch sie sind lediglich nach dem Dreißigjährigen Kriege etwas häufiger und sonst nur ganz selten anzutreffen. Das gleiche gilt von den »Obligationen«, die ebenfalls eintragungspflichtig waren. Ihre Zahl schwillt zwar zwischen 1656 und 1670 ganz erheblich an, aber in dieser Zeit häuften sich die Mißernten, die eine durch den Krieg geschwächte Landwirtschaft naturgemäß sehr hart trafen[106]. In den übrigen Zeiten überschreiten indessen die Zahl der Kaufverträge und «Obligationen» durchaus nicht jenes Maß, das bei der stets unterschiedlichen Eignung der Menschen, einem Hofe vorzustehen, von vornherein erwartet werden muß.

II. Die Verfügungsfreiheit des Bauern bei der Übergabe des Hofes

Ehestiftungen, bei denen Braut und Bräutigam nur ihre Abfindungen einbrachten, sind recht selten. Dagegen freite in fast allen anderen Fällen einer der beiden Ehegatten seinem Partner den Mitbesitz des Hofes zu. Abgesehen von den Verträgen, in denen Witwen oder Witwer die Aufheirat boten, konnte sie der junge Ehegatte nur gewähren, wenn er endgültig zum Anerben bestimmt war. Diese Bestimmung und die durch sie bedingte Hofübergabe sind selbstverständlich ebenfalls Bestandteil der meisten Eheverträge. Die Wahl des Anerben und des Zeitpunktes, bei dem die Wirtschaftsführung abgegeben wurden, standen aber im freien Ermessen des Bauern. Dementsprechend besaß er seinem Nachfolger gegenüber eine starke Stellung, die es ihm erlaubte, das Altenteil und die Abfindungen der übrigen Kinder nach seinen Wünschen zu gestalten. Natürlich war dabei der »landsittliche Gebrauch« zu beachten, und außerdem wäre eine überhöhte Festsetzung vom Amtmann sicher nicht «confirmiert» worden.

Das Ausmaß der Verfügungsfreiheit, das bei der Hofübergabe geltend gemacht werden konnte, entsprach also ziemlich genau jenem, das die Landwirte gegenwärtig besitzen. Diese verhältnismäßig günstige Stellung ist ohne weiteres bei den Bauern verständlich, die ihren Hof zu Erbenzinsrecht besaßen. Heißt es doch im Landtagsabschied von 1619: «Wie es denn ingleichen der Erbenzinsgüter halben dahin gerichtet, daß dieselben ohne Vorwissen und Konsens der Erbenzinsherrn nicht veräußert, verpfändet oder zur Aussteuer verschrieben, jedoch aber auch die Gutsherrn ihren Konsens ohne erhebliche Ursache nicht verweigern...[107]» Damit sind offensichtlich die Rechte der Gutsherrn, die an den Ländereien das dominium directum innehatten, bereits erschöpft. Sie hatten also bei der Hofübergabe im Erbgang keinerlei Einspruchsrechte, die den Gestaltungswillen des Erblassers einschränkten.

Das wird noch deutlicher in der Verordnung von 1704, in der zuerst die eben genannten Bestimmungen wiederholt wurden, und in der dann zusätzlich vorgeschrieben wurde, daß nach dem Sterbefall eines Erbenzinsmannes der Nachfolger im Gute

---

[106] GESENIUS, a. a. O., S. 487 ff. Mißwachs und Remission der Meierzinsen in den Jahren 1656–58, 1660–64 und 1666.
[107] 40 Slg. 1427.

spätestens nach drei Monaten beim Erbenzinsherrn erscheinen und wegen der renovatio investiturae nachsuchen sollte[108]. Bereits ein halbes Jahrhundert später aber wurde erlaubt, sich auch noch von diesen Verpflichtungen freizukaufen, da es sich beim Erbenzins doch nur um eine Rekognitionsgebühr handelte, die oftmals so gering war, daß sich die Kapitalisierung nicht lohnte. Infolgedessen wurde der 20. bis 25. Teil des Gutswertes als Ablösungssumme bestimmt[109]. Damit war aus dem Erbenzinsland freiverfügbares Eigentum geworden.

Im Grunde genommen sind die 1619 und 1704 ergangenen Bestimmungen doppelsinnig abgefaßt. Man könnte sie auch so lesen, daß mit Konsens der Gutsherrn die Veräußerung, Verpfändung und Mitgabe von Ländereien erlaubt war. Das ist aber nach den Grundsätzen des Salzdahlumer Landtagsabschiedes und vieler gleichsinniger Verordnungen nicht statthaft[110]. Tatsächlich wurde auch keine Ehestiftung gefunden, in der ein Erbenzinsacker zur Aussteuer mitgegeben wurde[111].

Die Mehrdeutigkeit der Verordnungen nimmt noch größeren Umfang an, wenn man jene überprüft, die das Meierrecht betreffen. Auch die zeitliche Reihenfolge der Erlasse bildet keineswegs eine logische Abfolge von Beschlüssen. Schon WITTICH nannte das Meierrecht «kein folgerichtig durchgebildetes Rechtsinstitut»[112]. Trotzdem muß versucht werden zu klären, woher der Meier das Recht nahm, seinen Nachfolger im Gute zu bestimmen.

Allgemein wird seit dem Jahre 1597, in dem der grundlegende Landtagsabschied von Salzdahlum von der Regierung durchgesetzt wurde, ein erbliches Nutzungsrecht des Meiers angenommen[113]. Es ist im Artikel 19 dieses Abschiedes zwar nicht ausdrücklich ausgesprochen, doch ergibt es sich aus zwei Sätzen: Den Erben kommen die Nutzungsjahre, die dem Erblasser noch zustehen, zugute; und, wenn der Meier gut gewirtschaftet hat, soll er auf der Meierstatt belassen werden[114]. Durch diese Bestimmungen wurde es dem Gutsherrn nahezu unmöglich gemacht, den Wirtschafter abzumeiern,

[108] 40 Slg. 3962, Verordnung vom 15. XII. 1704.
[109] 40 Slg. 7669, Verordnung vom 10. V. 1753.
[110] Siehe Anmerkungen 97 und 98.
[111] Das Verkaufs- und Verpfändungsverbot wurde dagegen nicht eingehalten, wie es die vielen Landverkäufe im Teil I zeigen. Hierzu zwang wohl die häufiger auftretende Notwendigkeit, sich Kredit zu beschaffen und das Land als Sicherheit anzubieten. Oft besserte sich die wirtschaftliche Lage des Hofes nur so langsam, daß der Gläubiger auf die endgültige Übertragung drängte, da also die Rückzahlung der geliehenen Gelder immer wieder verzögerte. Daneben stehen die reinen Verkäufe, die sicher auch aus Not erfolgten. Verkauf und Verpfändung bleiben aber in dem Umfang, der die Existenz der Höfe nicht gefährdete (siehe Tabelle 1). Es ist wohl auch bezeichnend für die Rechtswirklichkeit früherer Jahrhunderte, daß die Verpfändungen und Verkäufe von jenen Beamten in die Amtshandelsbücher aufgenommen wurden, die auf Grund der ergangenen Anordnungen solche Rechtsgeschäfte hätten verhindern müssen. Womöglich gestand die Landesregierung den Amtmännern diese Handlungsweise stillschweigend unter der Voraussetzung zu, daß sie die betreffenden Verträge nach Abwägen aller Umstände für gerechtfertigt hielten.
[112] WITTICH, a. a. O., S. 30.
[113] Siehe Anmerkung 10.
[114] Da in den Amtshandelsbüchern kein Fall vorkommt, in dem die Einsetzung des Anerben angefochten wird, darf hier die juristische Streitfrage außer acht gelassen werden, ob er vom Erblasser den Anspruch auf Bemeierung erbte oder das Meierrecht selbst. Siehe WITTICH, a. a. O., S. 28/29.

falls nicht jene Gründe vorlagen, die der gleiche Landtagsabschied auch noch nennt[115]. Jedoch wollte man keineswegs mit diesem Landtagsabschied die Meier mit den Erbenzinsbauern gleichstellen, heißt es doch in ihm ausdrücklich: damit keine Erbenzinsgüter entstehen, soll der Meier alle neun Jahre das Meiergut wieder meierweise annehmen. Diese unterschiedliche Rechtslage betonte auch der Abschied von 1619, in dem nur den Meiern auferlegt wurde, bei Ehestiftungen den Konsens des Gutsherrn einzuholen. Diese Vorschrift wurde 1770 noch einmal erneuert[116].

Auf Grund der 1619 ergangenen Anordnung müßten also die Bestätigungsklauseln der Eheberedungen nach diesem Termin den Hinweis enthalten, daß der Konsens des Gutsherrn eingeholt worden sei. Dafür lassen sich aber keine Beispiele finden. Um 1590 unterschrieb der Amtmann lediglich den ins Amtshandelsbuch aufgenommenen Text, höchstens wurde vermerkt, der Eintrag sei auf Wunsch der vertragschließenden Parteien erfolgt (459/139). Dabei bestand seit 1578 eine Verordnung, die den Eintrag forderte[117]. Auch von 1617 bis 1624 ist von der neuen Vorschrift des in dieser Zeit ergangenen Landtagsabschiedes nichts zu spüren. Von den Parteien wurde lediglich erwähnt, daß sie die Beredung durch Handschlag bekräftigt haben, und von den Zeugen wurde gesagt: «die dieses also abgeredet auf den Notfall bezeugen helfen können» (479).

Anschließend wurde nur noch berichtet, daß die beiden gleichlautenden Texte der Ehestiftung «kerfesweise» auseinandergeschnitten worden seien[118]. Es bleibt also völlig offen, ob der Konsens des Gutsherrn eingeholt wurde, worauf der Amtmann zu achten gehabt hätte[119].

Da aber der Amtmann bei Landverkäufen das Einverständnis der Obrigkeit und des Gutsherrn am Schluß immer anführte, muß bei der Übergabe der Meiergüter angenommen werden, daß er hier nicht auf dem Nachweis der erteilten Zustimmung bestand. Dafür spricht auch ein Vertrag, in dem ein Bruder seiner Schwester ein Haus und dazu sechs Morgen Meierland überließ. Auch hier wurde prompt der eingeholte Konsens vermerkt (483/79).

Auch um 1750 scheinen die Beamten auf den Nachweis der gutsherrlichen Zustimmung verzichtet zu haben, obwohl jetzt eine straffere Befolgung der Vorschriften zu beobachten ist. Der Amtmann «confirmierte» die Ehestiftung zu diesem Zeitpunkt erst, nachdem die Umstände geprüft worden waren und «nichts Bedenkliches sich dabei hervorgetan». Einen Hinweis auf den Konsens des Gutsherrn erhält man da-

---

[115] Neben den vielen Auszügen und Neudrucken gibt auch der ursprüngliche Druck keine zusätzlichen Hinweise (40 Slg. 989).
[116] 40 Slg. 10077, Verordnung vom 26. IV. 1770.
[117] Siehe Anmerkung 101.
[118] Es handelte sich also offensichtlich um einen Kerbbrief, bei dem die eingekerbte oder im Zickzack verlaufende Schnittlinie den Echtheits- und Zusammengehörigkeitsnachweis brachte. Einmal wurde auch das Kennwort «dulce malum» vermerkt (459/86).
[119] WITTICH, a. a. O., S. 33, schreibt zwar vom Meierrecht, daß bei Ehestiftungen, der Wahl des Anerben, der Hofübergabe und der Festsetzung der Abfindungen der Konsens des Gutsherrn einzuholen sei, doch hätte dieser nicht willkürlich verweigert werden dürfen. Weiterhin hätte der Konsens durch die Gerichtsobrigkeit ersetzt werden können, falls der Ehevertrag keine Gesetzwidrigkeiten enthielt. Für die Verweigerung oder den Ersatz der gutsherrlichen Erlaubnis ließ sich für Meierhöfe indessen keine braunschweigisch-wolfenbüttelsche Verordnung nachweisen. Auch wäre dann die Verordnung von 1770 nicht verständlich, die noch einmal darauf drang, den Konsens einzuholen.

gegen nur durch die Formel, die Genehmigung der Vertragsbedingungen erfolge «salvo jure tertii»[120]. Tatsächlich scheint man also die Zustimmung des Gutsherrn nicht erbeten zu haben, und der Amtmann schützte sich vor eventuellen Regreßansprüchen, indem er die erwähnte Floskel einflocht. Dieses Vorgehen der Amtleute beweist, wie sehr die Rechtspraxis vom gesetzten Recht abweichen konnte. Es zeigt aber auch, daß hierdurch der Meier ohne Einspruch des Gutsherrn den Anerben wählen, Abfindungen und Leibzuchten festsetzen konnte, obwohl die Landesregierung das eigentlich gar nicht wollte. Anderenfalls hätte sie nicht 1770 noch einmal gemahnt, den Konsens des Gutsherrn auch tatsächlich einzuholen.

Es ist aber keineswegs nur die Nachlässigkeit der Amtleute, die den Bauern diese Rechte einräumten. Verschafft man sich einen Überblick über die bäuerlichen Besitzrechte in beiden Ämtern, so werden weitere Gründe sichtbar, die es verständlich machen, weshalb der Amtmann den Gutsherrn vor der Ehestiftung nicht hörte.

Tabelle 28
Übersicht über die bäuerlichen Besitzrechte in den Ämtern Königslutter und Jerxheim während der Zeit von 1752–1761

	Zahl der Höfe insgesamt	Meierrecht	bessere Rechte*)	gemischte Rechte
Amt Jerxheim				
Ackerhöfe	46	29	3	14
Halbspännerhöfe	24	9	3	12
Kothöfe und Brinksitzer	205	50	99	46
Amt Königslutter				
Ackerhöfe	39	23	15	1
Halbspännerhöfe	41	28	11	2
Kothöfe und Brinksitzer	157	74	83	—

*) Erbenzinsland, Erberbenzinsland, Lehnland.

Quellen: 20 Alt 30 I, 55 I, 97 I, 136 III, 206 I, 210 I, 239 I, 245 I, 316, 350 I, 359, 361 I, 400 I.

Nur bei den Ackerhöfen und im Amt Königslutter auch bei den Halbspännerhöfen überwog der Besitz zu Meierrecht. In den anderen Gruppen aber konnten die Bauern in der Mehrzahl der Fälle ein besseres Besitzrecht geltend machen. Darunter sind Erbenzins-, Erberbenzins- und Lehnverhältnisse zu verstehen, die den Bauern von vornherein bei der Hofübergabe keine Verpflichtungen auferlegten. Was sollte aber ein Grundherr tun, dessen Meier auch noch über Erbenzinsland verfügte? Die Pertinenzqualität des gesamten Hoflandes ließ die Trennung der Äcker mit unterschiedlichem Besitzrecht nicht zu, und wenn der Bauer für das Erbenzinsland den Nachfolger auswählte, so mußte der Meierherr ihm wohl oder übel auch die Mitbewirtschaftung seines Landes zugestehen. Aber auch bei den Höfen, zu denen allein Meierland gehörte, konnte der Grundherr nur schwer Einspruch erheben, denn die Gebäude waren Eigentum des Meiers, deren Wert bei einer Abmeierung nebst dem der Meliorationen ge-

---

[120] Salvo jure tertii = einem Dritten an seinem Rechte unbeschadet, siehe: Universallexikon aller Wissenschaften und Künste, hrsg. von Joh. Pet. v. Ludewig, 33. Band, Leipzig und Halle 1742.

schätzt und vergütet werden mußte. Trotz der Wardierungsvorschriften des Salzdahlumer Landtagsabschiedes scheinen sich Grundherr und Meier oft jahrelang um den Taxwert gestritten zu haben, und auch der Landtagsabschied von 1619 sah ein Verfahren vor, das dem Meier immer noch eine einjährige Frist gewährte. Weiterhin kommt hinzu, daß etliche Meiergüter das Land mehrerer Grundherrn umfaßten, und es ist durchaus nicht sicher, ob sie sich auf einen Anerben einigen konnten[121]. Schließlich erteilte der Amtmann immer dann mit der «Confirmation» auch den gutsherrlichen Konsens, wenn der Meierhof der Fürstlichen Kammer gehörte. Im Untersuchungsgebiet traf das für alle Höfe des Dorfes Rieseberg zu.

Bei den geschilderten Schwierigkeiten wird mancher Grundherr darauf verzichtet haben, bei der Hofübergabe sein Mitspracherecht auszuüben. Auch der Amtmann, der immerhin die Zulässigkeit aller Punkte der Eheberedung überprüfen konnte, ersparte sich manche Mühe, wenn er auf die Beibringung des gutsherrlichen Konsenses verzichtete. Diese Umstände bewirkten, daß sich die Ehestiftungen der Meier nicht von denen der Erbenzinsleute unterschieden. Das Verhalten der Amtmänner, im wesentlichen aber die tatsächlich herrschenden Umstände, gewährten demnach dem Meier bei der Hofübergabe Rechte, die ihm die Landesregierung noch 1770 nicht ohne weiteres einräumen wollte. Sie sind deshalb auch keinem Landesgesetz und keiner Verordnung zu entnehmen, sondern nur den Verträgen, in denen die Ansprüche aller Beteiligten geregelt wurden[122].

Die Verfügungsgewalt, die in der Wirklichkeit über den Meierhof ausgeübt wurde, prägte sich noch schärfer in den Bestimmungen für den Todesfall aus. In ihnen wurde festgelegt, wer nach dem Tode des augenblicklichen Wirtschafters den Hof weiterführen sollte. Natürlich konnte dafür in fast allen Fällen keine bestimmte Person, sondern nur ein bestimmter Personenkreis vorgeschlagen werden, beispielsweise der zweite Ehemann der Frau und anschließend eines der mit dem ersten Ehegatten erzeugten Kinder. Aber die hierfür getroffenen Abreden brauchen gar nicht in ihren Einzelheiten untersucht zu werden; denn eins ist bei allen sicher: der zukünftige Wirt war noch nicht bekannt, und deshalb konnte auch nicht das geringste über seine wirtschaftliche

---

[121] Der Landtagsabschied von Salzdahlum sieht für diesen Fall vor, daß der Meierherr den Anerben bestimmt, dem das meiste Land gehört.

[122] Die hier beschriebenen Rechte, die der Meier bei der Hofübergabe ausübte, sind zum Teil auch schon von anderen Autoren berichtet worden. So nennt REINBECK, a. a. O., S. 85, die allen Kindern gewährten Abfindungen und die Leibzucht der Witwe. Allerdings wird hinzugefügt, diese Rechte seien erst später erbrechtlich geworden, und es bleibt offen, wann das ungefähr gewesen sein mag. OEHR, G.: Ländliche Verhältnisse im Herzogtum Braunschweig-Wolfenbüttel im 16. Jahrhundert, Hannover und Leipzig 1903, S. 47, meint, «es gab am Schlusse des Jahrhunderts (gemeint ist das 17.) keine festen Grenzscheiden zwischen Meiergut und Erbenzinsgut». Für diese Aussage bringt er aber keine Belege bei. Abgesehen davon, daß er den Termin um hundert Jahre zurückverlegt, scheint er dennoch kein überzeugender Gewährsmann zu sein; denn auf der gleichen Seite spricht er von der Naturalteilung der Erbenzinsgüter, die sich verderblich ausgewirkt habe. «Deshalb wurde die Einheit des Gutes faktisch mehr und mehr gewahrt, die Miterben wurden durch einen erheblichen Getreidezins abgefunden; dadurch wurde das Erbenzinsgut an Zinslast dem Meiergut ziemlich gleichgestellt.» Als Quelle wird das Asseburger Erbregister von 1566 genannt. Weitere Ausführungen folgen nicht. Unser Untersuchungsmaterial zeigt dagegen, daß in den seit diesem Termin überlieferten Verträgen Naturalteilung nicht vorkommt und Getreidezinse nur bei Erb- und Lehngütern ausgesetzt wurden. OEHRs Ausführungen sind also für das späte 16. Jahrhundert, das er insgesamt meint, schon nicht mehr zutreffend.

Befähigung ausgesagt werden. Wenn man aber solche Nachfolgeordnungen zuließ, ist schwer verständlich, weshalb ihnen der Gutsherr erst noch zustimmen sollte. Bei Vereinbarungen dieser Art bleibt es immer ungewiß, ob man auch nach dem Tode des zur Zeit wirtschaftenden Bauern mit einer pünktlichen und vollständigen Lieferung der Meierzinsen rechnen konnte.

III. Der Wandel der Erbsitten

Stellt man die erbrechtlichen Bestimmungen der Eheverträge zusammen, so ergibt sich eine Fülle unterschiedlicher Klauseln. Trotzdem zeichnen sich vorherrschende Erbsitten ab, die sich aber im Laufe der Zeit veränderten. Sie sollen im folgenden kurz dargestellt werden, da sie unmittelbar auf die Leistungskraft des Hofes einwirkten und auch von ihr abhingen. Dabei erübrigt es sich, die umfangreiche rechtshistorische Literatur über das Bauernrecht heranzuziehen, da sie sich zum überwiegenden Teil mit der Intestaterbfolge auseinandersetzt, also voraussetzt, daß keine Ehestiftung errichtet wurde. Auch die beiden einzigen partikularrechtlichen Vorschriften, die Verordnungen von 1689 und 1754, wurden für diesen Fall erlassen. Ähnliches gilt weiterhin für die anderen mit dem Erbfall zusammenhängenden Rechtsinstitute: die Interimswirtschaft, die Leibzucht und die Höhe der Abfindungen. Außerdem zielt diese Arbeit nicht auf eine eingehende Interpretation des bäuerlichen Rechts, sie will nur den Umfang der vom Hof zu tragenden Verpflichtungen ermitteln, um auf dessen Leistungsfähigkeit schließen zu können. Da diese Auflagen aber in engem Zusammenhang mit den herrschenden erbrechtlichen Gewohnheiten stehen, war ihre Darstellung ebenso unerläßlich wie die Nachprüfung, inwieweit der Bauer bei der Hofübergabe frei über seinen Besitz verfügen konnte.

In der Zeit von 1566 bis 1625 war es üblich, den aufheiratenden Ehepartner mit dem Gut auf Lebenszeit zu bemorgengaben. Nur in drei Verträgen hatte die Braut sich sofort auf das Altenteil zurückzuziehen, wenn der Bräutigam starb. Wahrscheinlich waren hier die aus erster Ehe stammenden Kinder schon so alt, daß die Braut keine zweite Ehe mehr einzugehen brauchte, um die Weiterführung der Wirtschaft zu sichern. In einigen Ehestiftungen wurde dem aufheiratenden Teil aber nur dann der Hof auf Lebenszeit zugefreit, wenn den Eheleuten später auch Kinder geboren wurden oder ihre Ehe mindestens Jahr und Tag bestanden hatte[123]. Wurde in beiden Fällen die getroffene Vereinbarung nicht erfüllt, so hatte der Aufkömmling den Hof wieder zu verlassen, erhielt allerdings das Eingebrachte doppelt zurück. Dazu wurde ihm dreimal der Zuerwerb ganz oder halb versprochen, so daß es keine inhaltslose Formel war, wenn es häufiger hieß: «Was sie in stehender Ehe erwerben, dessen soll er ein Herr und sie eine Frau sein»[124]. Noch schlechter gestellt aber waren jene beiden Bräute, die das Gut nur dann auf Lebenszeit erheirateten, wenn sie ihren Ehemännern auch Söhne schenkten. Sobald aber einem das lebenslängliche Nutzungsrecht am Hofe zustand,

---

[123] Sechsmal war die Geburt eines Kindes erforderlich, wenn man den Hof auf Lebenszeit besitzen wollte. Zweimal hatte die Ehe mindestens Jahr und Tag zu währen. Einmal wird eine Braut zur Erbin des gesamten Nachlasses erklärt, falls der Ehe Kinder folgen.

[124] Diese Formel steht in 15 Verträgen dieses Zeitraumes. In drei weiteren Fällen ergibt sie sich aus der Bestimmung, daß die Braut mit dem Doppelten des Eingebrachten und dem ganzen oder halben Zuerwerb das Gut nach dem Tode des Bräutigams verlassen soll.

konnte man, wenn Alter oder Krankheit dazu zwangen, mit dem Anerben ein entsprechendes Altenteil ausmachen. Neben dem Mitbesitz am Gute wurde dem aufheiratenden Teil aber auch fast immer erlaubt, sich nach dem Tode des ersten Ehegatten erneut zu verheiraten. Dabei konnte natürlich der erste Aufkömmling dem zweiten nicht die gleichen Rechte zusichern, die er bei der ersten Eheschließung erworben hatte. Der Mitgenuß des Gutes währte jetzt entweder so lange, wie der erste Aufkömmling noch lebte, oder es war auch üblich, mit den Vormündern der Kinder aus erster Ehe für den Interimswirt eine bestimmte Anzahl von Wirtschaftsjahren zu vereinbaren, bis eins dieser Kinder ungefähr 25 Jahre alt war und Anerbe wurde[125]. Fraglich aber war, ob man dem wiederum Aufheiratenden auch ein Altenteil zubilligte; denn immerhin zwölfmal wurde verabredet, die Kinder der ersten Ehe sollten «Macht haben, Stiefvater oder -mutter mit dem Eingebrachten und noch eins so viel aus dem Gute zu vertreiben»[126]. Auch die Streitfrage der Rechtskundler, welche Abfindungen die Kinder aus der Ehe des ersten und zweiten Aufkömmlings erhalten dürfen, ist für diese frühe Zeit kaum zu entscheiden[127].

Insgesamt aber wird deutlich, wie ungünstig in diesem ersten Abschnitt des Untersuchungszeitraumes die Stellung des aufgeheirateten, sippenfremden Ehepartners noch ist. Zwar gesteht man ihm jetzt bereits ein grundsätzliches Erbrecht zu[128], aber es ist nur in zwei Verträgen ganz sicher, daß der Aufheiratende nicht nur den Nachlaß, sondern den gesamten Hof erbte. Dagegen überwiegt bei weitem die in verschiedenen Formulierungen vorkommende Bestimmung, wonach das Gut nach dem Tode des Aufkömmlings wieder an die rechten Erben fallen sollte, also an die Sippe, von der das Bauerngut herrührte. Immerhin 38mal traf man diese Vereinbarung. Das gleiche

[125] GESENIUS, a. a. O., 2. Band, Wolfenbüttel 1803, S. 373. Soweit die Verträge das Alter des zum Anerben bestimmten Kindes erkennen lassen, erhärten sie diese Angaben.

[126] Hier muß es sich nicht grundsätzlich um den zweiten Aufkömmling handeln, der den ersten heiratet. Die Bestimmung kann auch in den Fällen gelten, in denen der Hofbesitzer eine zweite Ehe eingeht. In einem Vertrag (459/7) muß das Gut entsprechend dem germanischen Recht des Dreißigsten vom Aufgeheirateten nach dem Tode der Hofbesitzerin sogar innerhalb eines Monats geräumt werden. Siehe CONRAD, H.: Deutsche Rechtsgeschichte, Karlsruhe 1954, S. 554.

[127] J. SCHOLZ III: Über die Intestaterbrechte auf deutschen Bauerngütern nach gemeinen und besonderen Rechten, Braunschweig 1837, S. 87 ff., meint, die Kinder solcher Ehen hätten die gleiche Abfindung zu beanspruchen wie die Kinder aus erster Ehe. Die entgegengesetzte Meinung vertritt RUNDE, C. L.: Die Rechtslehre von der Leibzucht oder dem Altenteile auf Deutschen Bauerngütern nach gemeinen und besonderen Rechten, Oldenburg 1805, S. 472 f. In dem in dieser Arbeit verwandten Material findet sich bereits für diesen Untersuchungsabschnitt vierzehnmal die Bestimmung, die Kinder der zweiten Ehe seien gleich denen der ersten auszustatten. Aber zehn Verträge beschreiben lediglich die zweite Ehe des ursprünglichen Hoferben, bei zwei weiteren ist diese Frage nicht zu entscheiden, und nur zwei Ehestiftungen entsprechen der Voraussetzung, daß der erste Aufkömmling den zweiten ins Gut aufnahm (488/48, 211). Damit wird aber nicht unbedingt SCHOLZ III bestätigt; denn im ersten Vertrag wird ausdrücklich hervorgehoben, daß die Kinder der zweiten Ehe, hier ist der Bräutigam der erste Aufkömmling, deshalb so gut gestellt werden, weil er eine hohe Mitgift mitbrachte und Pfandäcker wieder einlöste. Weiterhin gibt es Verträge, in denen den Kindern solcher Ehen nur den beweglichen Nachlaß ihrer Eltern erbten oder das, was ihnen die Freunde des Anerben gewähren (459/33, 35) oder überhaupt geringere Summen (479/90, 156).

[128] Aus den Verträgen ergibt es sich im einzelnen durch drei ähnliche Bestimmungen. Aus dem Gute weichen: 1. Mit dem Eingebrachten plus dem gleichen aus dem Gute, 2. mit dem Eingebrachten plus einer Geldsumme, 3. mit dem Eingebrachten plus Kindesteil.

Ziel wurde erreicht, wenn man vorschrieb, Anerbe könnte nur ein Kind der ersten Ehe werden und die der zweiten würden insgesamt «abgelegt». Auch diese Verabredung kommt recht häufig vor, aber es ist hierbei nicht immer nachzuprüfen, ob hier der Erblasser seinen Kindern aus erster Ehe gegenüber denen der zweiten den Vorzug gab, oder ob der zuerst aufheiratende Ehepartner einem seiner Kinder den Hof sichern wollte. Natürlich konnte der Aufkömmling auch auf das Recht, das Gut wieder zu verfreien, verzichten. Wollte er nicht länger in ihm bleiben, oder bot sich ihm anderswo eine gute Gelegenheit zur zweiten Eheschließung, so konnte er den Hof auch nach eigenem Willen wiederum mit dem Doppelten des Eingebrachten verlassen.

In den Eheverträgen aus dem ersten Teilabschnitt der Untersuchung begegnet man auch noch recht häufig dem altertümlichen Rechtsinstitut des Mußteils. Meistens versprach es der aufheiratende Teil seinen nächsten «Freunden», also den nahestehenden Blutsverwandten, doch kommt es vereinzelt vor, daß es auch der Hoferbe seinen Verwandten zusicherte. So wurden aus dem Nachlaß einer Frau die Gegenstände der Frauengerade ausgesondert, die bei ihrem Tode den «Freunden» oder ihren Töchtern zufielen, während ihr Bräutigam die restliche Verlassenschaft erhielt. Einige Male ist es ausdrücklich erwähnt, sonst scheint es unausgesprochen gegolten zu haben, daß die Verwandtschaft nur dann die Gerade zu beanspruchen hatte, wenn die Frau »unbeerbt« verschied[129].

Ebenso scheint man es mit dem Heergewette gehalten zu haben, doch bleibt es hier nicht unklar, ob es einem oder allen Söhnen gebührte. Hier hatte der Älteste den Vorzug. Zweimal sind solche Heergewette auch inventarisiert und wardiert, weil Amtmann und Vormünder sie dem noch unmündigen ältesten Sohn erhalten wollten (479/378, 406). Falls das Heergewette aber nicht dem ältesten Sohn, sondern den «Freunden» zufiel, scheint man sich auf eine Geldsumme geeinigt zu haben, die eventuell schon in der Ehestiftung festgesetzt wurde, doch entsprach deren Höhe nicht dem Wert der sonst zum Heergewette gehörenden Gegenstände[130]. Ähnlich scheint man auch bei der Frauengerade verfahren zu sein (459/3), allerdings lag die hier ausgesetzte Summe wesentlich höher.

Im Jahre 1625 verbot die Landesregierung das Ausloben von Heergewette und Frauengerade[131]. Tatsächlich ist dieses Verbot später auch eingehalten worden, sogar ohne weitere Anmahnungen. Aber auch schon vorher schlossen die Bauern selbst dieses Sondererbrecht in etlichen Fällen aus. So wurde aus der Hinterlassenschaft der Frau zwar in 33 Eheverträgen den «Freunden» die Gerade zugebilligt, in 14 Verträgen aber wurde sie bereits ausdrücklich verweigert.

Es spricht sicherlich mehr für das Traditionsbewußtsein des Bauernstandes als für eine logische Auffassung des Erbrechts, wenn man das Heergewette dem ältesten Sohn aussetzte, den Hof dagegen dem jüngsten vorbehielt. Allerdings war sein Vorrecht

---

[129] Dieser Ausdruck wird am häufigsten verwendet und ist synonym mit der Formel «ohne Leibeserben». Gemeint ist also Kinderlosigkeit.
[130] Aus dem Amt Jerxheim sind solche Geldabfindungen überliefert (459/34, 85, 111, 118), die mit ihrer Entschädigungssumme – $4^{1}/_{2}$ bis 6 Gulden – keineswegs dem Wert der Gegenstände entsprachen, die nach dem Erbregister von 1578 (GESENIUS, a. a. O., 1. Band, Anhang) dazugehörten. Das muß auch für das Amt Königslutter zutreffen (478/175); denn auch hier wurden nur 20 Gulden ausgesetzt.
[131] 40 Slg. 1699 = Verordnung vom 8. VII. 1625.

schon im ersten Teilabschnitt der Untersuchung so ausgehöhlt, daß vom Erbanspruch auf den Hof nur noch eine geringfügige Entschädigungssumme verblieb, wie das unter bestimmten Voraussetzungen auch schon beim Heergewette beobachtet werden konnte[132]. Die Geldentschädigungen für den «Abtritt» lassen sich indessen bis zum Ende des 18. Jahrhunderts verfolgen, und auch vom Mußteil finden sich bis dahin Spuren in den erbrechtlichen Bestimmungen, nach denen der Nachlaß der Leibzüchter aufzuteilen war.

Gemessen an der Höhe der Gesamtabfindung sind die Geldbeträge für den Verzicht auf das Jüngstenrecht und die früher für das Mußteil gezahlten unbedeutend. Auch wären sie ohne die konservative Haltung der Bauern sicher längst verschwunden; denn der Bauernstand selbst überließ schon viel früher die Höfe in der Regel den Kindern, die sich am günstigsten verheiraten konnten. Dadurch wurde es auch möglich, die Abfindungen der weichenden Erben zu verbessern. Damit stimmt ein Rescript von 1725 überein, daß im Amt Schöningen der jüngste Sohn eines Bauern kein Vorzugsrecht auf die Hofübergabe habe, vielmehr solle ihn der tüchtigste erben oder eine der Töchter, falls sie sich anständig verheiraten könne[133]. In den Ämtern Jerxheim und Königslutter läßt sich ohne weiteres die gleiche Einstellung der Bauern nachweisen. In beiden Amtsbezirken ist nicht ein Ehevertrag überliefert worden, der obligatorisch bestimmt hätte, das jüngste Kind solle den Hof übernehmen; und nur einmal wurde vereinbart, der Sohn solle gegenüber den Töchtern den Vorzug haben (459/137). Diese Bevorrechtigung findet sich allerdings in den späteren Untersuchungsabschnitten gar nicht so selten, doch erlangt sie niemals größeren Umfang.

Nach dem Dreißigjährigen Kriege zeichnet sich ein spürbarer Umschwung in den herrschenden Erbsitten ab. Danach aber wurden sie bis zum Ende des gesamten Untersuchungszeitraumes nicht mehr verändert, so daß aus den 150 Jahren, die jetzt noch zu betrachten sind, keine weiteren Unterabschnitte mehr gebildet werden müssen.

Auch nach dem großen Kriege kam es noch vor, daß der Aufkömmling das Gut auf Lebenszeit erhielt, ihm das Recht zur Wiederheirat gegeben wurde und nach seinem Tode der Hof wieder an die rechten Erben fallen sollte. Ab 1681 aber lassen sich diese Vereinbarungen nicht mehr nachweisen. Nur bei einer zweiten Eheschließung behielt man noch den Kindern der ersten Ehe das Recht vor, ihre Halbgeschwister aus der zweiten Ehe «abzulegen». Von dieser Ausnahme abgesehen, wurde sonst der aufheiratende Teil zum völligen Erben erklärt. Häufig geschieht es mit der Parömie «längst Leib, längst Gut», seltener mit der gleichbedeutenden »der Letzte macht die Tür zu». Dabei ist die entscheidende Frage, ob der Aufkömmling vom Erblasser lediglich die beweglichen Güter als Eigentum oder das Besitzrecht für die «liegenden Gründe» ererbte. Scholz III beantwortet sie ohne Einschränkung dahingehend, daß bei solchen Verordnungen der Aufkömmling die Aszendenten und Kollateralen von der Erbfolge in das Gut ausschließe, natürlich nur dann, wenn keine Kinder vorhan-

---

[132] In sechs Berichtsfällen schwanken die Summen zwischen einem und zwanzig Gulden (459/22, 135; 478; 479/47, 356). Die ersten beiden Fälle stammen aus dem Amt Jerxheim, sie entsprechen also nicht den Gepflogenheiten, die das Erbregister von 1578 nennt (zitiert nach Gesenius, a. a. O., 1. Band, Anhang), und wonach man annehmen müßte, das Jüngstenrecht des Sohnes sei dort allgemein verbreitet gewesen. Die beiden letzten Verträge aus dem Amt Königslutter billigen das Jüngstenrecht sogar Töchtern zu, wobei im letzten Pakt auch noch der Bruder der jüngsten Schwester erwähnt wird.

[133] 40 Slg. 5041 = Rescript vom 20. I. 1725.

den seien. Diese seien gegenüber dem Aufkömmling wiederum bevorrechtigt[134]. Den Ehestiftungen ist diese Regelung nicht in jedem Falle zu entnehmen. Einige wenige Verträge sprechen dafür, daß trotz der Formulierung «völliger Erbe» nur der bewegliche Nachlaß gemeint sein kann, weit mehr Eheberedungen aber zeigen eindeutig, daß tatsächlich der Aufkömmling das Gut erheiraten konnte, falls der Ehe mit dem Anerben keine Kinder folgten. Besonders deutlich wird das in jenen Fällen, in denen bei Kinderlosigkeit der Aufkömmling den Geschwistern des Anerben eine besondere Entschädigung zu zahlen hatte. In der Regel war die dafür ausgesetzte Geldsumme so hoch bemessen, daß sie nur als Äquivalent für das Erbrecht am Gute, aber nicht nur an der beweglichen Habe aufgefaßt werden kann. Regelrecht irreführend aber ist die Abmachung, einer solle des anderen völliger Erbe sein, es folgen Kinder oder nicht. Diese Regelung konnte nur gültig sein, wenn sie sich ausschließlich auf die beweglichen Güter bezog, denn 1747 wurde ein Ehevertrag für nichtig erklärt, weil hierin einem Kind die Nachfolge in das Gut vorenthalten wurde[135].

Die tatsächlich obwaltenden Verhältnisse sind indessen durch die sich nunmehr durchsetzende Parömie «längst Leib, längst Gut» unverändert geblieben; denn um in den Genuß dieses Rechtes zu kommen, mußte die erste Ehe kinderlos bleiben. Das ist aber bei den 762 bearbeiteten Verträgen nur siebenmal vorgekommen, so daß Brüder, Vettern, Nichten oder Neffen den Hof annahmen und dem früheren Besitzer ein Altenteil zusicherten. Zu dieser Kinderlosigkeit, die damals offensichtlich sehr selten war, hätte noch der frühzeitige Tod des ursprünglichen Anerben hinzukommen müssen, damit der Aufkömmling das neuerworbene Recht ausnutzen konnte. Jetzt wäre er befugt gewesen, den erheirateten Hof einem seiner Kinder aus der zweiten Ehe zuzuwenden und dem erneut Auffahrenden ein Altenteil zuzusichern. Blieb auch diese Ehe kinderlos, so hätte er ihm nach dem gleichen Sprichwort auch den Hof vererben können. Das geschah aber nur in drei Fällen (482/437; 483/145; 470/59). Unzweifelhaft aber geht aus dem Sprichwort hervor, daß dem aufgeheirateten Teil nunmehr bessere Rechte eingeräumt wurden. Das gilt auch für die Eheberedungen, nach denen er nur die beweglichen Güter erbte. Damit übereinstimmend fehlen jetzt auch Vereinbarungen, die ihn zwangen, das Gut nach dem Tode des Ehepartners wieder zu verlassen. Darüber hinaus wurde selbst dem zweiten Aufkömmling nunmehr grundsätzlich ein Altenteil zugesprochen, das allerdings manchmal geringeren Umfang hatte. Selbst dem Leibzüchter wurde nunmehr zugestanden, sich erneut zu verheiraten. Dadurch wuchs natürlich auch die Belastung der Höfe, und aus ihren Überschüssen mußten dementsprechend jetzt häufiger zwei oder gar drei Altenteiler versorgt werden. Erstaunlich ist, daß diese Besserstellung der Aufkömmlinge in eine Zeit fiel, in der die allgemeine Ertragslage der Landwirtschaft sicher nicht günstig gewesen war[136]. Aber wahrscheinlich erwarb gerade derjenige bessere Rechte, der einen Hof in schwierigen Zeiten bewirtschaftet hatte.

[134] SCHOLZ III, a. a. O., S. 60 ff. Bestätigt wird seine Auffassung durch die Hofgerichtsentscheidung von 1773 (40 Slg. 11 493) und das Attest der F. Justiz-Canzley von 1804 (40 Slg. 14 118). SCHOLZ' Auffassung, wonach die Kollateralen durch die Mitgift ihre Erbansprüche an das Gut verlieren, wird auch durch zwei Eheverträge erhärtet, in denen der Amtmann allgemeingültige Ausführungen macht (470/526, 483/55).
[135] 40 Slg. 6912 = Attest vom 7. IV. 1747.
[136] Siehe Seite 99 f.

Auffällig ist auch, daß dieser Umschwung in den Erbsitten ohne Mitwirkung der Obrigkeit erfolgte. Erst 1689 erging die landesherrliche Verordnung, nach der im Intestatfalle ein Ehegatte den anderen völlig beerbte, falls weder in ab- oder aufsteigender Linie Erben vorhanden wären. Dabei nimmt die Verordnung ausdrücklich auf das Sprichwort «längst Leib, längst Gut» Bezug[137]. Offensichtlich wurde mit ihr nur noch eine herrschende «Observanz» bestätigt. Interessant aber ist, wie die Landesregierung 1754 mit einer weiteren Verordnung wieder die Initiative übernahm. In ihr wurde bestimmt, daß der Ehegatte in Konkurrenz mit Aszendenten nur die Hälfte des Nachlasses erbte[138]. Gewiß gibt es in den einzelnen Ehestiftungen aus der vorhergehenden Zeit Abmachungen, die einen ähnlichen Zweck verfolgen. Sie sind aber so selten, daß daraus keineswegs auf ein früher herrschendes Gewohnheitsrecht geschlossen werden kann. Das ergibt sich auch aus den Schwierigkeiten, die entstanden, wenn man gemäß dieser Verordnung Bauernhöfe vererben wollte[139].

Die Kontinuität der bislang nach der Parömie geübten Erbsitte aber konnte gewahrt werden, indem die Eltern der Brautleute auf ihre Erbansprüche verzichteten. Das haben sie auch bei der Mehrzahl aller Eheverträge getan. Bestanden sie aber, und dann taten es fast immer beide Elternpaare, auf ihrem Erbrecht an der Hälfte des Nachlasses, so traten sie die Forderung an ihre übrigen Kinder ab, falls sie den Tod des jetzt heiratenden Kindes nicht mehr erlebten. Dadurch kamen die Geschwister des Anerben wieder zu den Entschädigungssummen, deren Zahlung bis in das 16. Jahrhundert zurückverfolgt werden konnte. Verzicht und Fordern führten somit zu den verschiedenen Ergebnissen, doch entsprachen beide alten Gewohnheitsrechten. Es war aber kaum ein Rückgriff auf altes Recht, wenn jetzt bei Kinderlosigkeit auch die Hälfte der Mitgift an die Eltern zurückfiel. Vielleicht haben sie sich deshalb auch häufiger mit einer geringeren Summe als die Eltern des Anerben begnügt oder ganz darauf verzichtet[140].

Betrachtet man die Rechtsentwicklung im gesamten Untersuchungszeitraum, so schält sich deutlich das Bestreben heraus, sich immer mehr von der erbrechtlichen Bevorzugung der Sippe zu lösen. Früher gewährte man den «Freunden» noch das Mußteil und bestimmte sogar, die Kinder des Hofannehmers sollten die rechten Erben des Gutes

[137] 40 Slg. 3325 = Verordnung vom 26. VIII. 1689.
[138] 40 Slg. 7892 = Verordnung vom 30. XII. 1754.
[139] SCHOLZ III, a. a. O., S. 64 ff. In unserem Material wird nur dreimal der Braut der Hof unter der Bedingung zugesprochen, daß sie den halben Wert an die Mutter des Bräutigams oder nach deren Tode an die Geschwister ihres Mannes auszahlt (470/601, 498/166, 616).

[140] Auch könnte man selbst hier an altes Recht anknüpfen, wenn man bedenkt, daß auch von der Mitgift die Entschädigungssumme erst an die Eltern und schließlich wieder an die Geschwister fiel. Die Unterlagen zeigen nämlich, daß beim Tode eines auszustattenden Kindes der Heimfall seiner Mitgift nicht ausschließlich herrschende Sitte gewesen ist. Vielmehr konnte sie auch den Abfindungen der übrigen Geschwister zugeschlagen werden. Diese Verknüpfung erscheint aber zu gesucht; denn die Verordnung gewährt den Eltern ein Erbrecht und nicht den Geschwistern. 1680 heißt es im Vertrag (481/69): Todesfälle betreffend bleibt es bei hiesigem Landesgebrauch. Stirbt die Braut, gerechnet vom ehelichen Beilager ab, innerhalb Jahr und Tag, ohne Kinder zu hinterlassen, so erbt der Bräutigam nur die halbe Mitgift. Stirbt sie danach, so erbt er die Mitgift ganz. Diese Berufung auf den Landesgebrauch vermag indessen nicht zu überzeugen. Nur noch einmal läßt sich eine ähnliche Bestimmung nachweisen (466/386). Dagegen heißt es gerade in der Zeit von 1680–1720 sehr häufig, das gegenseitig Ausgelobte sei nach priesterlicher Copulation und beschrittenem Ehebette verwirkt.

sein. Bei Kinderlosigkeit des Hoferben aber fielen «die liegenden Gründe» wieder an dessen «Freundschaft». Folgten aus der Ehe des Anerben aber Kinder, so hatten seine Geschwister keinerlei Anrecht mehr auf das zum Hof gehörige Land. Infolgedessen wurde die ursprüngliche Abfindung der weichenden Erben häufiger dann erhöht, wenn dem Hofannehmer Leibeserben geboren wurden. Nach dem Dreißigjährigen Kriege wandelte sich diese Auffassung und überließ einer Betrachtung das Feld, die mehr auf die Einzelpersönlichkeit bezogen war. Wer dem Hofe seine ganze Kraft gewidmet hatte, und sei es auch nur als Aufkömmling, erwarb damit auch die Verfügungsgewalt über den Besitz. Zumindest konnte er als Interimswirt ein ausreichendes Altenteil beanspruchen, falls er nicht mehr selbst für seinen Lebensunterhalt sorgen konnte. Dennoch stellt dieser Wandel keinen Bruch, sondern eine fließende Entwicklung dar. Wie zäh der Bauernstand an überlieferten Sitten festhielt, zeigt noch eine andere Formel, die bis zum Ende des 18. Jahrhunderts in den Verträgen häufiger wiederkehrte: Das Zugefreite sollte vom überlebenden Ehegatten im vollen Umfang gefordert werden können, wenn die priesterliche Kopulation erfolgt und das Ehebett beschritten worden sei. Oft hieß es auch nur, das gleiche solle gelten, nachdem die eheliche Decke zugeschlagen worden wäre. Hierin spiegelt sich noch alte germanische Rechtsauffassung wider[141]. Offensichtlich glaubte man auch nach tausend Jahren christlicher Religionsausübung noch nicht, die Eheschließung durch den Priester genüge, um die Ehe rechtsgültig zu schließen[142].

Für die verhältnismäßig stark ausgeprägte Beständigkeit der bäuerlichen Erbsitten kann aber nicht allein das Traditionsbewußtsein des Bauernstandes verantwortlich gemacht werden. Es ist auch die sich nur langsam verbessernde Ertragslage zu bedenken, die eine allzu willkürliche Abänderung der Gewohnheitsrechte verbot. Das wird besonders gut erkennbar, wenn für die Zeit nach dem Dreißigjährigen Kriege wiederum überprüft wird, welche Abfindungen die Kinder des ersten und zweiten Aufkömmlings gegenüber jenen aus erster Ehe erhielten. Überwogen vor dem Kriege noch die Verträge, in denen die Kinder aus der zweiten Ehe schlechter gestellt waren[143], so bahnt sich danach ein Umschwung an. In 13 Fällen werden nunmehr die Abkömmlinge des erneut heiratenden Aufkömmlings jenen gleichgestellt, die er mit dem Anerben zuvor erzeugte. Aber in elf Fällen werden die Kinder der zweiten Ehe immer noch schlechter abgefunden. Von einer absoluten Gleichrangigkeit dieser Kinder kann auch deshalb noch nicht gesprochen werden, weil es der ursprüngliche Anerbe war, der in 26 weiteren Ehestiftungen seinen Abkömmlingen aus zweiter Ehe die gleiche Mitgift wie jenen aus der ersten versprach.

Obwohl also der Auffahrende nach den jetzt geltenden Rechten bei Kinderlosigkeit den Hof erbte und ihn auch dem zweiten Ehegatten wieder zufreien konnte, so erlangten seine Kinder aus späteren Ehen doch noch nicht die gleiche Stellung, wie sie die

[141] PLANITZ, H.: Deutsche Rechtsgeschichte, Graz Köln 1961², S. 57, nach dem Beilager wird die Morgengabe überreicht. Siehe auch CONRAD, a. a. O., S. 54.
[142] Obwohl priesterliche Copulation und Ehebett sicher nur durch eine geringfügige Zeitdifferenz getrennt wurden, scheint man dem letzteren doch maßgebliche Bedeutung als Termin zugemessen zu haben. Besonders kraß beispielsweise (459/18): «Die anderen zwanzig Gulden hat die Braut zu ihrer Barschaft, die sie ihrem Bräutigam geschehenem und gehaltenem Beilager soll und will überantworten.» Weitere vierzig Gulden empfängt der Bräutigam «bald dem Montag in der Brauthauß».
[143] Siehe Anmerkung 127.

Leibeserben des Hoferben besaßen. Darin mag ein gewisser Widerspruch liegen, doch wurde neben der Erlaubnis zur Wiederheirat häufig gleichzeitig vorgeschrieben, welche Abfindung die Kinder aus erster Ehe erhalten sollten. Es würde aber einfach die Leistungskraft des Hofes überstiegen haben, wenn den Kindern späterer Ehen eine gleichhohe Mitgabe zugebilligt worden wäre. Andererseits ist es verständlich, wenn der Anerbe seinen eigenen Kindern eine hohe Mitgift sicherte, die nicht dadurch geschmälert werden sollte, weil noch Kinder aus anderen Ehen abgefunden werden mußten. Dann hatten sie sich eben mit einer geringeren Mitgift zu bescheiden. Das wird besonders deutlich, wenn man die Abfindungen der Kinder aus dritten Ehen betrachtet. Sie erhielten höchstens die Hälfte der Mitgift, die den Kindern aus den beiden ersten Ehen versprochen wurde, oft war es auch nur ein Drittel oder gar nichts, so daß sie dann lediglich den persönlichen Nachlaß ihrer Eltern erbten. Letzteres gilt auch für die Kinder aus Altenteilerehen.

B. Die Abfindungen der weichenden Erben

I. Die Abfindung als Entschädigung für das Erbrecht am Hof

Die Rechtskundler haben eine umfangreiche Literatur zusammengetragen, als sie nach den Ursachen forschten, die das Erbrecht der weichenden Erben am Bauerngut hätten begründen können. Dabei wurde keine Auffassung erzielt, der man allgemein zugestimmt hätte[144]. Das kann auch nicht verwundern, wenn man hört, der Ursprung dieses Rechtes sei eine Gewohnheit gewesen, die sich immer mehr durchsetzte[145]. Allgemeine Anerkennung hatte dieses Gewohnheitsrecht aber bereits am Ende des 16. Jahrhunderts gefunden, daran lassen die eingesehenen Eheverträge keinen Zweifel. Infolgedessen wird diese Arbeit von der Streitfrage der Juristen nicht berührt. Sie hat es von vornherein mit einem voll ausgebildeten Recht zu tun und braucht nur noch zu untersuchen, wie hoch die Abfindungen gewesen sind.

Allerdings muß auch hier unterschieden werden, ob der weichende Erbe mit der Mitgift, die er vom Besitzer des Hofes erhielt, vom gesamten Nachlaß des Erblassers oder nur von einem Teil abgefunden wurde. Die Übersicht darüber wird erleichtert, wenn man das Gesamtvermögen eines Bauern so aufgliedert, wie es die Juristen jener Zeit getan haben. Am Acker, Wiesenwachs, Garten und an den Holz-, Weide- und Hudegerechtsamen besaß der Bauer kein Volleigentum, sondern der Erbenzinsmann nur das dominium utile und der Meier lediglich ein erbliches Nutzungsrecht. Zwischen beiden wurde allerdings bei der Bemessung von Abfindungen nicht unterschieden. Eigentum des Bauern aber war das allodium cum villa coniunctum, zu dem vor allem die Gebäude, Hecken, Zäune, Brunnen, Tränken und Bäume rechneten, soweit sie nicht zum Verpflanzen bestimmt waren. Es gehörten aber auch alle vom Boden noch nicht getrennten Früchte dazu, das Getreide auf dem Halm, das Gras auf der Wiese und das

---

[144] SCHOLZ III: Über Abfindungen von deutschen Bauerngütern sowohl im Allgemeinen als mit Berücksichtigung der Gesetzgebung mehrerer deutscher Staaten, Braunschweig 1838, S. 25 ff. Hier auch die gegenteiligen Ansichten und entsprechenden Literaturhinweise.
[145] SCHOLZ III: Abfindungen, a. a. O., S. 36.

Obst auf den Bäumen. Schließlich zählte man auch noch die Meliorationen, nämlich Gail und Gare und die verschiedenen Pflugarten dazu. Wie die lateinische Bezeichnung bereits angibt, ist dieses Eigentum des Bauern mit dem Gute verbunden und darf von ihm nicht getrennt werden. Mußte der Bauer aus irgendwelchen Gründen den Hof verlassen, so hatte er allerdings Anspruch darauf, sich diese Gegenstände vom Annehmer des Gutes bezahlen zu lassen[146]. Mitnehmen konnte er dagegen das allodium separabile, also den auf dem Hofe befindlichen Dünger, die zum Verpflanzen bestimmten Gewächse, die vom Boden getrennten Früchte, das Vieh und sämtliche instrumenta rustica. Auch die Erbäcker oder walzenden Ländereien durfte er vom alten Hof trennen und von der neuen Stelle aus weiter bewirtschaften, oder er konnte sie verkaufen.

Alle aufgezählten Liegenschaften und Rechte an der villa, also an der Hofstelle, und das allodium cum villa coniunctum fielen grundsätzlich dem Anerben zu. Dabei hatten aber alle Kinder des Erblassers das gleiche Recht, den ungeteilten Hof zugewiesen zu bekommen, und deshalb wurden sie von demjenigen entschädigt, der den Hof annahm und zu dessen Gunsten sie verzichteten. Doch erstreckten sich der Verzicht und die dafür gegebene Abfindung sicher nicht nur auf das mit der Hofstelle verbundene Allod, sondern auch auf die Hofstelle selbst[147]. Dafür spricht schon die häufig wiederkehrende Floskel, mit dieser Mitgift sollten Braut oder Bräutigam «von den väterlichen Gütern gänzlich abgeschnitten sein». Hierzu gehörte eben nicht nur das mit der villa verbundene Allod, sondern auch das Nutzeigentum des Erbenzinsbauern oder das erbliche Nutzungsrecht des Meiers, das beide an ihren liegenden Gründen hatten. Diese Rechte waren in jener Zeit auch schon verkäuflich, so daß sie in eine bestimmte Geldsumme verwandelt werden konnten, die dann nur noch durch die Zahl der Kinder geteilt zu werden brauchte, um deren Abfindung von diesem Teil des Nachlasses zu ermitteln. Tatsächlich sind in den Eheverträgen acht Fälle übermittelt, bei denen allerdings Söhne oder Schwiegersöhne den Hof für eine bestimmte Geldsumme von den Eltern annahmen[148]. Reine Käufe scheinen es aber nicht gewesen zu sein; denn der Annehmer gewährte nicht nur Altenteile, sondern auch Abfindungen. Natürlich hätte man höhere Erlöse erzielen können, wenn man ohne diese Lasten den Hof an einen Fremden verkauft hätte[149]. Aber dann hätten zuerst die Eltern soviel Geld zurückbehalten müssen, wie sie für ihren ferneren Lebensunterhalt benötigten. Dieser Geldbedarf war natürlich ungewiß, und in den Rest hätten sich dann alle Kinder teilen können. Für dieses Vorgehen findet sich indessen kein Beleg.

Neben der Hofstelle mit ihren liegenden Gründen und dem mit ihr verbundenen Allod hinterließ der Bauer aber auch noch das trennbare Eigentum. Auch von ihm mußte der weichende Erbe abgefunden sein, wenn es hieß, nach Empfang der Mitgift solle er von den väterlichen Gütern nichts mehr zu fordern haben. Es ist auch schwer vorstellbar, wie der Anerbe ohne Vieh und Ackergeräte die Wirtschaft hätte fort-

---

[146] So der Salzdahlumer Landtagsabschied von 1597.
[147] Siehe Anmerkung 145, und ebenda S. 74 f.
[148] 21 Alt 459/125, 126, 135; 479/341; 463/323; 466/242; 482/389, 527.
[149] Nach SCHOLZ III: Abfindungen, a. a. O., S. 77, sind solche Verkäufe verboten. Dafür gibt es keine landesherrliche Bestimmung, lediglich der Konsens des Gutsherrn und des Amtes waren erforderlich. Auch die Pertinenzqualität stört nicht, weil der Hof geschlossen verkauft wurde. Infolgedessen finden sich in den Amtshandelsbüchern verschiedentlich solche Gesamtverkäufe an Fremde, allerdings nicht zum Zweck der Erbauseinandersetzung.

setzen sollen, aus deren Erträgen Leibzucht und Abfindungen zu bestreiten waren[150]. Dabei ist es bei der Aufgabenstellung dieser Arbeit ohne Bedeutung, nach welchen Richtlinien man den Wert der drei Bestandteile des Nachlasses ermittelte, um anschließend die Abfindungen festsetzen zu können[151]. Offensichtlich sind solche Schätzungen häufiger durchgeführt, da es verschiedentlich heißt, Leibzucht oder Abfindungen sollten später nach obrigkeitlichem Ermessen oder «nach guter Leute Erkenntnis» gegeben werden[152]. Wichtig aber ist die Frage, ob die Mitgift in jedem Falle die endgültige Entschädigung für das Erbteil an der villa, dem allodium cum villa coniunctum und dem allodium separabile darstellte. Soweit der weichende Erbe laut Ehestiftung endgültig von den väterlichen Gütern «abgelegt» wurde, kann daran nicht gezweifelt werden. Es gibt aber auch Fälle, in denen den Erben außer der Mitgift, wie sie der Ehevertrag nennt, nach dem Tode der Eltern oder bei der endgültigen Auseinandersetzung noch weitere Erbteile zugesichert wurden.

Erstaunlicherweise konzentrieren sich die Ehestiftungen, in denen neben der Mitgabe zur Hochzeit noch weitere Abfindungen versprochen wurden, auf das Ende des 16. Jahrhunderts im Amte Jerxheim und im Amt Königslutter auf die Jahre 1797 bis 1800, dazu kommen hier noch zwei weitere Verträge aus den Jahren 1594 und 1596. Zweihundert Jahre lang fehlen dagegen solche zusätzlichen Auslobungen, die ebenfalls der Hof bestreiten sollte, und es ist nicht anzunehmen, daß dazu lediglich die Nachlässigkeit der vertragschließenden Parteien und der Amtmänner geführt hätte. Vielmehr wies man, wenn es nur angängig war, auf zusätzliche Werte hin, die man seinem Ehegatten zufreite. Besaß man gar nichts an materiellen Gütern, so war es wenigstens «eine arbeitsame Hand», die man mit in die Ehe brachte. Verträge der Zwischenzeit, in denen neben der Mitgift noch Erbteile genannt werden, rechnen aber hierzu immer Mobiliar oder Geld der Eltern, das die Kinder erst nach deren Tode zu erwarten hatten. Im Regelfall hatte sich der Bauer aber vor seinem Tode bereits auf das Altenteil zurückgezogen, so daß diese zusätzlichen Erbteile aus dem Nachlaßvermögen der Leibzüchter stammten, also keine zusätzliche Belastung oder Leistung des Hofes darstellten. Infolgedessen sind diese Nachlaßgegenstände auch nicht mehr unmittelbar zur Bemessung der Ertragslage heranzuziehen. Indirekt spiegelt sich natürlich auch hier, falls der Wert dieser Gegenstände stieg, eine günstigere Wirtschaftslage des Bauernstandes wider, doch scheint es zweckmäßiger, die Vererbung des Leibzüchternachlasses an die Schilderung des Altenteils anzuschließen.

Bereits im Jahre 1574 gewährte der Jerxheimer Vogt seiner Tochter eine Abfindung in mittlerer Höhe, doch sollte sie daneben nach seinem Tode noch dasjenige erben, «was ihr dann vom Haus und Hof und allem andern seinem Nachlaß gebührt» (458/115). 1584 wurde im gleichen Amt ein Prozeß gehalten, auf dem die Abfindungen der weichenden Erben festgesetzt wurden (459/86). Überprüft man aber die übrigen Verträge mit zusätzlichen Auslobungen genauer, so handelt es sich dabei um Erbland oder «ingethumbte» Güter, also um jene, an denen der Bauer das Eigentum besaß. Dabei ist allerdings zweifelhaft, ob man mit ihnen grundsätzlich das gesamte allodium cum villa coniunctum und separabile gemeint hat. In zwei Fällen ist es offensichtlich der Fall, wenn es hieß, die Kinder zweiter Ehe sollten das «ingethumbte Gut

---

[150] SCHOLZ III: Abfindungen, a. a. O., S. 83.
[151] SCHOLZ III: Abfindungen, a. a. O., S. 73 ff.
[152] Damit sind vereidigte Taxatoren gemeint.

im Hause, Felde und Scheune» oder «alles ingethumbte Gut, Vieh und besätes Korn» als Abfindung bekommen, während den Kindern erster Ehe Haus, Hof und Ländereien zufielen (457/17, 64). In den übrigen Fällen, in denen das «ingethumbte» Gut ohne weitere Zusätze erwähnt wird, scheint es sich dagegen wohl im wesentlichen um das Hausgerät und die Kleider gehandelt zu haben, die der Bauer nach der Hofübergabe als Altenteiler weiterbenutzte. Somit gehörten die Gegenstände des «ingethumbten» Gutes im Regelfall zum Nachlaß des Leibzüchters, dessen Vererbung erst später besprochen werden soll.

Zum Eigentum des Bauern gehörten auch die Erbländereien oder Erbgüter, die nicht nach dem Anerbenrecht vererbt wurden. Vielmehr teilten sich darin alle Kinder des Erblassers, und häufig bekam der überlebende Ehegatte davon auch noch Kindesteil. In den Genuß dieses Erbteiles scheinen die Kinder aber erst dann gekommen zu sein, wenn der Elternteil, der diesen Acker besaß, verstorben war. Deshalb konnte dieser Erbanspruch auch nicht zur Abfindung gerechnet werden, vielmehr fiel er erst zu einem späteren und ungewissen Termin an. Da man aber stets eifrig darauf bedacht war, das Eingebrachte so vollständig wie möglich anzukündigen, machte man den Ehepartner schon beim Aufsetzen der Ehestiftung mit dem bekannt, «dessen er sich später noch zu erfreuen habe», wobei der Anfall des Anteils am Erbacker bei der damaligen Rechtslage von vornherein selbstverständlich war.

Auf den ersten Blick mag es erstaunlich erscheinen, daß man sogar Land teilte, obwohl man andererseits selbst das freie Allod und das mit dem Gute verbundene im allgemeinen dem Anerben ganz überließ, damit die Weiterführung der Wirtschaft gewährleistet war. Tatsächlich wurde mit dem Ausdruck «teilen» auch keineswegs immer eine Realteilung gemeint. In etlichen Fällen bekam der weichende Erbe von vornherein eine Geldentschädigung für seinen Anspruch am Erbland. Genauso wird man sicher auch dann vorgegangen sein, wenn die Eltern des Berechtigten zur Zeit seiner Eheschließung noch lebten, und zu diesem Termin lediglich der Anspruch auf eine bestimmte Morgenzahl bestand. Wie hoch dieser Anspruch später beim Tode der Eltern mit Geld zu beziffern war, mußte die Zukunft ergeben. Allerdings scheint es dem Anerben nicht immer gelungen zu sein, die erforderlichen Entschädigungssummen selbst aufzubringen. In diesen Fällen wurde das Erbland verkauft und sein Erlös unter die Erben verteilt. Solche Verkäufe erstreckten sich aber niemals auf ganze Höfe, sondern immer auf verhältnismäßig kleine Flächen[153]. Ihr geringer Umfang erleichterte den An- und Verkauf, und infolgedessen scheinen sie nicht die Pertinenzqualität erworben zu haben, die ihnen immer dann auferlegt wurde, wenn von diesen Flächen seit altersher der Dienst geleistet wurde[154].

Tatsächlich bedeutete der Erbgang dieser Erbgüter für den Anerben in etlichen Fällen einen Flächenverlust, der aber wohl kaum den Kern des Hofes traf. Sollte die Gesamtfläche eines Hofes dagegen aus Erbland bestanden haben, so scheint eine Realteilung unterblieben zu sein[155].

[153] Siehe Tabelle 1. Der Umfang der verkauften Flächen liegt im Durchschnitt bei zwei bis drei Morgen.
[154] STEINACKER, a. a. O., S. 537.
[155] Diese unterschiedlichen Erbgänge beim Erbland werden anschaulich durch zwei Verträge belegt. Im Jahre 1572 bekam Gese Lodal, die das Amt Jerxheim verließ und zu ihrem Bräutigam nach Osterwieck übersiedelte, eine Entschädigung von 50 fl. für ihren Anteil am Erb-

Vergleicht man schließlich die Zahl jener Verträge, in denen zusätzliche Auslobungen, gleichgültig welcher Art, gemacht werden, mit der Zahl jener, in denen die weichenden Erben mit der Mitgift von allen väterlichen Gütern gänzlich abgeschnitten werden, so überwiegen diese bei weitem. Deshalb ist auch schon für den Anfang des Untersuchungszeitraumes für das Amt Jerxheim festzustellen, daß durch den Erbgang die Substanz der Höfe nur in Ausnahmefällen einmal angegriffen wurde; und die in den Erbverträgen beschriebenen Mitgaben stellten in der weit überwiegenden Zahl der Fälle jene Leistungen dar, die der Hof insgesamt für die weichenden Erben aufzubringen hatte. Später scheint das sogar absolut zu gelten, da die entsprechenden gegenteiligen Abmachungen fehlen.

Im Amt Königslutter kam Erbland nur sehr selten vor. Aber auch hier scheinen die Abfindungen der weichenden Erben die endgültige Entschädigung darzustellen. Insgesamt sind es nur acht Verträge, in denen mit Sicherheit eine Erbauseinandersetzung erkennbar wird, die neben der Mitgabe die Erben noch Weiteres erwarten läßt. Zwei Verträge sind aber so abgefaßt, daß neben den bereits erhaltenen Abfindungen kaum noch erhebliche Werte erhofft werden konnten (478/108; 498/213), und bei vier anderen gewinnt man den Eindruck, daß der Anerbe noch nicht volljährig war, und deshalb das Aufbringen der Mitgift noch nicht rechtskräftig zusagen konnte (498/246, 386, 644, 663). Es verbleiben noch zwei Eheverträge, die keine weiteren Hinweise bieten. Erstaunlich bleibt aber in jedem Fall die zeitliche Verteilung dieser Ehestiftungen, die aus den Jahren 1594, 1596 und 1797 bis 1800 stammen. Wenn diese Ballung auch nicht gedeutet werden kann, will man nicht das Wirken des Zufalls heranziehen, so gibt es doch weitere Gründe, die diese Eheverträge als Ausnahmen erscheinen lassen.

Alle acht Eheverträge nennen nachträgliche Auslobungen nur bei den Auffahrenden. Dagegen kommen sie niemals vor, wenn der Anerbe den Hof übernahm und bei dieser Gelegenheit den Eltern die Leibzucht und den Geschwistern ihre Abfindung versprach. Beide waren, falls nicht eine Neufestsetzung durch die Obrigkeit erforderlich wurde, endgültig bemessen; und wie hätte man auch einem weichenden Erben den Verzicht auf das Erbrecht am Hof zumuten können, wenn er bei dessen Übergabe nicht erfuhr, welches Äquivalent er dafür zu erwarten hatte? Das hätte andernfalls viel Anlaß zu Streitigkeiten gegeben, besonders dann, wenn der Umfang solcher Restposten bedeutend gewesen wäre. Hierbei hätte man sicher die Obrigkeit zur Schlichtung angerufen, doch enthalten die Amtshandelsbücher keine entsprechenden Auseinandersetzungen. Außerdem sei noch darauf verwiesen, daß häufiger der Anerbe seinen Geschwistern eine Mitgift in der Höhe zusicherte, wie sie seine Braut in den Hof einbrachte. Diese bewußt herbeigeführte Gleichheit wäre aber gestört worden, wenn noch weitere unbekannte, aber bedeutende Erbteile zu erwarten gewesen wären. Auch bei den Kindern zweiter und dritter Ehen hieß es öfter, daß sie nur das Eingebrachte ihrer Mutter oder ihres Vaters erbten, und auch hier fehlen die Hinweise, daß dazu

land, «dieweil es nicht die Gelegenheit hat und der Acker davon (vom Hofe) muß gerissen werden». Diesen Acker hatte ihr Vater teilweise erst zugekauft, teilweise hatte er ihn von seinem Vater geerbt (458/92). Als dagegen um 1584 eine Fläche von immerhin 30½ Morgen auf 9 Geschwister aufzuteilen war, bekommen sie für ihren Anteil einen jährl. Kornzins von je 2¼ Himten Roggen und Hafer; «denn es kann aber dieser Acker laut Fürstl. Landordnung einem jedem nicht gefolget und vom Hofe zu Schmälerung der Dienste gerissen werden» (459/51).

im Höchstfalle mehr zu rechnen gewesen wäre, als bei der Hochzeit dem Hof zugefreit wurde. Schließlich hatte aber auch der Anerbe ein Recht darauf zu wissen, mit welchen Lasten er den Hof übernahm. Hatte man ihm bei der Übergabe die Höhe der Abfindungen zu niedrig angegeben, so wurde dem Annehmer zugebilligt, die Mitgaben an seine Geschwister «pro rata» zu kürzen (467/35), und das gleiche galt, wenn der Hoferbe später für mehr alte Schulden aufkommen mußte, als ihm bei der Annahme mitgeteilt wurden (467/211; 482/418).

Abgesehen von der geringen Zahl der Fälle, in denen der Bräutigam seine Geschwister vom Hofe mit einer Mitgift abfand, wie sie seine Braut mit in die Ehe brachte, kann auch grundsätzlich kein Unterschied zwischen den Abfindungen festgestellt werden, die der Vater seinem gerade heiratenden Kinde gewährte, und jenen, die der Annehmer den weichenden Erben versprach. Deshalb gilt, von wenigen Ausnahmen abgesehen, daß die bei der Eheberedung ausgelobte Mitgabe in der weit überwiegenden Zahl der Verträge die gesamte Abfindung vom Gute darstellt. Lediglich der Nachlaß der Leibzüchter wurde eventuell noch später auf alle Kinder verteilt. Im Regelfall aber kamen hierbei keine großen Werte mehr zur Teilung.

Welche grundsätzliche Bedeutung der Abfindung zukommt, geht aber vor allem aus den Verträgen hervor, in denen der designierte Anerbe auf den Hof verzichtete und nicht mehr als seine in der Ehestiftung festgesetzte Mitgift erhielt. Allerdings wurde sie in einigen Fällen großzügig bemessen. Meistens waren es einzige Töchter aus erster Ehe, die ihrem Vater, Stiefvater oder Halbbruder den Hof gegen die Abfindung überließen und anderswo einheirateten (498/561; 488/278; 470/183, 444). Aufschlußreich ist auch jener Ehevertrag, in dem ein Bauernsohn sich mit einer verhältnismäßig geringen Mitgabe begnügte, offensichtlich weil der Hof verschuldet war, und weil sich sein Bruder, wie aus der Mitgift seiner Braut zu ersehen ist, «anständig verheiraten konnte» (470/119).

Im allgemeinen wurde der Anspruch auf eine Abfindung vom Hof wirksam, wenn der weichende Erbe «zu Ehren kam», also sich verheiraten wollte. Vereinzelt kam es aber vor, daß man den Kindern oder Geschwistern diesen Anspruch grundsätzlich zuerkannte. Bei den Söhnen geschah das noch verhältnismäßig oft, während man den Töchtern dieses Recht nur bei besonderen Verdiensten um den Hof zugestand[156].

Selbstverständlich wurde die Abfindung im Regelfall am Hochzeitstage oder kurz danach übergeben. Jedoch wurden bei der Barabfindung und der Naturallieferung des Viehes häufiger mehrere Termine vereinbart, so daß der weichende Erbe erst nach zwei Jahren, seltener nach drei oder vier, in den Besitz der gesamten Mitgift kam. Am Schluß des Untersuchungszeitraumes ist deutlich zu beobachten, daß die sofortige Aufbringung sich immer mehr durchsetzte. Daneben trat nun aber auch häufiger die

---

[156] GESENIUS, a. a. O., 1. Band, S. 546, berichtet ähnliches aus weiteren braunschweigischen Ämtern, ohne dabei Jerxheim und Königslutter zu erwähnen, SCHOLZ III: Abfindungen, a. a. O., S. 124, stellt allgemein fest, daß nach der Übergabe des Hofes das Recht auf Empfang des Erbteils bei Verheiratung besteht. Dabei ist es gleichgültig, ob der weichende Erbe volljährig ist oder nicht. Nach Erreichen der Volljährigkeit kann der Abzufindende in jedem Falle dasjenige verlangen, das nicht direkt zur Hochzeit gehört, falls er nicht oder im Augenblick noch nicht heiraten will. Gerade für die Ehestiftungen aus dem Anfang bis zur Mitte des 18. Jahrhunderts aber ist festzustellen, daß die Bedingung «wenn sie zu Ehren kommen» in der überwiegenden Zahl der Fälle vereinbart wurde.

Abmachung, daß der Vater die eine Hälfte der Mitgift aufbringen wolle, während die andere derjenige gewähren müsse, der den Hof demnächst annähme.

Solange ein weichender Erbe unverheiratet blieb, hatte er auf dem elterlichen Hofe ein Zufluchtsrecht. Gerade bei kleineren Höfen, denen auch die zusätzliche Arbeitskraft des weichenden Erben keinen Vorteil brachte, wurde dieses Recht aber beschränkt. Oft konnten die Geschwister des Hoferben nur den freien Gebrauch einer Kammer beanspruchen, während sie ihren Lebensunterhalt anderswo finden mußten. Diese Einschränkung galt aber nicht für jene Bauernkinder, die «zur Welt und zum Leben nicht tüchtig» waren. Vereinzelt enthalten die Verträge auch genauere Hinweise über die geistigen und körperlichen Gebrechen, die Bruder oder Schwester des Anerben daran hinderten, den Hof zu verlassen. Solche Geschwister erhielten grundsätzlich vom Hof den notwendigsten Lebensunterhalt. Starb ein Bauernkind, ehe es eine Ehe eingegangen war, so fiel seine Mitgift entsprechend der herrschenden Konvention wieder an den Hof zurück, doch hatte dieser für das Begräbnis aufzukommen. Vereinzelt wurde aber auch bestimmt, die übrigen Erben sollten sich in der gesamten Mitgift, häufiger in der ausgesetzten Barabfindung, teilen. Größeren Umfang scheint diese abweichende Regelung aber nie erreicht zu haben.

Die verschiedensten Bestimmungen wurden für den Fall getroffen, daß einer der Brautleute zwischen Verlöbnis und Hochzeit verschied. Offensichtlich hatte es in solchen Fällen um die versprochene Mitgift immer viel Streit gegeben, und der Amtmann in Königslutter entschloß sich zu dem Kompromiß, daß nur ein Teil des Versprochenen gezahlt werden sollte, als er als Obervormund einer aufgeheirateten Witwe und dem Interimswirt noch gewisse Mahljahre einräumte (479/276). Vereinzelt kam es auch vor, daß schon nach dem Verlöbnis die gesamte Mitgabe verwirkt sein sollte, selbst wenn Braut oder Bräutigam noch vor der Hochzeit starben. Diese wenigen Fälle vermögen aber nicht die herrschende Konvention in Frage zu stellen, wonach die gesamte Mitgift zu übergeben war, wenn die priesterliche Kopulation vollzogen und das Ehebett beschritten worden waren. Es war dann gleichgültig, wie bald danach einer der Ehegatten «Todes verfiel». Von dieser weitverbreiteten Regelung wichen nur wenige Verträge ab, die zumindest die Rückerstattung eines Teiles der Abfindung vorsahen, falls einer der Ehepartner innerhalb einer bestimmten Frist verstarb oder keine Kinder hinterließ.

In etlichen Fällen aber wurde die ausgesetzte Mitgift gar nicht gefordert. Das geschah einfach deshalb, weil bei den früher herrschenden Verhältnissen nicht alle Bauernkinder eine Ehe eingingen. Ohne weiteres verständlich ist das bei jenen, die geistige oder körperliche Gebrechen an der Eheschließung hinderten. Von den übrigen Abkömmlingen aber konnte nicht jeder einen Hof erben oder aufheiraten. Dann aber blieb nur noch die Möglichkeit, sich mit einem Ehepartner zu begnügen, der ebenfalls nur seine Abfindung mit in die Ehe brachte, oder man mußte seinen Ehegatten außerhalb des Bauernstandes suchen. Bei der früheren Bevölkerungsstruktur bestanden hierfür aber nur geringe Aussichten. Infolgedessen sind im Untersuchungsmaterial die Fälle auch nicht sehr zahlreich, in denen sich eine Bauerntochter mit einem Handwerker- oder Pastorensohn verband. Solche Ehen werden ihr sicherlich eine ausreichende Versorgung geboten haben; denn wenn umgekehrt ein Bauernsohn die Tochter eines Handwerkers oder Pastors heiratete, so war die Höhe ihrer Mitgift in vielen Fällen eher Anreiz als Hinderungsgrund. Von geringer Zahl sind aber auch jene Eheberedungen, in denen beide Bauernkinder nur ihre Abfindungen einbrachten. Gemessen an der Gesamtzahl erreichen diese Verträge nur einen Anteil von 4 v. H.

Nun darf aber nicht übersehen werden, daß der Ehe- und Übergabevertrag vielen Personen Rechte zusicherte, deren Nachweis nur zu führen war, wenn der Vertrag in das Amtshandelsbuch eingetragen und «confirmiert» worden war. Dagegen handelte es sich bei Verträgen, die nur die Abfindungen der Brautleute zum Inhalt hatten, ausschließlich um Bestimmungen über bewegliches Gut, dessen Bestand leicht verändert werden konnte. Infolgedessen entfielen weitgehend die Vorteile der Eintragung, und es ist durchaus denkbar, daß man sie wegen der mit ihr verbundenen Mühen und den – allerdings geringen – Kosten unterließ. Auf keinen Fall läßt sich mit der geringen Zahl der Ehestiftungen, die beide Brautleute als weichende Erben ausweisen, das Ansteigen der unterbäuerlichen Schicht besonders nach dem Dreißigjährigen Kriege erklären. Auch ist zu beachten, daß kein Ehevertrag gefunden wurde, der Abmachungen über die Mitgabe zweier Brinksitzer- oder Häuslingskinder enthält. Es liegt deshalb die Annahme nahe, daß man auf das Aufsetzen einer Eheberedung um so eher verzichtete, je geringer der Besitz der Heiratenden war.

Hieraus ist folgender Schluß zu ziehen: Einerseits kann auf Grund der Zahl der abzufindenden Kinder je Ehe mit mindestens vier erwachsenen Kindern gerechnet werden. Von ihnen konnten ohne weiteres nur zwei heiraten, eins, das den elterlichen Hof mit in die Ehe brachte, und ein weiteres, das den Anerben eines anderen Hofes ehelichte. Die restlichen zwei Kinder hatten dagegen nur geringe Aussichten. Entweder sie entschlossen sich, eine Ehe ohne den wirtschaftlichen Rückhalt eines Hofes zu wagen, doch waren das nur 4 v. H., oder sie heirateten später einen Witwer oder eine Witwe, die bereits einen Hof besaßen. Wenn auch jeder vierte oder fünfte Ehepartner eine zweite Ehe einging, so reichte diese Möglichkeit noch bei weitem nicht aus, um die verbleibenden Abkömmlinge des Bauern zu versorgen[157]. Sie können andererseits aber nicht alle ledig geblieben sein, da sonst das Anwachsen der unterbäuerlichen Schicht unerklärbar bliebe. Eheverträge scheinen hier aber nicht in allen Fällen abgeschlossen worden zu sein, so daß offen bleiben muß, wieviel Bauernkinder doch noch eine Ehe eingingen, deren Unterhalt sie durch Lohnarbeit bestritten. Infolgedessen ist aber auch die bedeutsame Frage nicht zu entscheiden, wieviel Kinder im Durchschnitt der Hof ausstatten mußte. Das läßt sich oft genug nicht einmal für den Einzelfall mehr feststellen. Häufig wird es nur ein Kind gewesen sein, aber es gibt genügend Beispiele, in denen drei oder vier Kinder mit Sicherheit ihre Abfindung erhielten, verschiedentlich erhöhte sich diese Zahl sogar noch. Auf jeden Fall aber überwog die Zahl der Familien, die mehreren Kindern ihr Erbteil mitgab, ganz erheblich. Es bleibt deshalb nur der Schluß übrig, daß sich weit mehr Bauernkinder auch dann zur Ehe entschlossen haben, wenn kein Hof zugefreit oder erheiratet werden konnte, als das die überlieferte Zahl der betreffenden Eheverträge vermuten läßt[158]. Bekanntlich galt im Un-

---

[157] Eine Stichprobe ergab, daß bei 265 Eheschließungen 63mal der eine Partner verwitwet war. Verträge, in denen Witwer Witwen heirateten, spielen zahlenmäßig keine Rolle. Womöglich ist die ermittelte Quote etwas zu hoch, da Eheverträge von Verwitweten auf jeden Fall eingetragen wurden, weil die Vormünder der Kinder erster Ehe darauf bestanden.
[158] Unterstellt man den «günstigsten» Fall, so konnte bei jeder vierten Ehe ein Bauernkind noch auf die Heirat mit einem Verwitweten hoffen. Auf acht Abkömmlinge, die als Anerbe oder dessen Ehepartner sofort heiraten konnten, kam also noch ein weiterer, der erst in der

tersuchungsgebiet während des Untersuchungszeitraumes kein bindendes Recht, das unter den Leibeserben des Erblassers einen als Anerben auf Grund seines Alters oder Geschlechtes bevorzugte. Vielmehr entsprach es dem Wunsche des Erblassers und auch der Mehrheit der weichenden Erben, stets jenem den Hof zu überlassen, der sich am günstigsten verheiraten konnte. Dadurch wurde die Wirtschaftskraft des Hofes gestärkt, Leibzuchten und Abfindungen konnten großzügiger bemessen werden. Ehe aber über diese Verhaltensweise weitere Vermutungen geäußert werden, soll eine Tabelle ein Abbild der Wirklichkeit geben.

Tabelle 29
Herkunft der Ehepartner, geordnet nach Hofklassen, in den Ämtern Königslutter und Jerxheim in den Jahren 1669–1800

Hofklasse der Ehepartner	Zahl der Ehen im Amt Königslutter	Amt Jerxheim
Ackerhof und Ackerhof	12	30
Ackerhof und Halbspännerhof	21	22
Ackerhof und Kothof	43	22
Halbspännerhof und Halbspännerhof	22	2
Halbspännerhof und Kothof	50	22
Kothof und Kothof	46	70
Zahl aller Ehen	194	168

Quellen: Siehe Tabelle 27.

Beide Ämter sind gut vergleichbar, da an Hand der Dorfbeschreibungen für Königslutter 240 und für Jerxheim 246 Höfe insgesamt ausgezählt werden konnten. Allerdings weicht die Verteilung auf die einzelnen Hofklassen etwas ab[159]. Setzt man die Ackerhöfe, deren Zahl in Königslutter 39 und in Jerxheim 46 betrug, gleich 1, so ergeben sich die abgerundeten Verhältnisse von 1 : 1 : 4 und 1 : 0,5 : 4. Während sich also das Verhältnis von Ackerhöfen zu Kothöfen in beiden Ämtern nicht unterschied, wies das Amt Jerxheim nur halb so viel Halbspännerhöfe auf.

Aus der Tabelle geht eindeutig hervor, daß sich die Bauernklassen nicht gegeneinander abkapselten, wie OEHR meinte[160]. Allerdings war die Bereitschaft, in eine andere Klasse einzuheiraten, in Königslutter offensichtlich stärker entwickelt. Hier heirateten 76 Abkömmlinge von Ackerhöfen, aber nur 12 innerhalb ihrer Klasse; 64 scheuten also keineswegs den sozialen Abstieg. In Jerxheim war man dagegen offensichtlich bestrebt, möglichst wieder auf einen Ackerhof zu heiraten, während sich im Vergleich zum Amt Königslutter nur halb soviel Kinder solcher Höfe entschließen konnten, die Ehe mit einem Ehepartner einzugehen, der von einem Kothofe stammte. Dagegen hielten sich bei den Söhnen und Töchtern von Halbspännerhöfen sozialer Auf- und Abstieg in beiden Ämtern die Waage.

zweiten Eheschließung zum Zuge kam. Nimmt man wiederum vier Kinder je Ehe an, so heirateten von 100 Kindern also 50 sofort, $1/8$ von 50 kam erst bei der zweiten Eheschließung in Frage, das sind 6,25 Kinder, und laut Quellenmaterial heirateten nur 4 v. H. aller Kinder, wenn sie keinen Hof erwarten können. Von 100 Bauernkindern heiraten also 50+6,25+4 Kinder = 60,25, hiervon sind 25 Anerben, 25 Höfe hätten also nur 35,25 Kinder auszustatten brauchen. Diese Zahl wird aber mit Sicherheit überschritten.

[159] Siehe Tabelle 28.
[160] OEHR, a. a. O., S. 55.

Wesentliches aber lassen die Eheschließungen der Abkömmlinge von Kothöfen erkennen. Sie machen im Amt Königslutter 139 und im Amt Jerxheim 114 Fälle aus. Vergleicht man diese Zahlen mit den Eheschließungen der Kinder aus den beiden anderen Hofklassen, so zeigt sich bei den Kotsassen eine weit geringere Chance zur Verheiratung. In beiden Ämtern heirateten rund 75 Abkömmlinge von Ackerhöfen, und in beiden Ämtern betrug das Zahlenverhältnis von Ackerhöfen zu Kothöfen nahezu 1 : 4. Dementsprechend hätten eigentlich 300 Kinder von Kothöfen heiraten müssen, es waren aber nur 139 und 114. Die Möglichkeit zur Eheschließung war in dieser Bauernklasse also noch nicht halb so günstig wie in jener der Ackerleute. Dagegen bestanden zwischen der größten Hofklasse und jener der Halbspänner keine Unterschiede mehr. Die Erklärung liegt auf der Hand.

Von vornherein war nicht damit zu rechnen, daß sich jedes Bauernkind verheiraten konnte. Beabsichtigte nun ein Kotsasse eine Ehe einzugehen, so konnte er seine Braut in der eigenen Bauernklasse suchen. Aber auch die Töchter von Halbspännern und Ackerleuten waren sicher bereit, mit ihm eine Ehe einzugehen, ehe sie unverfreit auf dem elterlichen Hof verblieben und dort dem Bruder oder Schwager Magddienste leisten mußten. Dabei hatte der Köter meistens eine höhere Mitgift von diesen Bräuten zu erwarten, so daß er sie den Mädchen vorzog, die nur die Abfindung von einem Kothof mit in die Ehe brachten. Infolgedessen ist das bisherige Ergebnis exakter zu fassen. Nicht die Kotsassen hatten die geringeren Aussichten, sich zu verheiraten, vielmehr waren es ihre Schwestern, die unverehelicht blieben, weil man die Töchter von Halbspännern und Ackerleuten wegen ihrer höheren Mitgift bevorzugte[161].

Man darf aber jetzt nicht unterstellen, ausschließlich materielle Erwägungen hätten bei der Wahl des Ehegatten den Ausschlag gegeben. Eine gewisse Tendenz hierzu ist allerdings bei den Ackerleuten im Amt Jerxheim und den Kotsassen beider Ämter unverkennbar. Dagegen haben die Ackerleute im Amt Königslutter sich ganz offensichtlich von ihren Neigungen leiten lassen. Die Ertragskraft ihrer Höfe muß demnach auch dann für die Abfindung der weichenden Erben als ausreichend angesehen worden sein, wenn die eingefreite Braut nur eine geringe Mitgift dazu beisteuerte[162]. Das gleiche hat aber auch für die Ackerhöfe im Amt Jerxheim gegolten. Aber eine bereits ausreichend gesicherte Existenz schließt keineswegs aus, daß man ein höheres Erbteil der Braut gering achtet. Wer aber will es den Kotsassen verübeln, wenn sie in ihrer weit schwächeren wirtschaftlichen Lage nach einer guten Mitgabe Ausschau hielten? Dazu kann gerade bei kleineren Höfen, von denen viele Kinder auszusteuern waren, ein absoluter Zwang bestanden haben.

[161] Bei dem Zahlenverhältnis von heiratenden Kotsassen zu Ackerleuten ist eine geringfügige Verschiebung denkbar, weil bei dem geringeren Besitz der Köter öfter die Eintragung der Ehestiftung unterblieben sein mag. An dem Ergebnis vermag auch eine lässigere Auffassung der Eintragungspflicht bei den Kötern nichts zu ändern. Außerdem darf nicht übersehen werden, daß auch hier eine Hofübergabe stattfand, bei der die Rechte vieler zu regeln waren.

[162] Für den Zeitraum von 1745–1750 wurde der Wert der Gesamtabfindung (ohne Ehrenkleid, Kisten, Betten) zwischen den weichenden Erben von Acker- und Kothöfen ermittelt. Im Amt Jerxheim ergaben sich die Werte von 453 Gulden (fl.) und 210 fl., für das Amt Königslutter 333 fl. und 105 fl. Erst wenn man hier die Abfindung der Kotsassen um 41 fl. vermehrt, die sie im Schnitt selbst erworben haben, so erreicht sie noch nicht ganz die Hälfte derjenigen, die von einem Ackerhof zu erwarten war.

Abschließend soll noch kurz auf die Frage eingegangen werden, welche Bestimmungsgründe mitgesprochen haben, wenn man die Höhe der Abfindung vereinbarte. Darüber gibt bereits die rechtsgeschichtliche Literatur ziemlich eingehend Auskunft[163], die durch das Untersuchungsmaterial nur noch ergänzt und akzentuiert werden kann. Den bedeutendsten Einfluß übte selbstverständlich die Größe des Hofes aus, leider ist sie bei vielen Eheverträgen nicht mit Sicherheit feststellbar. Wichtig aber ist, daß die Hofklassen keineswegs sauber voneinander getrennt waren, vielmehr sind viele Überschneidungen zu beobachten. So gab es Halbspännerhöfe, die kleinere Ackerhöfe an Größe übertrafen, und etliche Großkothöfe, zu denen mehr Land gehörte als zu manchem Halbspännerhof. Schwierig aber wird es besonders dann, wenn ein Kotsasse noch ein Gewerbe ausübte. Häufig lagen hier die Abfindungen etwas höher, als es dem Durchschnitt dieser Hofklasse entsprach, doch sind es bei den Mitgaben unzweifelhaft Anteile nichtlandwirtschaftlicher Herkunft, die diese Erhöhung bewirkten. Gerade die Müller zeichneten sich durch eine besonders großzügige Ausstattung ihrer Kinder aus. Ähnliches kann bei den Schafmeistern beobachtet werden, die meistens noch nebenher einen Kothof bewirtschafteten. Seltener gehörte eine Schäferei zu einem Ackerhof, während im Untersuchungsgebiet kein Halbspännerhof diese Berechtigung besaß. Neben der Größe des Hofes ist seine Verschuldung erwähnenswert. Sie wurde sehr häufig in der Ehestiftung vermerkt; nicht nur, weil der Anerbe sie in der angegebenen Höhe zu übernehmen hatte, sondern auch zur Begründung der unterdurchschnittlichen Mitgift, die den weichenden Erben zuteil wurde. Daneben finden sich vereinzelte Hinweise, die auf die Zahl der abzufindenden Kinder verweisen. Ausschlaggebend scheint diese Zahl aber immer nur dann gewesen zu sein, wenn sie sich durch weitere Eheschließungen sprunghaft erhöhte. Dem Altenteil aber wurde keine Bedeutung zugemessen. Es war bereits entsprechend der Ertragskraft festgesetzt worden, und wenn die Eltern einmal früh verstarben und dadurch die Last der Leibzucht entfiel, so scheinen die Geschwister deshalb keine höheren Mitgaben empfangen zu haben. Inwieweit dagegen die Art des Landbesitzes, die Belastung durch Dienste, die Zehntpflicht oder -freiheit und der Zustand des Hofes die Höhe der Abfindungen beeinflußt haben, läßt sich nicht erkennen, da hierüber in den Verträgen nichts vermerkt wurde. Bei der Zielsetzung dieser Arbeit stört dieser Mangel keineswegs. Zu einer repräsentativen Darstellung müssen von vornherein Gruppendurchschnitte gebildet werden, die den Einzelfall verdecken.

Schließlich sei noch angemerkt, daß die Landesordnungen von 1643 und 1647 die Abfindungen der weichenden Erben zu regeln versuchten. Von 628 Eheverträgen nach ihrem Erlaß wurden aber nur 10 entsprechend den ergangenen Vorschriften abgefaßt[164]. Sie sind also praktisch nie wirksam geworden. Daran ändert sich auch nichts, wenn STEINACKER sie noch 1843 als geltendes Recht zitiert[165].

[163] GESENIUS, a. a. O., 1. Band, S. 540; SCHOLZ III: Abfindungen, a. a. O., S. 76 ff.

[164] Unberücksichtigt bleiben die Verträge, nach denen Kinder zweiter Ehe entsprechend der Landesordnung abzufinden waren. Hier handelt es sich nur um eine andere Formulierung des Sachverhaltes, daß diese Kinder schlechter als jene aus erster Ehe ausgestattet werden sollten.

[165] STEINACKER, a. a. O., S. 553. Er schränkt ein: «Diese Bestimmung, welche ohnehin bei den geänderten Zeitverhältnissen nicht mehr unbedingt zur Anwendung kommen kann ...» Offenbar ist die Landesordnung aber noch nicht «unbedingt» ungültig und war zumindest vor «den veränderten Zeitverhältnissen» geltendes Recht.

II. Die Bestandteile der Abfindungen und ihr Wert

Im allgemeinen bestanden die Abfindungen während des Untersuchungszeitraumes aus Bargeld, Vieh, Anteilen an Erbäckern, der einmaligen Ernte bestimmter Getreideschläge, «Kisten und Kasten», «Bett und Bettgewand» sowie Ehrenkleidern und Hochzeitskosten. Bei den Mädchen kam noch das «Leinengeräte» hinzu, während «Kisten und Kasten» bei den Söhnen häufiger fehlten. Natürlich enthalten nicht alle Verträge sämtliche Positionen.

a) Die Mitgabe an Bargeld

Gemessen am Gesamtwert der Abfindung stellte das Bargeld in den Verträgen aus früherer Zeit keineswegs den bedeutendsten Posten der Mitgift dar. Verschiedentlich wurde sogar nur eine Naturalabfindung geliefert. Im Laufe der Zeit errang das Geld aber immer mehr eine Vorrangstellung, die anderen Teile der Mitgift wurden dabei teilweise verringert, so daß es zum Schluß den wesentlichsten Teil der Abfindung ausmachte. Der Wert dieses Teils ist mit seiner Summe gegeben, und nur in wenigen Jahren bestand für die Vertragschließenden ein Anlaß, die Geldsorten zu bestimmen, die zur Auszahlung gelangen sollten. Auch der Wechsel der Münzeinheit von Gulden zu Talern bereitet keine Schwierigkeiten, da, wiederum von einigen wenigen Jahren abgesehen, der Gulden (fl.) 20 Mariengroschen (Mgr.) und der Taler 36 enthielt, womit die feste Relation von 1:1,8 gegeben ist. Um die Vergleichbarkeit zu ermöglichen, wurden bei der Erfassung des Gesamtwertes der Abfindung alle Geldbeträge und alle Wertangaben von Naturalien in Gulden umgerechnet, die während des längeren Zeitabschnittes die gebräuchliche Geldeinheit waren. Nur die Viehpreise wurden von Anfang an in Talern ausgedrückt. Das gleiche gilt für die Wertangaben der Ehrenkleider. Besonders beim Geld wurde recht häufig vereinbart, daß die Zahlung in Terminen erfolgen sollte. Dagegen kommt die gleiche Regelung beim Vieh oder Korn so gut wie gar nicht vor. Die Hochzeitskosten waren selbstverständlich zum Fest zu entrichten, und auch die restlichen Bestandteile an Ehrenkleidern, Kisten, Leinen und Betten mußten bei diesem Anlaß entweder übergeben werden oder dazu vorhanden sein. Es zeigt sich aber deutlich, daß gerade im letzten Teilabschnitt der Untersuchung viel häufiger als früher zugestanden werden konnte, die Gesamtsumme am Tage der Hochzeit zu erlegen[166]. Das ist um so bedeutsamer, weil in den Jahren von 1794–1800 die ausgezahlten Beträge erheblich über jenen lagen, die noch um die Mitte des gleichen Jahrhunderts vereinbart wurden. Zwischen diesen beiden Teilabschnitten muß sich deshalb die Ertragskraft der Höfe wesentlich verbessert haben.

Sowie jemand die Bewirtschaftung des Hofes aufgab und noch über Bargeld verfügte, das er mit auf das Altenteil nahm, gehörte es zum Nachlaßvermögen des Leib-

---

[166] Im Amt Jerxheim wurde im Zeitraum von 1745–1750 nur in 2 Verträgen die Hälfte des Bargeldes zum Tage der Hochzeit versprochen. 1794 bis 1800 sicherte man in 21 Ehestiftungen die Zahlung am Hochzeitstage zu, in 3 Fällen war es nur 1/2 oder 3/4 der Summe. Dem stehen 5 Eheberedungen gegenüber, in denen sich der Vater und der Annehmer des Hofes in der Aufbringung teilten. Im Amt Königslutter ergeben sich ähnliche Zahlen. Im ersten Teilabschnitt 2 Barzahlungsfälle, 2 weitere sichern sie zu 1/2 oder 1/3 zu. Im letzten Zeitabschnitt wurde 20mal die Zahlung am Hochzeitstage versprochen, 8mal nur zum Teil. In 8 Verträgen brachten Vater und Hofannehmer die Geldabfindung gemeinsam auf.

züchters, von dem eventuell nach seinem Tode die Kinder und der überlebende Ehegatte gleichhohe Quoten erhielten, falls ihm nicht der gesamte Nachlaß zufiel. Das erstgenannte Vorkommnis ist aber außerordentlich selten. Viel öfter geschah es dagegen, daß der Altenteiler von diesem Kapital bereits zu seinen Lebzeiten dem Kinde einen gewissen Teil aushändigte, wenn es heiratete. Daneben war der Annehmer des Hofes verpflichtet, den weichenden Erben vom Gute abzufinden. Fast immer gehörte dazu eine Mitgabe an Geld. Es kam aber auch vor, daß der Vater zuerst einen bestimmten Geldbetrag als Teilabfindung auslobte, und der spätere Annehmer des Hofes die restliche Mitgift aufzubringen hatte. Auch hierzu konnte wiederum ein Geldbetrag gehören. Nicht immer ist deutlich zu unterscheiden, welche der beiden Möglichkeiten vorlag. Da aber auch jene Gelder, die der Altenteiler besaß und bei der Hochzeit seinen Kindern mitgab, aus der vorhergehenden Bewirtschaftung des Hofes herrührten, werden sie am einfachsten mit den Beträgen zusammengefaßt, die der Hoferbe auszuzahlen hatte. Das gleiche darf aber nicht mit jenen Summen geschehen, die der Aufkömmling selbst erworben hatte. Sie wurden in immerhin 66 Fällen verzeichnet, und bei ihnen handelte es sich wohl meistens um aufgesparten Lohn, der seltener in nichtlandwirtschaftlichen Berufen, häufiger dagegen auf fremden Höfen verdient worden war. In Einzelfällen mag dieser Betrag auch die Geldentschädigung für den Anteil an Erbäckern dargestellt haben[167].

Faßt man die Summen zusammen, die der weichende Erbe von seinen Eltern und dem Hoferben erhielt, und schließt man jene aus, die er selbst erworben hatte, so ist dennoch nicht ohne weiteres nachzuweisen, welchen Geldbetrag der Hof aus früherer und augenblicklicher Bewirtschaftung aufzubringen hatte. Bei der Hochzeitsfeier wurden nämlich von den Gästen Geschenke und Geldspenden gegeben, die an der Brauttafel niedergelegt wurden. Daher rührt auch die Bezeichnung Brauttafelgelder[168]. In unserem Material wurden sie dagegen nahezu ausnahmslos als Brautgabe bezeichnet. Diese Gelder wurden nun in den drei Berichtsfällen aus dem Amt Jerxheim dem Brautpaar neben der ausgelobten Barabfindung überlassen (470/347; 459/3; 458/92). Im Amt Königslutter wurde über die Brautgabe nur im letzten Teilabschnitt der Untersuchung verfügt. Viermal erhielten sie die Brautleute neben der Barabfindung in voller Höhe, viermal nur in halber und sechsmal hatten sie sich diese Gelder voll auf die Abfindung mit Geld anrechnen zu lassen.

Eine Übersicht über Höhe und Entwicklung der Abfindung wird am einfachsten an Hand einer Tabelle geboten. Dabei erscheint es nicht sinnvoll, die Beträge nach den Bauernklassen zu gruppieren und Durchschnitte zu bilden. Stärker noch als bei der Betriebsgröße machen sich hier die Überschneidungen von Klasse zu Klasse bemerkbar, und es bedeutete auch dann eine Stärkung der Ertragslage, wenn beispielsweise mehr Kothöfe neuerdings Summen abwarfen, die im Schnitt von den Halbspännern ihren

---

[167] Interessant ist die Tatsache, daß in beiden Ämtern selbsterworbene Gelder besonders vor, aber erst recht nach dem Dreißigjährigen Kriege eingebracht wurden. Dagegen fehlen sie im letzten Teilabschnitt nahezu völlig. Eine ähnliche Entwicklung zeigen auch die Eheschließungen, bei denen beide Partner keinen Hof mit in die Ehe bringen können. Entweder war es verhältnismäßig leicht, nach dem Kriege eine Stelle zu erwerben, oder man vertraute dem verhältnismäßig hohen Lohneinkommen, dessen durchschnittliche Höhe keineswegs von jener des nachfolgenden Zeitraumes übertroffen wurde.

[168] ANDREE, a. a. O., S. 309.

Tabelle 30

Vergleich der Barabfindungen in den Ämtern Königslutter und Jerxheim in den Jahren 1566 bis 1800 in Gulden

Zeitabschnitt	0	bis 25	26 bis 50	51 bis 75	76 bis 100	101 bis 150	151 bis 200	201 bis 300	301 bis 400	401 bis 500	501 bis 750	751 bis 1000	1001 bis 1500	1501 bis 2000	über 2000	Zahl aller Fälle
Amt Jerxheim																
1566—1590	17	7	16	4	2	2	2									50
1652—1683	22	33	41	6	24	6	8									140
1708—1720	—	7	21	10	18	4	18	3	3							84
1745—1750	1	4	10	1	12	3	12	5	6	—	—	2				56
1794—1800	—	1	—	—	1	1	10	7	11	2	8	10	7	2	6	66
Amt Königslutter																
1589—1625	34	20	25	7	19	2	3	1	—	1						112
1668—1680	9	28	21	4	3	1	2									68
1708—1720	11	26	18	5	5	1	1	1								68
1745—1750	3	19	12	8	10	2	3									57
1794—1800	1	—	2	2	4	4	17	5	11	2	11	6	4	3	—	72

Quellen: Siehe Tabelle 27.

Kindern mitgegeben wurden. Infolgedessen wurden ähnliche Geldbeträge zu Gruppen zusammengefaßt und wurde innerhalb der einzelnen Teilabschnitte untersucht, in wieviel Eheverträgen ungefähr gleichhohe Summen versprochen wurden. Beim Lesen der Tabelle muß stets berücksichtigt werden, daß trotz einer ähnlich hohen Zahl von Eheverträgen während der einzelnen Unterabschnitte die Zahl der Berichtsfälle hier noch stärker als in der Tabelle 27 schwankt, weil die Vertragstexte entweder unvollständig sind oder beide Ehepartner eine Abfindung mitbrachten. Einige Tendenzen lassen sich aber deutlich erkennen, auch wenn auf eine Ausrechnung der Prozentanteile verzichtet wurde. Sie verbot sich einmal wegen der geringen Gesamtzahlen und zum anderen wegen des in den Ämtern unterschiedlichen Verhältnisses der einzelnen Bauernklassen zueinander.

In beiden Ämtern nahmen fraglos jene Eheberedungen ab, in denen ausschließlich eine Naturalabfindung vereinbart wurde. Zum Schluß waren solche Abmachungen geradezu ungebräuchlich, und auch die Mindestsumme stieg praktisch auf einen Betrag von 100 Gulden an. Gemeinsam ist beiden Ämtern auch das sprunghafte Hochschnellen der Barabfindungen im letzten Teilabschnitt. Bei fast gleich hohen Gesamtzahlen sieht es so aus, als ob der Wohlstand im Amt Jerxheim noch stärker gestiegen sei als im Amt Königslutter. Schließlich ist in beiden Ämtern zu beobachten, daß mit Zunahme der Berichtsfälle auch die Streuung größer wird, und dadurch eine Zunahme höherer Abfindungssummen vorgetäuscht werden könnte. Vermeidet man diesen Trugschluß, so ist für Jerxheim keine Verbesserung der wirtschaftlichen Lage nach dem großen Kriege anzunehmen. Das gleiche gilt, wenn man für die Zeit vor diesem Ereignis die zahlreicheren Verträge des Amtes Königslutter als repräsentativ ansetzt und die späteren Jerxheimer Abfindungsbeträge mit ihnen vergleicht. Ebenso wäre es voreilig, aus den überlieferten Mitgaben im Amt Königslutter ein Nachlassen der Ertragskraft nach dem Kriege zu erschließen. Zwar schrumpft die Gruppe der Abfindungen von 76 bis 100 Gulden von 19 auf 3 Fälle zusammen, aber auch die Verträge, die überhaupt keine Geldabfindung ausweisen, nehmen in ganz erheblichem Umfang ab.

Erstaunlich ist aber die Abweichung, die sich zwischen beiden Ämtern ab 1708 anbahnte. Während von diesem Termin ab in Jerxheim bargeldlose Abfindungen praktisch nicht mehr vorkamen, behaupteten sie sich in Königslutter noch bis 1720. Später wurden sie auch hier so unbedeutend, daß die wenigen Fälle vernachlässigt werden können. Bei im ganzen ähnlichen Gesamtzahlen nahmen die Verträge mit relativ hohen Mitgaben in Jerxheim stetig zu, und dieser Unterschied gegenüber Königslutter läßt sich ohne weiteres durch die beiden nächsten Unterabschnitte hindurch verfolgen. Der Einwand, es könne innerhalb der nicht allzu großen Gesamtzahlen zufällig der Anteil der Ackerhöfe gestiegen sein, vermag nicht zu überzeugen, da das gleiche Geschehen in drei Unterabschnitten gleichmäßig zu verfolgen ist. Außerdem verringerte sich im Amt Jerxheim die Zahl der Ehestiftungen mit unterdurchschnittlichen Geldabfindungen weit stärker als im Amt Königslutter.

Anschließend sei noch darauf verwiesen, daß in fast jeder waagerechten Spalte drei Gruppen anzutreffen sind, die verhältnismäßig stark besetzt sind. Natürlich liegt es nahe, in ihnen den Gruppendurchschnitt der drei Bauernklassen zu sehen. Tatsächlich bedeuten diese Zahlen aber nur Häufigkeitswerte. So liegen zum Beispiel die Durchschnittssummen für die weichenden Erben von Kothöfen im Amt Jerxheim in der Zeit von 1708–1720 bei rund 70 Gulden, die Mitgaben betrugen bei Halbspännerhöfen dagegen im Schnitt 115 und bei Ackerhöfen 146 Gulden. Sie entsprechen also in keinem Falle einem der drei Werte, die in der entsprechenden Querspalte am häufigsten vorkommen.

Entsprechend der großen und zunehmenden Bedeutung des Geldes innerhalb der gesamten Mitgift liegt die Versuchung nahe, bereits jetzt anzudeuten, wie sich ihr Gesamtwert verändert hat. Das ist indessen unzweckmäßig. Zwar läßt sich besonders beim Amt Jerxheim erkennen, daß die Geldabfindungen spätestens von 1708 ab aufgebessert wurden. Diese Entwicklung hielt während der Mitte des 18. Jahrhunderts an, und am Schluß vervielfachten sich die ausgelobten Geldbeträge sogar, aber es darf nicht übersehen werden, daß gerade die so eindrucksvolle Verbesserung am Schluß des Untersuchungszeitraumes durch den Fortfall erheblicher Teile der Naturalabfindung auch wieder gemindert wurde. Dennoch verblieb eine derartige Erhöhung der Ertragslage, daß die eigenständige Entwicklung bei den übrigen Bestandteilen der Abfindungen nur noch das Ausmaß dieser Verbesserung abwandeln konnte, aber sie konnte sie nicht mehr in Frage stellen.

b) Die Mitgabe an Vieh

Wie zuvor bei der Mitgabe von Geld, so muß auch bei der Abfindung an Vieh mit Überschneidungen innerhalb der einzelnen Bauernklassen gerechnet werden. Jedoch ist das erkennbare Ausmaß hier deutlich geringer. Zwei Gründe scheinen dafür wesentlich zu sein. Einmal war bei größeren Höfen nicht ohne weiteres auch das Vorhandensein umfangreicherer Bargeldbestände zu erwarten, aus deren Vorrat die weichenden Erben entsprechend dem größeren Landbesitz besser abgefunden werden konnten. Infolgedessen muß bei der Ausstattung mit Geld mit starken Abweichungen nach unten gerechnet werden. Zum anderen waren Schwankungen des Viehbestandes aus mehreren Ursachen nur in weit geringerem Umfange möglich.

Der Zugtierbestand und -bedarf war durch den Umfang des Betriebes und den auf ihm ruhenden Diensten gegeben. Gelang es einem Bauern nicht, die erforderliche Anzahl an Pferden aus eigener Nachzucht zu sichern, oder fehlten ihm die nötigen Mittel für Ersatzbeschaffungen, so nahm er eben, wie in etlichen Fällen beobachtet werden konnte, Geld auf, um den Bestand wieder aufzustocken. Schulden wirkten sich aber, wie ebenfalls immer wieder festgestellt werden konnte, weit stärker in einer Verringerung der Geldabfindung aus und verursachten kaum eine Verminderung der Mitgaben an Vieh. In beiden Ämtern verfügten die Bauern auch über wenig eigenes Grünland, so daß Pferde und Rinder auf Flächen gehütet werden mußten, die im Gemeineigentum standen. Wieviel Tiere von jeder Tierart aufgetrieben werden durften, entschied aber die Zugehörigkeit zu einer Bauernklasse. Ähnliches galt auch für das Eintreiben der Schweine in das Holz. Jedoch wurde hier jährlich neu festgesetzt, wieviel Schweine der Kotsasse, Halbspänner oder Ackermann schicken durfte, weil die Waldmast weit unterschiedlicher ausfiel als der Graswuchs. Da seinerzeit der Viehbestand im wesentlichen noch durch eigene Nachzucht ergänzt wurde, werden auch schlecht wirtschaftende Bauern meistens in der Lage gewesen sein, die erlaubte Tierzahl auf die Weide zu bringen und zu halten. Dagegen war es gut Wirtschaftenden kaum möglich, den Viehbestand nennenswert zu erhöhen. Sie hätten das über die erlaubte Zahl hinaus gehaltene Vieh ausschließlich auf eigenen Flächen ausfüttern müssen. Daß man auch hiervor nicht zurückschreckte, zeigen die relativ hohen Preise, die für Grünland bezahlt wurden. Aber die Grenze der Rentabilität wurde bei diesem Vorgehen doch schnell erreicht und setzte einer stärkeren Ausdehnung ein Ende[169]. Insgesamt gesehen wirkten alle Ursachen Schwankungen des Viehbestandes entgegen. Aber sie bewirkten auch eine deutliche Abstufung, die entsprechend der Bauernklasse erfolgte.

Für beide Ämter mögen einige Durchschnittswerte einen Anhaltspunkt für die Ausstattung der weichenden Erben mit Vieh geben. Die Kinder von Ackerleuten erhielten meistens ein Pferd, seltener waren es zwei, und dazu kamen an Großvieh noch ein bis zwei Kühe und ein Rind. Auch bei den Halbspännern ist die Mitgabe eines Pferdes noch verhältnismäßig häufig, neben dem noch eine Kuh und ein Rind geliefert wurden. Die Kinder von Kotsassen mußten sich dagegen meistens mit einer Kuh begnügen, bei kleinen Höfen mußten sie sogar mit einem Rind zufrieden sein.

Bei den Kleintieren war die Mitgabe an Schafen äußerst unterschiedlich, die Zahlen schwankten zwischen einem Tier bis zu zehn Stück. Dabei kam es häufig vor, doch gilt das in der Regel nur für geringere Stückzahlen, daß man die Mutterschafe nebst dem Lamme dem weichenden Erben übergab. In der ersten Hälfte des Untersuchungszeitraumes überwogen aber bei weitem noch die Fälle, in denen Schafe überhaupt nicht zur Mitgift gehörten. Auch in der zweiten Hälfte, als die Schafhaltung allgemein stark zunahm, fehlten im Amt Jerxheim noch bei jeder dritten Abfindung die Schafe, im Amt Königslutter wurden sie auch jetzt noch nur in jedem siebenten Vertrag ausgelobt[170]. Die Stückzahlen wurden durchaus nicht immer entsprechend der Hofklasse bemessen, da die Schäfereigerechtigkeit häufig einem Kothof zugelegt worden war und in diesen Fällen naturgemäß weit mehr Schafe mitgegeben wurden, als es der Größe des Hofes entsprach.

Bei den Schweinen liegen die Verhältnisse beinahe umgekehrt. Im Amt Königslutter erhielt nahezu ausnahmslos jedes Kind von größeren Höfen zwei Fortschweine, von kleineren eins. Diese Schweine wurden zumindest vorerst noch nicht gemästet. Daneben konnte der weichende Erbe im gleichen Maße weitere Schweine erwarten, «wie sie im Holze fett wurden». Im Amt Jerxheim fehlte dagegen die Waldmast, und dementsprechend konnten auch keine Fettschweine versprochen werden. An ihrer Stelle wurden vereinzelt nur Feldschweine oder solche aus der Stoppel-«Mast» erwähnt.

Im allgemeinen wurden die Tiere aber ohne nähere Angaben aufgeführt, verhältnismäßig oft wurden sie noch als Fortschweine bezeichnet, oder man begnügte sich mit der Altersangabe. Entsprechend der allgemeinen Entwicklung der Schweinebestände wurden hier die Verträge aber immer seltener, in denen Schweine Bestandteil der Abfindung waren[171]. Vor dem Dreißigjährigen Kriege war das noch in jeder dritten Eheberedung der Fall, danach nur noch in jeder vierten, und anschließend wurden ab 1708 nur noch in jeder siebenten oder achten Ehestiftung Schweine in die Mitgift einbezogen.

---

[169] Siehe Anm. 25. Natürlich fanden auch hier die Bauern einen Ausweg, indem sie Geld verliehen und sich dafür Äcker und Wiesen verpfänden ließen. Allerdings war die Wirkung dieses Mittels beschränkt, denn auch bei umfangreichem Pfandackerbesitz wurde kein Bauer in eine höhere Bauernklasse eingestuft.

[170] Siehe Tabelle 16.

[171] Siehe Tabelle 21.

Nicht mehr unmittelbar zur Abfindung mit Vieh gehören die Speckseiten, die vor dem Dreißigjährigen Kriege in beiden Ämtern in der Mehrzahl der Fälle mitgegeben wurden. Meistens sind es zwei Seiten, die geliefert wurden, nicht selten beschränkte man sich aber auch auf eine. Nach dem großen Kriege läßt sich diese Mitgabe im Amt Jerxheim jedoch nicht mehr belegen, im Amt Königslutter wurde sie seltener, und ab 1708 verschwindet auch hier dieser Bestandteil der Abfindung praktisch ganz.

Bemerkungen wie «Der Bruder erhielte eine Kuh nach Wahl», «Das Vieh solle nach des Gutes Gelegenheit geliefert werden», «Der Bruder solle das Pferd nächst dem besten erhalten» oder die Angabe besonderer Kennzeichen beweisen, daß früher die versprochenen Pferde, Kühe, Schafe und Schweine in diesen Fällen tatsächlich vom Hoferben übergeben wurden. Zuweilen wurde ihm aber ausdrücklich zugebilligt, er solle zwischen der Naturallieferung der Tiere oder einer entsprechenden Geldentschädigung wählen können. In anderen Fällen dagegen heißt es nur, Bruder oder Schwester bekämen »ein Pferd oder zehn Taler dafür«. Beim Rindvieh sind sinngemäße Bestimmungen bereits wesentlich seltener anzutreffen, und bei Schafen und Schweinen sind sie geradezu eine Ausnahme. Entsprechend dem Streben, immer mehr Naturallieferungen in Geldzahlungen umzuwandeln, stellte gegen Ende des 18. Jahrhunderts der Amtmann zu Königslutter eine Tabelle auf, die es erlaubte, alle «Naturalprästanda» in Geld umzurechnen[172]. Auch wird in der Literatur darauf hingewiesen, statt der Naturallieferung sei eine Geldentschädigung gezahlt worden, die aber den Marktpreis der betreffenden Gegenstände nicht erreicht habe[173]. Trägt man die in unserem Material enthaltenen Angaben zusammen, so ergibt sich folgendes Bild:

Tabelle 31
Schätz- und Entschädigungspreise für Pferde in Talern in den Ämtern Schöningen, Jerxheim und Königslutter in der Zeit von 1572 bis 1800

Zeit	Schätzpreise Schöningen	Schöningen	Entschädigungspreise		
			Zeit	Jerxheim	Königslutter
1617—1625	11,00	—	1572—1625	13,0 (3)	8,5 (2)
1675—1682	12,50	—	1652—1683	15,0 (7)	—
1720—1726	13,15	15,4 (14)*)	1708—1720	20,0 (1)	10,0 (3)
1753—1758	22,67	17,4 (16)	1745—1750	24,8 (8)	10,0 (8)
1779—1805	32,33	22,4 (14)	1794—1800	32,7 (11)	21,7 (3)

*) Die Zahl der Berichtsfälle ist hinter den Preisen in Klammern angegeben.

Quellen: Schätzpreise für Schöningen siehe Tabelle 8, Entschädigungspreise nach 21 Alt 787, 788, 793, 794, 798, 799, 800; Entschädigungspreise für Jerxheim und Königslutter siehe Tabelle 27.

Zwar ist das Material nicht gerade sehr umfangreich, das für das Amt Jerxheim überliefert wurde, doch zeigt es sehr gut, wie genau die Geldentschädigungen für ein Pferd dem Anstieg des Marktpreises folgten. Ähnliches kann für die Summen nachgewiesen werden, mit denen die Naturallieferung einer Kuh abgegolten wurde. Einem

---

[172] Siehe GESENIUS, a. a. O., 1. Band, S. 540. Die Tabelle wurde auf Grund des Rescriptes v. 22. Mai 1770 eingesandt, das alle Amtleute aufforderte, über die in ihrem Amte herrschenden bäuerlichen Gewohnheitsrechte zu berichten.
[173] GESENIUS, a. a. O., 1. Band, S. 547, ebenso SCHOLZ III: Abfindungen, a. a. O., S. 84.

Schätzpreis von 12,7 Talern gegen Ende des 18. Jahrhunderts stand eine durchschnittliche Entschädigung von 11 Talern gegenüber[174]. Für die Ermittlung des Wertes der Abfindung mit Vieh ist es deshalb in diesem Amt gleichgültig, ob sie in Geld oder in natura erfolgte. Der Wert ist in jedem Fall der gleiche.

Ein ganz anderes Bild ergibt sich aber für das Amt Königslutter. Ordnet man die insgesamt 15 Berichtsfälle nach der Höhe des gezahlten Ausgleichsbetrages, so betrug er zwölfmal 10 Taler und je einmal 12, 15 und 40 Taler. Besonders der letzte Wert hat den Durchschnitt der Abgeltungsbeträge im letzten Teilabschnitt erheblich angehoben, da neben ihm nur noch zwei weitere zur Errechnung herangezogen werden konnten. Läßt man ihn deshalb außer acht, so ergibt sich eine ziemlich gleichbleibende Entschädigungssumme, die allerdings wesentlich seltener als anderswo statt der Naturallieferung vorgesehen wurde. Ein wesentlich umfangreicheres Material bietet dagegen das Amt Schöningen, obwohl nur erheblich weniger Jahre durchgesehen wurden. Auch hier zeigt sich, daß es für den Hoferben weit vorteilhafter war, einen Geldbetrag in der hier dafür üblichen Höhe zu zahlen, anstatt Bruder oder Schwester ein Pferd durchschnittlicher Güte abzutreten.

Entsprechend den erheblichen Wertunterschieden zwischen Naturallieferung und Geldentschädigung wäre es natürlich wichtig zu wissen, welche Art der Abfindung im Amt Königslutter vorherrsche. Auffällig ist, daß alle Abfindungen, bei denen statt der Abgabe eines Pferdes zehn Taler vorgesehen wurden, unter dem Durchschnitt der anderen Mitgaben liegen. Womöglich wollten hier die Ackermänner und Halbspänner den Schein wahren, wie üblich ihren Kindern ein Pferd mitzugeben, ohne dazu wirtschaftlich in der Lage zu sein. Infolgedessen wählten sie statt dessen einen Betrag, dessen Höhe am Anfang des Untersuchungszeitraumes einmal dem Wert eines Pferdes entsprochen hatte, der in späteren Zeiten dagegen eine erhebliche Einsparung zu Lasten der weichenden Erben bedeutete. Ähnliche Verhältnisse lassen sich wiederum bei den Summen beobachten, mit denen der Hoferbe das Einbehalten der versprochenen Kuh ausglich. Um die Mitte des 18. Jahrhunderts wurden in sechs Fällen nur sechs Taler ausgelobt, obwohl der Schätzpreis inzwischen 8,2 Taler betrug[175]. Für die vier Berichtsfälle aus dem letzten Teilabschnitt ergibt sich ein Durchschnitt von acht Talern, dem ein Schätzpreis von 12,7 Talern gegenüberzustellen ist.

Zieht man noch den Einzelfall heran, bei dem ein Halbspänner statt eines Pferdes immerhin 40 Taler aussetzte (497/66), die gesamte Mitgift liegt weit über dem Durchschnitt, so liegt es nahe, die sonst vorgesehenen unterdurchschnittlichen Entschädigungsbeträge als Ausnahmeerscheinung zu werten, die durch die wirtschaftliche Schwäche dieser Höfe bedingt wurde. Auch die geringe Zahl der Berichtsfälle spricht dafür, daß in diesem Amt der Ausgleich der Naturallieferung durch Geld Ausnahme geblieben ist. Diesem Schluß steht aber die Tatsache entgegen, daß gerade im Amt Königslutter der Amtmann eine Umrechnungstabelle aufstellte. Die in ihr aufgeführten Wertangaben entsprechen auch durchaus jenen, die dem Quellenmaterial entnommen wurden. Vielleicht trifft für dieses Amt doch die Angabe aus der Literatur zu, die «Naturalprästanda» seien mit Summen abgegolten, die unter dem Marktpreis gelegen haben.

[174] Die 11 Taler ergeben sich aus 6 Berichtsfällen. Der Schätzpreis entstammt der Tabelle 14.
[175] Die 6 Berichtsfälle umfassen alle drei Bauernklassen und lauten gleichmäßig über 6 Taler. Auch sonst konnte keine Abstufung der Entschädigungssumme nach der Hofklasse beobachtet werden.

Im Amt Jerxheim aber konnte man es sich erlauben, mit den Preissteigerungen Schritt zu halten.

Soll also für die im Amt Königslutter versprochene Mitgabe an Vieh der Wert ermittelt werden, so muß ungefähr ab 1730 mit größeren Fehlern gerechnet werden, da von nun an die Marktpreise die entsprechenden Entschädigungssummen beträchtlich überstiegen. Gegen Ende des Jahrhunderts stört diese Differenz aber kaum noch, da im letzten Teilabschnitt bei den 70 erfaßten Ehestiftungen nur noch in 17 Fällen Vieh zur Abfindung gehörte. Dagegen blieb im Amt Jerxheim die Mitgabe an Vieh bis zuletzt Bestandteil der Mitgift weichender Erben.

c) *Die Mitgabe an Korn*

Ausgedroschenes, reines Korn ist während des Untersuchungszeitraumes nur in Ausnahmefällen vom Aufheiratenden eingebracht worden. Dagegen war es üblich, den weichenden Erben einige Morgen Getreide auf dem Halm zu übergeben, die sie einmal abernten durften. Dabei hatten sie die Äcker nicht nur zu mähen und das Getreide einzufahren, sie mußten auch das Ausdreschen besorgen[176]. Eine Übereinstimmung ist dabei in beiden Ämtern anzutreffen: Im letzten Teilabschnitt der Untersuchung ist die Mitgabe von Korn ungebräuchlich geworden. Lediglich im Amt Königslutter fanden sich noch drei Ausnahmen, die aber die früher festgelegte Mitgift von Aufkömmlingen betreffen. Die in diesem Zeitabschnitt verabredeten Auslobungen für die weichenden Erben enthalten auch hier keinerlei Bestimmungen mehr über die Mitgabe von Korn. Auch ist schon früher dieser Teil der Abfindung nicht durchgehend gewährt worden. Die folgende Tabelle berichtet darüber, in welchem Umfange das der Fall war.

Im Amt Jerxheim ist also diese Art der Abfindung von den väterlichen Gütern schon früh unbedeutend geworden, praktisch spielte sie hier im 18. Jahrhundert bereits keine Rolle mehr. Im Amt Königslutter waren es dagegen im Anfang immer gut zwei Drittel

Tabelle 32
Die Häufigkeit der Mitgabe von Korn in den Ämtern Königslutter und Jerxheim in den Jahren 1566—1800

Zeitraum	Königslutter		Jerxheim	
	\multicolumn{4}{c}{Zahl der Verträge}			
	insgesamt	mit Kornmitgabe	insgesamt	mit Kornmitgabe
1566—1625	112*)	80	54	32
1652—1683	66	48	145	60
1708—1720	70	47	87	11
1745—1750	62	31	67	9
1794—1800	72	3	66	—

*) Die Gesamtzahlen stimmen mit denen der Tab. 27 nicht überein, da Verträge, in denen beide Eheleute nur die Mitgift einbrachten, hier doppelt gezählt werden mußten.

Quellen: Siehe Tabelle 27.

[176] GESENIUS, a. a. O., 1. Band, S. 548.

aller Fälle, in denen eine Kornabfindung gewährt wurde, und selbst in der Mitte des 18. Jahrhunderts wurde sie noch in jedem zweiten Vertrag versprochen.

Die Wertermittlung dieses Bestandteils bereitet keine Schwierigkeiten, wenn man folgende Überlegungen zu Grunde legt. Sowohl für den Annehmer wie für die weichenden Erben ergab sich der Wert eines Morgens Getreide aus der Multiplikation von ausgedroschener Menge und damals gültigen Preisen. Natürlich liegt es nahe, zuvor auf den Abzug der Kosten für das Mähen, Einfahren und Dreschen zu dringen. Aber diese Arbeiten wurden früher auf den Höfen durch eigene Mitarbeit und durch ständige Kräfte erledigt, die im Jahreslohn standen. Hatte also der Hoferbe im Jahre der Abfindung nur eine geringere Getreidefläche zu bergen, so verfügten er und sein Gesinde zwar über mehr Freizeit, aber sie wird sicherlich nur in Ausnahmefällen zu anderer produktiver Arbeit verwandt worden sein. Eine effektive Kostenersparnis trat demnach nicht ein. Dasselbe gilt für den weichenden Erben, der die ihm zugestandenen Flächen gewiß nicht durch Lohnarbeiter abernten ließ, sondern hierzu seine Freizeit verwandte, die er sonst auch zu keinerlei anderem Gelderwerb nutzen konnte.

Als wertbestimmende Faktoren verbleiben demnach nur noch die durchschnittlichen Ernteergebnisse und die Getreidepreise. Für die Höhe der im 17. Jahrhundert eingebrachten Ernten stehen die Erhebungen von braunschweigischen Domänen und besonders aus Hedeper und Bornum zur Verfügung, die dem Amt Jerxheim recht nahe liegen[177]. Hier sind die Bodenqualitäten aber noch besser als in den bislang untersuchten Orten, so daß die Ergebnisse leicht aufgerundet werden dürfen. Schwierig ist es dagegen, die Unterschreitung dieser Durchschnittswerte für das Amt Königslutter zu bestimmen, da hier keinerlei Vergleichsmaterial vorliegt. Es wurden daher die Werte für Bornum verwandt, die eine geringere Bodengüte widerspiegeln und eher jener im Amt Königslutter entsprechen. Die Getreidepreise wurden wiederum der Preissammlung des St.-Blasius-Stiftes zu Braunschweig entnommen[178].

Für das 18. Jahrhundert wurden sodann die durchschnittlichen Erntemengen um 20 v. H. erhöht und die Preise wieder der gleichen Sammlung entnommen, die auch dieses Jahrhundert noch umfaßt[179]. Es erscheint bei der Kürze der letzten beiden Teilabschnitte dieses Jahrhunderts aber unzweckmäßig, nur die Preise der Jahre von 1745 bis 1750 und 1794–1800 heranzuziehen. Der Durchschnitt so weniger Jahre wäre sicher nicht repräsentativ genug, so daß statt dessen die Zehnjahresdurchschnitte von 1741–1750 und 1791–1800 verwandt wurden.

An Hand dieser Angaben läßt sich im Amt Jerxheim der Wert eines Morgens Roggen für die Zeit von 1566–1589 mit 5½ Gulden und von 1652–1683 mit 8 Gulden ermitteln. Für das 18. Jahrhundert ergeben sich für beide Unterabschnitte von 1708 bis 1720 und von 1741–1750 15 Gulden.

Für das Amt Königslutter ist der Wert eines Morgens Roggen im Vergleich zum Amt Jerxheim um 15 v. H. geringer anzusetzen. Diese Differenz beruht ausschließlich auf der schlechteren Bodenqualität und den geringeren Durchschnittsernten; denn die Preise werden sicher in beiden Ämtern jenen des St.-Blasius-Stiftes zu Braunschweig entsprochen haben. Zwar betrug der Ertragsunterschied in Hedeper und Bornum, das

---

[177] SAALFELD, a. a. O., S. 60; ACHILLES, a. a. O., S. 144.
[178] Siehe Quellenangabe zu Bild 1. Auch die Getreidepreise vor 1660 wurden seinerzeit von Herrn Dr. SAALFELD, Göttingen, erhoben.
[179] Siehe S. 14.

Königslutter repräsentiert, nur 10 v. H., doch wurde die Höhe der Ernten im Amt Jerxheim um 5 v. H. höher angesetzt als in Hedeper, so daß sich insgesamt die angeführte Differenz von 15 v. H. ergibt[180]. Damit stimmt gut überein, daß im Jahre 1662 hier der Wert eines «untadeligen» Morgens Roggen statt mit 8 fl. nur mit 6 fl. angegeben wurde (481/2).

Bei den übrigen Getreidearten müssen die abweichenden Ernteergebnisse und die unterschiedlichen Preise berücksichtigt werden, wenn der Wert eines Morgens Getreide errechnet werden soll. Beim Weizen entsprachen die Erträge denen des Roggens, doch lag der Preis um 15 bis 20 v. H. höher, so daß auch der Wert eines Morgens Weizen um den gleichen Betrag höher anzusetzen ist. Zwar wurden von einem Morgen Ackerland mehr Himten Gerste geerntet, doch lag der Preis für die Maßeinheit so tief unter dem des Roggens, daß insgesamt der Wert um 10 bis 15 v. H. verringert werden muß. Noch krasser traten beide Erscheinungen beim Hafer auf, der einen noch höheren Ertrag an Himten je Morgen brachte, doch wurden für einen Himten Hafer weit weniger Mariengroschen als für einen Himten Roggen bezahlt. Insgesamt ergibt sich daraus eine Wertminderung, die mit 40 bis 50 v. H. angenommen werden kann.

d) Die Mitgabe an Kisten, Betten und Ehrenkleidern

In nahezu allen Eheverträgen wurde den Mädchen, die den Hof verließen, Kisten und Kasten, später mit «Leinengeräte», Betten und Bettgewand sowie Ehrenkleider zugesagt. Bei den Söhnen beschränkte man sich im Regelfall dagegen auf die Mitgabe eines Ehrenkleides. Darin liegt nicht unbedingt eine Bevorzugung der Töchter. Wie in anderen Ämtern, so scheint es auch in Jerxheim und Königslutter üblich gewesen zu sein, den Mädchen bis zur Verheiratung einen halben bis einen Himten Lein zu säen. Die Verarbeitung mußte dann von ihnen übernommen werden, so daß der Hof das «Leinengeräte» nicht zu beschaffen brauchte. Doch hatte in einigen Fällen der Hofannehmer wieder für den Leineweberlohn aufzukommen[181]. Ähnliches galt für die Betten; denn auch hier hatte die weichende Erbin das Bettzeug selbst zu nähen und die Kissen zu füllen, wobei verschiedentlich berichtet wird, daß die Mutter oder die Bäuerin ihr dabei helfen wollten. Das Bettgestell oder die Sponde wurde sicherlich nur in Ausnahmefällen vom Hofannehmer gekauft, vielmehr wird es meistens ein bereits vorhandenes Gestell gewesen sein, das der Tochter mitgegeben wurde. Bestand doch die Regel, nur den Töchtern Betten und Bettwäsche zu vererben, die früher von der Mutter mit in den Hof gebracht wurden. Lediglich die Kiste oder der Kasten,

---

[180] In der bereits erwähnten Tabelle des Amtmanns zu Königslutter, die GESENIUS, a. a. O., 1. Band, S. 540 ff., zitiert, ist der Wert eines Morgens Winterkorn mit 5 Talern angegeben. Da zur Zeit der Berichterstattung die Preise erheblich höher als um die Mitte des Jahrhunderts standen, muß der für diesen Zeitpunkt angenommene Wert von 15 Gulden auf mindestens 18 Gulden erhöht werden. Das wären aber 10 Taler. Die Umrechnungstabelle aus der Zeit um 1770 gibt also auch hier wesentlich zu niedrige Werte an.

[181] GESENIUS, a. a. O., 1. Band, S. 546, berichtet diesen Brauch für die Ämter Bahrdorf, Neuhaus und Vorsfelde. In unserem Material findet sich die entsprechende Absprache zweimal im Amt Jerxheim (463/35; 467/118) und viermal im Amt Königslutter (480/1, 8; 483/146; 497/259).

später der «Coffre», bedeutete in jedem Fall eine Barausgabe für den Hof, und das gleiche gilt auch für das Ehrenkleid.

In den späteren Eheverträgen kommt es allerdings immer häufiger vor, daß statt der tatsächlichen Lieferung der beschriebenen Gegenstände eine Abfindungssumme gegeben wurde. Sie lag jetzt aber so hoch, daß sie nicht nur als Entgelt für die Kiste und das Ehrenkleid angesehen werden kann. So wurden im letzten Jahrzehnt des 18. Jahrhunderts im Amt Königslutter vier weichende Erben von Ackerhöfen im Schnitt mit 240 Gulden für Kisten und Kasten, Bett und Bettgewand abgefunden (497/591; 498/197, 712, 717). Drei Kinder von Halbspännerhöfen erhielten nur noch durchschnittlich 180 Gulden (145/169; 498/17, 265), während drei weitere, die von Kothöfen stammten, sich mit 120 Gulden begnügen mußten (497/677; 498/90, 616). Aber ein weichender Erbe aus der Klasse der Kotsassen brachte für Kisten und Betten bereits selbst 180 Gulden auf (498/47), und selbst ein neuer Anbauer war schon in der Lage, seinem Kinde ebenfalls 180 Gulden für diesen Teil der Mitgift zu versprechen (498/374). Leider fehlen aus früheren Zeiträumen die Vergleichszahlen, so daß die Wertsteigerung der Abfindung bei Kisten und Kasten, Betten und Bettgewand nicht verfolgt werden kann. Lediglich für die Kiste selbst liegen noch fünf weitere Wertangaben vor[182].

Wenig war über den Inhalt der Kiste, «das Leinengeräte», zu erfahren. In einem Vertrag wird berichtet, daß drei Bettlaken, fünf Tischlaken, zwei Handtücher, ein Bettbezug und ein Pfühlbezug dazu gehörten (481/22). Der Wert der einzelnen Stücke wurde leider nicht angegeben. Auch eine Witwe, die bereits einen Haushalt geführt hatte, brachte nicht mehr Gegenstände gleicher Art mit, nämlich: eine Kiste und Lade mit Schlössern für neun Gulden, vier Handtücher und drei Tischdecken (459/51). Zwar gehören diese Verträge noch dem 16. und 17. Jahrhundert an, aber selbst ein Ehevertrag aus dem Amt Schöningen, der aus dem Jahre 1740 stammt, enthielt eine ähnlich geringe Ausstattung, obwohl es sich um die Tochter eines Frei-Ackermannes handelte[183]. Dennoch erscheint es voreilig, eine solch geringe Mitgift als typisch anzusehen, denn ein weiterer Vertrag aus dem gleichen Amt nennt erheblich mehr Gegenstände dieser Art[184].

Gegen 1800 scheint der zunehmende Wohlstand auch bei diesem Teil der Abfindung eine Vermehrung bewirkt zu haben. So erhielt 1799 die Tochter eines Halbspänners im Amt Königslutter 2 Stiege Bund-Leinen zum Umhange, 14 Tischdecken, 18 Servietten, 36 Handtücher, 8 Stiege Leinwand, 1 Kleiderschrank, 1 «Coffre» und 1 Kasten mit 220 Knocken Flachs (498/213).

Beim Bett und Bettgewand ist es nicht weniger schwierig als beim «Leinengeräte», die

---

[182] Kurz vor 1584 wird der Wert einer Kiste mit 3 Gulden angesetzt (459/107), 1682 wird er mit 2 Talern oder 3,6 Gulden angegeben (466/404), 1708 bekommen zwei Schwestern allerdings eine Kiste im Wert von nur 1,8 Gulden (466/56), 1712 wird noch einmal der gleiche Betrag aufgeführt (482/542), 1746 werden dagegen 5,4 Gulden für die Kiste und 3 Gulden für die Lade genannt (488/57).

[183] Dieser Teil der Mitgift umfaßte 2 Paar Bettlaken, 3 Paar Tischlaken, 3 Paar Handtücher, 9 Säcke, 1 Kiste und das Linnen und die Kleidung ihrer seeligen Mutter (791/96).

[184] Es handelt sich um das 1742 aufgenommene Inventar des Eingebrachten der ersten Ehefrau eines Halbspänners aus Runstedt: 24 Tischlaken, 20 Handtücher, 20 Unterhemden, 36 Halshemden, 3 Stiegen Leinwand, 80 Knocken Flachs (ungefähr je 500 g schwer), 8 linnene Schürzen, 15 Halstücher, 15 weiße Untermützen, 6 Obermützen, 10 Röcke, 6 Wämser, 8 Brusttücher, 1 Kasten und 1 Lade (792/7).

Zahl der zugehörigen Gegenstände und deren Wert zu bestimmen. Auch die zusätzliche Anmerkung, es solle sich um ein vollständiges oder bereitetes Bette handeln, hilft kaum weiter. Immerhin stehen einige Angaben zur Verfügung, die ein ungefähres Bild vermitteln können. Die geringste Ausstattung umfaßte 1677 ein Bette, ein Pfühl, ein Kissen und ein Laken (481/46). Aber schon in der gleichen Zeit werden für ein vollständiges Bett zwei Pfühle, zwei Kissen, zwei Paar große und zwei Paar Mittellaken genannt (480/1). Im Anfang des 18. Jahrhunderts rechnete man zu einem bereiteten Bette ein Ober- und Unterbett, zwei Kissen, ein oder zwei Pfühle und ein bis vier Laken (482/474, 550). Aus der Mitte des gleichen Jahrhunderts stammen auch zwei Schätzungen, die aber kein sehr klares Bild ergeben[185], und zum Schluß des Untersuchungszeitraumes ist wieder die erhebliche Zunahme des Zubehörs festzustellen, heißt es doch jetzt: ein Bett, als ein Deckbett, zwei Unterbetten, zwei Pfühle, vier Kissen, vier Überzüge und zwölf Bettlaken (498/213).

Während bei den Kisten und Kasten, beim Bett und Bettgewand zumindest in den früheren Teilabschnitten der Fleiß des Mädchens über den Umfang des Eingebrachten mit entschied, muß beim Ehrenkleid, das sicher nicht nur zur Hochzeit getragen wurde, mit dem Kauf des Stoffes und der Zurichtung durch einen Schneider gerechnet werden. Das bedeutete eine Barausgabe für den Hof, deren Höhe im Ehevertrag festgelegt wurde. Infolgedessen verfügen wir hier über ein weit reichhaltigeres Material, das erlaubt, eine Tabelle über die Entwicklung des Wertes solcher Kleider aufzustellen[186].

Die aus der Tabelle abzulesende Bewegung des Wertes entspricht nur bedingt der Entwicklung, die bislang beobachtet werden konnte. Fast sieht es so aus, als ob die

Tabelle 33
Wert eines Ehrenkleides in den Ämtern Königslutter und Jerxheim von 1679—1800 in Talern

| Zeitraum | Königslutter | | | Jerxheim | | | ohne Angabe |
	Acker-leute	Halb-spänner	Kot-sassen	Acker-leute	Halb-spänner	Kot-sassen	
1679—1683	—	—	—	4 (1)*)	—	3,2 (2)	4 (7)
1708—1720	3,3 (3)	3,0 (4)	2,9 (12)	8,4 (7)	5,5 (2)	4,3 (21)	—
1745—1750	5,2 (4)	8,0 (1)	3,4 (5)	10,1 (12)	5,0 (2)	6,3 (17)	—
1794—1800	4,7 (7)	4,7 (7)	3,3 (9)	10,0 (2)	10,0 (3)	9,1 (8)	—

*) Zahl der Berichtsfälle in Klammern.
Quellen: Siehe Tabelle 27.

[185] 1742 wurden Ober- und Unterbett mit Linnenbezügen auf 4 Taler, 4 Pfühle auf ebenfalls 4 Taler und 6 Kissen auf 3 Taler geschätzt (486/7). 1745 schätzte man 2 Betten, 2 Pfühle und 2 Kissen auf 2 Taler, 1 Bettsponde auf 1 Taler (487/246).
[186] In den ersten beiden Teilabschnitten war es auch gebräuchlich, statt eines Ehrenkleides, zuweilen auch zusätzlich, eine „Mantel" mitzugeben. Das ist ein Umschlagetuch zum Tragen eines Kindes. Daneben kam besonders oft ein kurzer „Heiken" oder kurzer Mantel vor. Verschiedentlich wurde hinzugefügt, es solle sich um einen „Puchen" (wollenen) „Heiken" handeln (z. B. 459/107, 124). 1594 wird sein Preis mit 1 Taler angegeben (478/173). Dieser Vertrag beziffert auch das Leibstücke mit 1 fl. das noch in einem weiteren als „Engelsch" Leibstücke gekennzeichnet wurde (459/7), es konnte aber auch ein „zayem" Leibstücke sein (459/107). Daneben wurde dreimal ein Rock erwähnt, der neben den bereits erwähnten Stoffarten „Puchen" und „Saien" auch den Zusatz „graw kemblich" erhalten konnte (459/7). Schließlich

Ausgaben für das Ehrenkleid, dem äußerlichsten Zeichen für den Wohlstand, jenen für die anderen Bestandteile der Mitgift vorausgeeilt wären. Trotz des anfangs geringen Zahlenmaterials wird im Amt Jerxheim bereits vom Ende des 17. bis zum Anfang des 18. Jahrhunderts ein Anstieg des Wertes deutlich. Er entspricht der Erhöhung der Barabfindungen, wie sie zuvor festgestellt werden konnte. Auch die geringere Höhe der Ausgaben für das Ehrenkleid im Amt Königslutter erinnert an die geringere Höhe der Barabfindungen, die für dieses Amt immerhin für die späteren Teilabschnitte schon nachgewiesen werden konnte. Erstaunlich aber bleibt das schnelle Ansteigen des Wertes für das Ehrenkleid vom Anfang bis zur Mitte des 18. Jahrhunderts. Nimmt man noch das anschließende Stagnieren der Aufwärtsbewegung bis zum Ende des Untersuchungszeitraumes hinzu, so zeigt sich, daß der Wert der Ehrenkleider jedenfalls im 18. Jahrhundert eine eigene Entwicklungslinie aufweist. Offensichtlich scheint man bereits den zuerst nur geringfügigen Anstieg der Ertragslage dazu ausgenutzt zu haben, teurere und prachtvollere Kleider zu kaufen, um das Selbstgefühl zu stärken. Aber man scheint sich dem Kleiderluxus auch wiederum nicht hemmungslos hingegeben zu haben[187]; denn der größere Wohlstand gegen Ende des 18. Jahrhunderts ist bereits unzweifelhaft nachgewiesen, doch verleitete er nicht mehr dazu, noch kostbarere Kleider zu wählen. Lediglich die Kotsassen im Amt Jerxheim nutzten den weiteren Anstieg der Ertragslage und trugen zum Schluß beinahe ebenso wertvolle Kleider wie die Halbspänner und Ackerleute.

e) Die Hochzeitskosten

Die Kosten für die Hochzeit wurden meistens von den Eltern der Brautleute gemeinsam bestritten. Lediglich im letzten Teilabschnitt übernahm der Brautvater häufiger die gesamten Hochzeitskosten. Im Regelfall aber hieß es, nachdem die übrige Mitgift beschrieben worden war, in den Verträgen vor und nach dem Dreißigjährigen Kriege nur: «dazu die halbe Hochzeit» oder in den früheren Verträgen: «die halbe Brauthaus». Eventuell wurde noch erläuternd hinzugefügt: «die halbe Hochzeit, so wie sie der Gegenpart aufbringt». Natürlich erlauben es diese lapidaren Angaben nicht, dem Ziel der vorliegenden Untersuchung näher zu kommen.

Etwas günstiger sind daher jene Ehestiftungen, in denen nähere Angaben gemacht wurden. Leider sind sie nicht sehr zahlreich[188]. Man geht aber wohl nicht fehl, wenn

noch zwei Preise für die „Mantel": 1677 wurde sie mit 3 fl. (463/24) und 1713 mit 3 Talern angegeben (466/407). Erwähnt sei noch, daß häufiger statt eines Ehrenkleides Ehrenkleider ausgelobt wurden. Hierfür ein Beispiel (463/449): An Ehrenkleidern „die Mantell/das Leibstücke/die Schürtze und der Stuell".

[187] Da die Ausgaben der Kotsassen für ein Ehrenkleid später doch noch den als zu hoch gerügten Betrag von 8—10 Talern erreichten, scheinen die Kleiderordnung von 1740 und die 1753 dazu ergangene Mahnung nicht gerade Ursache der sonst zu beobachtenden Mäßigung gewesen zu sein (40 Slg. 5994 und 7653).

[188] Die Schätzung stützt sich auf 8 Ehestiftungen, unter denen sich 3 durch ihre weit überdurchschnittliche Höhe als Abfindungen von Ackerhöfen zu erkennen geben. Es wurden insbesondere die Verträge (459/31) mit je 3½ Faß Bier, 10 Himten Roggen, 7 Himten Weizen, dazu das Essen und (479/192) mit je 3½ Faß Bier, 8 Himten Roggen, 5 Himten Weizen, 2 Schweinen und 1 Rind herangezogen. Die übrigen Verträge zeigen ähnliche Relationen, doch ermäßigen sich offensichtlich die Naturalien nicht so stark wie die vertrunkenen Fässer Bier.

man für die Zeit vor dem Dreißigjährigen Kriege für die Hochzeit eines Ackermannes einen Aufwand von 7 Faß Bier, 20 Himten Roggen, 10 Himten Weizen, 2 Rindern und 2-4 Schweinen annimmt. Natürlich hatte jeder Ehepartner hiervon nur seine Hälfte aufzubringen. Für den Bierpreis steht eine Angabe aus dem Jahre 1618 zur Verfügung, die auf 7 fl. für ein Faß Bier lautet (479/192). Im Jahrzehnt von 1611-1620 standen die Getreidepreise sehr hoch, so daß für diese Zeit der Wert des Weizens immerhin mit 21 fl. und jener des Roggens mit 18 fl. anzusetzen ist. Für die vorhergehenden Jahrzehnte darf diese Summe ohne weiteres um 30-50 v. H. gekürzt werden. Weiterhin müssen für zwei Rinder mindestens 16 fl. und für drei Schweine ebenfalls 16 fl. gerechnet werden[189]. Die Hochzeitskosten beliefen sich demnach auf insgesamt 120 fl., so daß der Wert der Hochzeitskosten bei der Mitgift eines weichenden Erben mit 60 fl. für dieses Jahrzehnt angegeben werden kann. Diese Angabe ist aber für die Zeit vor dem Dreißigjährigen Kriege, besonders aber für die letzten Jahrzehnte des 16. Jahrhunderts nicht repräsentativ. Einmal müssen die Kornpreise erheblich niedriger angesetzt werden, und zum anderen gilt das gleiche für den Bierpreis, da zwischen dem Korn- und Bierpreis ein gesicherter Zusammenhang bestand[190]. Nicht ganz so stark dürfen die Viehpreise ermäßigt werden[191]. Infolgedessen wird für das Ende des 16. Jahrhunderts der Wert der gesamten Hochzeitskosten mit 80 fl. insgesamt wohl einigermaßen zutreffend angegeben sein.

Aus dem nächsten Unterabschnitt nach dem Dreißigjährigen Kriege liegen bereits 16 Angaben über den Aufwand zur Hochzeit vor. Aber auch hier wurden lediglich die zu liefernden Naturalien genannt, so daß zuvor wieder die betreffenden Preise ermittelt werden müssen. Für den Bierpreis stehen jetzt zwei Preisnotizen zur Verfügung. Die erste aus dem Jahre 1657 nennt einen Preis von 6,3 fl. für ein Faß (460/62), während die zweite aus dem Jahre 1664 den Preis für die gleiche Menge «Broihan» mit 7,2 fl. und für Bier sogar mit 9 fl. angibt (461). Wenn der erste Preis auch bereits aus dem Jahre 1657, also aus dem Anfang des Teilabschnittes, stammt, so ist er dennoch repräsentativ, denn die elf Preisangaben für Bier aus dem Kirchenrechnungsbuch von Mahlum, die den Zeitraum von 1660 bis 1683 umfassen, beweisen, daß der Preis mit Ausnahme der Teuerungsjahre von 1661-1664 nur geringfügig schwankte[192]. Dem entspricht eine ziemliche Konstanz der Kornpreise, kostete doch ein Himten Roggen im Jahrzehnt von 1661 bis 1670 13 Mgr., im folgenden 14,8 Mgr. und in den beiden vorletzten Jahren des Unterabschnittes wieder 13 Mgr., 1683 sogar nur 11 Mgr. Dementsprechend erscheint es richtig, gegenüber dem Jahrzehnt von 1611 bis

---

[189] Siehe Tabelle 14 und 22.
[190] Ausdrücklich betonen das die vielen Bierpreisfestsetzungen des 17. Jahrhunderts, die in der Abteilung 40 Slg. zu finden sind.
[191] ABEL: Geschichte der deutschen Landwirtschaft, a. a. O., S. 161.
[192] Das Kirchenrechnungsbuch für Mahlum lagert im dortigen Pfarramt und wurde mir freundlicherweise von Herrn Pastor Kraatz zur Verfügung gestellt, wofür ich ihm auch an dieser Stelle herzlich danke. 1660 kostete ein Stübchen «Broihan», ein hopfenarmes, nicht so stark eingebrautes Konsumbier, 2 Mgr. 3 Pf. Da nach der Verordnung vom 20. 9. 1680 (40 Slg. 2930) ein Faß 105-107 Stübchen enthalten sollte, belief sich der Preis für 1 Faß nach der Mahlumer Angabe auf 6,6 fl. Der gleiche Preis wird im gleichen Jahr für 4 Kannen genannt, und offensichtlich müssen 2 Kannen gleich 1 Stübchen gerechnet werden. Nachfolgend die Preise für 1 Stübchen: 1660 2 Mgr. 3 Pf. (1 Mgr. = 8 Pf.); 1668 2 Mgr.; 1670 2 Mgr.; 1672 2 Mgr.; 1676 2 Mgr. 4 Pf.; 1677, 1679, 1680 2 Mgr.; 1682 und 1683 2 Mgr. 2 Pf.

1620, als ein Himten Roggen knapp 18 Mgr. kostete, die Ausgaben für Bier und Getreide um 15 v. H. niedriger anzusetzen. Um die gleiche Spanne ermäßigten sich auch die Preise für Rinder und Schweine, wenn man sie mit jenen vor dem Dreißigjährigen Kriege vergleicht. Fraglich bleibt aber, ob der Gesamtwert der Hochzeitskosten lediglich wegen der geringeren Preise um 15 v. H., immer gemessen am Jahrzehnt von 1611–1620, vermindert werden muß. Von den 16 Angaben nennt nämlich nur eine einen Anteil von drei Faß Bier. 3½ Faß, wie vor dem Kriege, kamen dagegen überhaupt nicht vor. Womöglich ist also im zweiten Teilabschnitt auch weniger bei der Hochzeitsfeier getrunken worden, und zu der Preisersparnis trat eine weitere durch die Einschränkung des Verzehrs. Sie kann sich aber nur auf den Bierkonsum bezogen haben, da die versprochenen Mengen und Stückzahlen an Korn und Schlachtvieh den früheren entsprachen. Aber hier darf auch der Zufall nicht außer acht gelassen werden, der es durchaus bewirkt haben kann, daß die 16 Angaben noch nicht die durchschnittlichen Verhältnisse bei den drei Bauernklassen wiedergeben.

Für den Zeitraum von 1708 bis 1720 stehen 18 Ehestiftungen zur Verfügung, die genauere Hinweise über die Ausrichtung der Hochzeit enthalten. Dabei bahnt sich zwischen den beiden untersuchten Ämtern ein erheblicher Unterschied an. Die sechs Verträge aus dem Amt Jerxheim enthalten wiederum nur die versprochenen Naturalien, sie scheinen alle von Kotsassen ausgelobt worden zu sein. Die aufgeführten Mengen entsprechen ungefähr jenen des vorigen Teilabschnittes. Dagegen ist es jetzt im Amt Königslutter üblich geworden, für das Essen und die Getränke eine feste Summe zu veranschlagen. Im Schnitt setzten die Kotsassen ihren Anteil mit 22 fl., die Halbspänner mit 23 fl. und die Ackerleute mit 38 fl. fest[193]. Heirateten also zwei Abkömmlinge von Ackerhöfen, so standen für ihre Hochzeit nur noch 76 fl. zur Verfügung. Aus dieser geringen Summe ergibt sich mit Sicherheit eine Einschränkung des Verzehrs, denn in diesem Teilabschnitt kostete ein Himten Roggen bereits 22 Mgr., ebenfalls waren die Viehpreise wieder gestiegen, und lediglich die Preise für Bier blieben entweder gleich (466/88) oder stiegen erst später.

Um die Mitte des 18. Jahrhunderts vereinfacht sich die Wertermittlung noch mehr, da jetzt auch im Amt Jerxheim nur noch Gesamtsummen festgesetzt wurden. Allerdings ist das Zahlenmaterial recht unterschiedlich. In diesem Amt konnten nur 11 Verträge ausgewertet werden, während es im Amt Königslutter immerhin 36 waren. Sämtliche Durchschnittswerte stiegen bis zur Mitte dieses Jahrhunderts erheblich an. War der Brautvater Kotsasse, so versprach er in diesem Teilabschnitt in beiden Ämtern 27 fl. zur Ausrichtung der Hochzeit, als Halbspänner bereits 36 fl., und der Ackermann lobte im Amt Jerxheim 32 fl., im Amt Königslutter dagegen 65 fl. aus. Offensichtlich wurde der Jerxheimer Durchschnitt aus 5 Werten durch eine außerordentlich niedrige Abfindung stark gedrückt. Dreimal wurden auch hier rund 43 fl. gewährt, und für Königslutter gilt genau der gleiche Satz, wenn man jene drei Verträge unberücksichtigt läßt, deren Beiträge zu den Hochzeitskosten über dem Doppelten des sonst üblichen liegen. Faßt man wiederum die Anteile zweier Abkömmlinge von Ackerhöfen zusammen, so erhält man jetzt 86 fl. Diese Summe entspricht ungefähr jenen, die am Ende des 16. Jahrhunderts und nach dem Dreißigjährigen Kriege ausgesetzt wurden.

[193] Den Durchschnittswerten liegen bei den Kotsassen 6, bei den Halbspännern 4 und bei den Ackerleuten 2 Ehestiftungen zu Grunde.

Berücksichtigt man aber auch jetzt wieder die erneut gestiegenen Preise, so liegen die Viehpreise auch absolut bereits über den Preisen vor dem Dreißigjährigen Kriege, die Kornpreise hatten sie dagegen erst wieder erreicht[194], deshalb muß der Verzehr mengenmäßig gegenüber jenem während des ersten Teilabschnittes zurückgegangen sein, gegenüber dem im vorhergehenden Unterabschnitt aber ist er trotz der gestiegenen Preise umfangreicher geworden.

Im letzten Teilabschnitt sinkt die Zahl der Eheverträge, die auswertbare Angaben enthalten, wieder auf 24 ab. Auffällig ist in beiden Ämtern die außerordentliche Streuung, so daß die Durchschnittswerte kein klares Bild mehr liefern. Lediglich bei der Gruppe der Ackerhöfe, die noch mit neun Verträgen vertreten ist, ergibt sich ein Wert, der einigermaßen die zu beobachtende Streubreite repräsentiert. Er liegt mit rund 60 fl. deutlich über dem Durchschnittswert des vorhergehenden Teilabschnittes, und diese Tendenz zeigen auch die Beträge, die von den Halbspännern und Kotsassen versprochen wurden.

Abschließend sei noch darauf verwiesen, daß der Hof neben den Kosten für die Hochzeit zuweilen auch noch die für das Verlöbnis zu tragen hatte. Da diese zusätzliche Beschwerung im Amt Jerxheim nur fünfzehnmal, im Amt Königslutter sogar nur fünfmal dem Hofannehmer auferlegt wurde, kann dieses Vorkommnis bei einer Gesamtzahl von 762 bearbeiteten Verträgen unberücksichtigt bleiben.

III. Die Entwicklung des Gesamtwertes der Abfindungen

Bei der Untersuchung der einzelnen Positionen, die während des Untersuchungszeitraumes zur Abfindung eines weichenden Erben gehörten, konnten erhebliche Schwankungen bei der Entwicklung des Wertes nachgewiesen werden. Wenn auch der Trend unzweifelhaft dahin ging, daß besonders gegen Ende des 18. Jahrhunderts ein bedeutsamer Wertzuwachs bei den meisten Bestandteilen der Mitgift verzeichnet werden konnte, so darf doch nicht übersehen werden, daß die Ausgaben für das Ehrenkleid bereits früher ihr Maximum erreichten, während die Mitgaben an Korn und zum Teil an Vieh gegen Ende des Untersuchungszeitraumes in Fortfall kamen. Es wird daher zweckmäßig sein, für die einzelnen Unterabschnitte den durchschnittlichen Gesamtwert der Abfindung zu ermitteln. Dabei ist es sicherlich nicht erforderlich, solche Durchschnittssätze jedesmal für alle drei Bauernklassen zu errechnen. Besonders bei der Gruppe der Kotsassen schwankte die Betriebsgröße erheblich und oft muß die Frage offen bleiben, ob der landwirtschaftliche Betrieb ausreiche, um die Familie zu ernähren, oder ob zusätzlich ein Handwerk ausgeübt werden mußte, um die Versorgung sicherzustellen. Die größte Gleichartigkeit weist auf jeden Fall die Gruppe der Ackerleute auf. Sie ist auch in beiden untersuchten Ämtern mit einer annähernd gleichgroßen Zahl vertreten gewesen, während die geringe Zahl der Halbspännerhöfe im Amt Jerxheim es immer schwierig macht, zu repräsentativen Aussagen über diese Gruppe zu gelangen. Infolgedessen beschränkt sich der nachfolgende Zeitvergleich auf die durchschnittliche Mitgabe eines weichenden Erben, der von einem Ackerhof stammte. Soweit sich zwischen den Ämtern bedeutsamere Unterschiede beim Gesamtwert ergeben, muß auf sie hingewiesen werden.

[194] Siehe Tabelle 14.

Man geht wohl nicht fehl, wenn man vor dem Dreißigjährigen Kriege die Barabfindung von einem Ackerhofe mit 75 fl. ansetzt. An Großvieh können im Schnitt 1¼ Pferde und 1½ Kühe gerechnet werden. Dagegen muß beim Kleinvieh unterschieden werden, in welchem Amt die Abfindung ausgelobt wurde. So sind im Amt Königslutter ohne weiteres im Anfang 2 Fort- und 2 Fettschweine anzunehmen, im Amt Jerxheim schon damals nur die beiden Fortschweine. Hier können aber noch im Schnitt 3 Schafe der Abfindung mit Vieh zugerechnet werden, während sie sich in Königslutter noch um rund anderthalb Speckseiten vermehrt. Der Wert der reinen Abfindung mit Vieh hält sich in beiden Ämtern mit rund 63 fl. auf gleicher Höhe, in Königslutter müßten noch 5 fl. für die anderthalb Speckseiten hinzugerechnet werden (478/193; 479/356). In beiden Ämtern können dann je 4 Morgen Winter- und Sommerkorn als Mitgabe angenommen werden. Dabei ist hervorzuheben, daß sie bei den umfangreicheren Abfindungen fast immer zur Mitgift gehörten, also nicht dem Durchschnitt entsprachen, wie ihn Tabelle 32 ausweist. Für das Amt Jerxheim ergibt sich für die Kornmitgabe eine Summe von rund 60 fl. für das Jahrzehnt von 1611 bis 1620. Für das Amt Königslutter war ein Abschlag von 15 v. H. vorgesehen, doch kann er unterbleiben, wenn man dafür die Speckseiten unberücksichtigt läßt. Hinzu kommt noch der Anteil für die Hochzeitskosten, der für diese Zeitspanne mit 60 fl. veranschlagt worden war. Insgesamt belief sich also der durchschnittliche Wert einer Abfindung von einem Ackerhof auf rund 260 fl., soweit es sich um einen weichenden Erben männlichen Geschlechts handelte. Dabei darf auf keinen Fall außer acht gelassen werden, daß für das Ende des 16. Jahrhunderts an Hand unserer Kenntnisse allein über die Entwicklung der Kornpreise ein Abschlag von 40 fl. gemacht werden muß. Auch der Wert der Abfindung mit Vieh war damals noch sicherlich geringer, doch können hierfür keine Zahlenangaben mehr gebracht werden. Schließlich sei auch darauf hingewiesen, daß dieser Durchschnitt, und das gilt für alle Unterabschnitte, eine erhebliche Variationsbreite deckt. Der halbe Wert des ermittelten Satzes kam ebenso vor wie das Doppelte dieses Betrages. Dennoch bleibt der Durchschnitt, und das ist das Entscheidende, bei dem Umfang des Zahlenmaterials repräsentativ, und die Veränderungen der Ertragslage können daher mit diesen Sätzen dargestellt werden.

Im nächsten Unterabschnitt, der die Jahre von 1652 bis 1683 umfaßt, kann die Barabfindung wiederum mit 75 fl. angenommen werden. Im Amt Jerxheim betrug die durchschnittliche Abfindung mit Großvieh aber nur noch 1 Pferd, 1 Kuh und 1 Rind; im Schnitt kann an Kleinvieh wohl noch 1 Schaf hinzugerechnet werden, doch werden die Schweine am besten fortgelassen, da sie nur noch ganz vereinzelt versprochen wurden. Bei einer gleichhohen Mitgabe an Großvieh im Amt Königslutter müssen aber hier 2 Fortschweine und 1 Mastschwein noch in die Rechnung einbezogen werden. Die Mitgabe an Korn betrug im Amt Jerxheim jetzt im Durchschnitt nicht mehr als je 2 Morgen Winter- und Sommerkorn, da nicht nur die Anzahl der versprochenen Morgen geringer wurde, sondern auch die Zahl der Fälle, in denen dieser Teil der Abfindung noch zur Mitgift gehörte. Im Amt Königslutter dagegen kann auch jetzt noch ohne weiteres mit je 3 Morgen Winter- und Sommerkorn gerechnet werden. Faßt man diese Naturallieferungen zusammen, so ergeben sie für das Amt Jerxheim einen Wert von rund 70 fl., für das Amt Königslutter trotz der geringeren Ernteerträge einen von rund 75 fl. Für die Hochzeitskosten mögen 40 fl. genügen, obwohl entsprechend der Preisentwicklung 50 fl. hinzugezählt werden müßten, doch ist eine Verminderung des Verzehrs so wahrscheinlich, daß ein weiterer Abschlag um 20 v. H. gerechtfertigt erscheint. Damit ergeben sich für beide Ämter erheblich geringere Gesamtwerte. Im Amt Jerxheim war die durchschnittliche Abfindung von einem Ackerhof nur noch rund 185 fl. wert, im Amt Königslutter 190 fl.

Für die Zeit von 1708 bis 1720 wurde die durchschnittliche Barabfindung im Amt Jerxheim aus 22 Ehestiftungen bereits mit 146 fl. ermittelt. Im Amt Königslutter ergab sich aus immerhin 16 Verträgen nur ein Durchschnittswert von 36 fl. Die Abfindung an Vieh betrug hier in Durchschnittssätzen ½ Pferd, 1 Kuh, ⅔ Rind, 2⅓ Schweine, im Amt Jerxheim dagegen 1,1 Pferde, 1½ Kühe, ⅔ Rind, ⅔ Schwein und 2⅔ Schafe. Dementsprechend differierten die Gesamtwerte für diesen Teil der Abfindung sehr stark. In Königslutter betrug er nur 48 fl., im Amt Jerxheim dagegen 62 fl. In Königslutter müssen aber noch je 2 Morgen Winter- und Sommerkorn bewertet werden, während im Amt Jerxheim dieser Teil der Abfindung mit je 0,2 Morgen nicht mehr erwähnenswert ist. Vier Morgen Korn sind in diesem Unterabschnitt mit rund 42 fl. anzusetzen. Dadurch verringert sich der Unterschied zwischen den beiden Ämtern, doch erreicht der bisherige Teil der Mitgift im Amt Königslutter erst einen Betrag von 126 fl., während er im Amt Jerxheim bereits 208 fl. ausmacht. Hierzu kamen noch die Kosten für die Hochzeit, die mit 38 fl. ermittelt werden konnten.

Für die Jahre von 1745 bis 1750 wird in den 17 Eheverträgen aus dem Amt Jerxheim die dominierende Stellung der Barabfindung ganz offensichtlich. In den 15 Ehestiftungen aus dem Amt Königslutter erlangte diese Position jetzt zwar auch den größten Umfang, doch machte sie hier noch nicht die Hälfte des Gesamtwertes aus. Die Mitgabe an Vieh unterschied sich in beiden Ämtern nur wenig von jener des vorigen Teilabschnittes. In Jerxheim wurden jetzt immerhin 8 Schafe im Schnitt übergeben, im Amt Königslutter dagegen nur 1⅔, doch erhöhte sich hier die Zahl der Schweine auf 3⅓. Ebenfalls ist in diesem Amt bemerkenswert, daß in diesem Unterabschnitt in jedem zweiten Vertrag ein Fohlen versprochen wurde. Auch die zur einmaligen Aberntung überlassenen Morgen Landes stiegen auf 2⅔ im Winter- und Sommerfeld an. Für das Amt Jerxheim ergaben sich nach der Summierung folgende Zahlen: Die Barabfindung betrug 316 fl., die für das Vieh 94 fl., die Hochzeitskosten machten 43 fl. aus, so daß sich der Gesamtwert auf 453 fl. belief. Im Amt Königslutter erreichte er indessen nur einen Betrag von 333 fl. Zwar waren hier die Durchschnittssätze für die Hochzeitskosten und die Mitgabe an Vieh gleich hoch anzusetzen, doch wurden die weichenden Erben nur mit 136 fl. Bargeld ausgestattet, und das dadurch entstandene Defizit wurde auch durch die Kornmitgabe im Werte von 60 fl. nicht mehr ausgeglichen.

Für die letzten sieben Jahre des 18. Jahrhunderts ergab sich wiederum ein ganz anderes Bild. Während man im Amt Jerxheim die Naturalabfindung schon früh auf das Vieh beschränkte und auf die Mitgabe von Korn verzichtete, kam im Amt Königslutter jetzt nicht nur sie in Fortfall, auch die Viehabgabe wurde nur noch in vier von achtzehn Verträgen gewährt. Im Amt Jerxheim fehlte sie dagegen in den dreizehn untersuchten Verträgen nur zweimal. Auch die Durchschnittssätze bei den einzelnen Viehartten sanken hier nur geringfügig ab. Da aber die Preise für alle Viehartten erheblich anstiegen, erhöhte sich der Wert für diesen Teil der Abfindung noch auf 116 fl. Hierzu müssen die geradezu sprunghaft hochgeschnellten Barabfindungen in Höhe von 1275 fl. und die Hochzeitskosten mit 60 fl. gerechnet werden, so daß der Gesamtwert in Höhe von 1451 fl. den vor einem halben Jahrhundert geltenden um mehr als das Dreifache übertraf. Im Amt Königslutter wurde mit einem Gesamtwert von 582 fl. allerdings nicht einmal eine Verdoppelung erreicht. Zwar stiegen auch hier die ausgelobten Geldbeträge von 136 fl. auf 503 fl. erheblich an, doch machte der Wert der Mitgabe an Vieh nur noch 19 fl. aus. Hinzu kamen auch hier die Hochzeitskosten mit einem Wert von 60 fl.

Abschließend müssen noch einige kritische Anmerkungen gemacht werden. Zu den Gesamtkosten muß selbstverständlich noch der Wert des Ehrenkleides gerechnet werden. Gemessen am Gesamtbetrag ist dieser Wert aber so klein, daß er vernachlässigt werden konnte. Auch muß daran erinnert werden, daß bei den Töchtern zur Abfindung noch Kisten, Kasten, «Leinengeräte», Betten und Bettgewand gehörten. Hierfür wären aber besonders für die ersten beiden Teilabschnitte kaum zuverlässige Zahlen anzuführen gewesen, und die Steigerung der Ertragskraft kann selbstverständlich auch aus den Auslobungen für die Söhne abgelesen werden.

Schließlich aber sei noch auf einen methodischen Mangel verwiesen. Bei den ersten beiden Teilabschnitten wurden mangels genauerer Angaben die überdurchschnittlichen Abfindungen als repräsentativ für die Klasse der Ackerhöfe angesehen. Es war aber immer wieder zu beobachten, daß Mitgaben in solcher Höhe vereinzelt auch von Halbspännern und Kotsassen gewährt wurden. Außerdem wurden besonders von verschuldeten Ackerleuten oft nur außerordentlich geringe Abfindungen festgesetzt. So lag im letzten Teilabschnitt die Barabfindung im Amt Jerxheim durchschnittlich bei 1275 fl. Maximal wurden immerhin 2700 fl. ausgesetzt, dagegen in zwei Verträgen nur 180 fl. Nimmt man nur sie aus der Errechnung des Durchschnittes heraus, so erhöht er sich bereits auf 1475 fl. Mit anderen Worten, der weit unterdurchschnittliche Teil der gesamten Variationsbreite fehlt in den beiden ersten Teilabschnitten. Inwieweit dadurch der tatsächliche Durchschnittswert niedriger läge, ist schwer abzuschätzen. 10 bis 20 v. H. sind nach einer Überschlagsrechnung wahrscheinlich. Höher dürfte die Abweichung aber nicht werden, da die damals relativ bedeutenderen Naturalmitgaben nicht so stark schwankten und dadurch den Durchschnittswert wieder stabilisierten.

Trotzdem ergibt sich aus dieser Möglichkeit ein bedeutsamer Schluß. Sieht man von dem Jahrzehnt von 1611–1620 ab, das besonders hohe Getreidepreise aufwies, so lag der Gesamtwert einer Abfindung vor dem Dreißigjährigen Kriege bei 200 bis 220 fl. Verringert man diesen Betrag aber nur um 10 bis 20 v. H., so wäre dieser Wert nach dem Kriege in beiden Ämtern bereits wieder erreicht, womöglich sogar schon übertroffen worden. Dabei darf aber nicht übersehen werden, daß sich der zweite Teilabschnitt bis zum Jahre 1683 hinzieht. Das Ende des Unterabschnittes fiel also in das 35. Nachkriegsjahr. Auch ist zu beachten, daß die geringen Abfindungen aus den Jahren 1652 bis 1670 zum Teil ganz unverkennbar von den Kriegsfolgen verursacht worden waren. Offensichtlich aber sind diese kriegsbedingten Unterschreitungen des Durchschnitts von den entsprechenden Überschreitungen ab 1670 wieder ausgeglichen worden, die Folgen des Krieges dürften daher 35 Jahre nach dem Friedensschluß überwunden worden sein, und nach Aussagen dieser Quellen lag die Ertragslage der Höfe im Jahre 1683 bereits über dem Stand vor dem Dreißigjährigen Kriege.

C. Das Altenteil

Das Recht auf ein Altenteil entsteht bei der verfrühten Erbfolge zu Lebzeiten des Erblassers. Während des Untersuchungszeitraumes konnte hierbei ein deutlicher Wandel vor und nach dem Dreißigjährigen Kriege beobachtet werden. Das gilt aber nicht nur für die bereits beschriebenen erbrechtlichen Gewohnheiten, sondern auch für den materiellen Umfang und die einzelnen Rechte und Naturalleistungen, die der Leibzüchter beanspruchte. Infolgedessen erschien es auch hier wieder zweckmäßig, die beiden Zeitabschnitte getrennt zu behandeln. Die weitaus größere Länge des zweiten Abschnittes stört dabei keineswegs, da er nur geringfügige Veränderungen zeigt. Lediglich kurz vor dem Ende des 18. Jahrhunderts traten einige Leistungen zu den bisherigen hinzu, doch können sie ohne weiteres am Schluß der einzelnen Unterabschnitte dargestellt werden.

I. Die Leistungen des Hofes an den Altenteiler

a) Besondere Bestimmungen über die Art des Altenteils vor dem Dreißigjährigen Kriege

Obwohl für den Zeitabschnitt vor dem großen Kriege 155 Ehestiftungen ausgewertet werden konnten, ist es doch schwer, ein zutreffendes Gesamtbild zu entwerfen, da nur 62 Verträge Bestimmungen über das Altenteil enthalten. Oft beschränken sie sich auch noch auf einzelne Rechte oder Lieferungen, die dem Leibzüchter besonders wichtig erschienen. Es ist daher bei etlichen dieser Verträge nicht zu erkennen, womit der Altenteiler insgesamt seinen Lebensunterhalt bestritt. Erschwerend kommt hinzu, daß die brauchbaren Verträge zum überwiegenden Teil aus dem Amt Königslutter und dem Anfang des 17. Jahrhunderts stammen. Deshalb muß in diesem Abschnitt noch auf eine umfassende Darstellung der Leibzucht verzichtet werden, und es können nur jene Einzelzüge gebracht werden, durch die sich dieser Zeitraum von dem folgenden deutlich abhebt.

Besonders auffällig unterscheiden sich die Verträge von den übrigen, in denen sich die Eltern als Altenteil die Hälfte des Ackerlandes vorbehielten. Dabei scheint es sich bei diesen Höfen durchaus nicht um solche mit geringen Nutzflächen gehandelt zu haben, da nicht nur die Mitgaben der Aufkömmlinge, sondern auch die ausgesetzten Abfindungen für die weichenden Erben erheblich über dem Durchschnitt lagen. Natürlich drängt sich hier sofort die Frage auf, wie die alternden Leibzüchter ihre Hälfte bis zu ihrem Tode bewirtschaften wollten. Nähere Angaben darüber finden sich nicht, doch bieten die drei Verträge aus dem Amt Königslutter einen gewissen Hinweis.

Die jüngste Ehestiftung dieser Art aus dem Jahre 1625 nennt auch einen Umstand, mit dem eine solche Teilung der Güter sinnvoll begründet werden kann (479). Der Erblasser hatte bereits zum zweiten Male geheiratet und behielt sich für seinen und seiner Frau und Kinder Unterhalt die halben Güter vor. Um sie bewirtschaften zu können, wurde zweifellos auch das Vieh geteilt, und dem Vater standen für seine Hälfte 2 Pferde, ½ Wagen, 1 Kuh, 1 Rind, 2 Fortschweine und 1 Schwein, wie es im

Holze fett wurde, zur Verfügung. Daneben behielt er den halben Garten und das halbe Obst. Gerechterweise zahlte er auch den halben Ackerzins, aber der Sohn mußte den gesamten Herrendienst leisten. Allerdings hatte der Vater noch zwei Söhne und vier Töchter aus der zweiten Ehe zu unterhalten, und es wurde vereinbart, daß Vater und Sohn deren Mitgift gemeinsam aufbringen wollten. Nach dem Tode des Erblassers aber fielen dem Sohne erster Ehe oder seiner Frau die vom Vater bewirtschafteten Flächen wieder zu, so daß es sich hier einwandfrei um keine dauernde Hofteilung gehandelt hat. Das gleiche bestätigt auch die entsprechende Eheberedung aus dem Amt Jerxheim (459/4).

In dem aufgeführten Vertrag scheint der Erblasser bei der Hofteilung noch rüstig gewesen zu sein; denn er beabsichtigte zu diesem Zeitpunkt noch, für sechs unverheiratete Kinder zu sorgen. Aber auch er befreite sich schon von der Last des Herrendienstes. In den beiden anderen Verträgen aus dem gleichen Amt wurde die Hofteilung von vornherein nur für den Fall vorgesehen, daß sich der Anerbe und seine Frau mit den Eltern nicht vertrügen (478). Kamen sie dagegen miteinander aus, so sollten in beiden Fällen die jungen Eheleute schon zu Lebzeiten der Eltern deren Hälfte zurückerhalten. Im zweiten Vertrag wurde darüber hinaus bestimmt, daß die Eltern neben der Versorgung mit Essen, Trinken und aller Notdurft in jedem Felde 1½ Morgen Acker, die vom Hofe aus gepflügt und besät wurden, als Notpfennig nutzten. Für die Aberntung dagegen hatte der Anerbe nicht aufzukommen.

Die Bestimmungen des zuletzt genannten Vertrages enthalten bereits die zweite Eigenart der Ehestiftungen vor dem Dreißigjährigen Kriege. Weit häufiger als später wurde vereinbart, man wolle einen gemeinsamen Haushalt führen, bei dem selbstverständlich das junge Paar die Hauptlast der Wirtschaft zu tragen hatte und die Eltern nur insoweit halfen, wie es ihre Kräfte noch zuließen. Nach der Übergabe der Wirtschaft hätten in dieser Regelung aber besonders für die Eltern erhebliche Härten liegen können, die nun bei allen Lebensbedürfnissen, die über das Essen und Trinken hinausgingen, auf den guten Willen ihrer Kinder angewiesen waren. Deshalb behielten sie sich in 13 Verträgen noch eine bestimmte Morgenzahl, vereinzelt auch eine bestimmte Menge reinen Kornes, als Zehr-, Not- oder »Schlethpfennig« vor (so 459/114). In der Mehrzahl der Fälle wurde dieses Land bereits vom Annehmer des Gutes bewirtschaftet, doch scheinen es damals die Altenteiler noch häufiger als später selbst bestellt und geerntet zu haben. Einen einwandfreien Nachweis läßt das geringe Zahlenmaterial aber noch nicht zu.

b) Art und Umfang des Altenteils nach dem Dreißigjährigen Kriege

Nach dem Dreißigjährigen Kriege entsprachen alle Bestimmungen über die Leibzucht dem gleichen Schema. Selbstverständlich wechselte dabei die Reihenfolge der einzelnen Vertragspunkte, doch wurden sie jetzt fast immer vollzählig aufgeführt. Nachstehend werden sie nach ihrer Bedeutung geordnet und abgehandelt.

Die umfangreichste Beschreibung erforderten stets die Ländereien, die sich der Altenteiler zur weiteren Nutzung vorbehielt. Häufig wurde neben der Morgenzahl auch noch die Lage der einzelnen Ackerstücke angegeben, wobei man sich nicht nur auf den Flurnamen beschränkte, sondern auch noch die Namen der angrenzenden Feldnachbarn nannte. Die gleichmäßige Verteilung der einzelnen Ackerstücke auf Winter-, Sommer- und Brachfeld entsprach den Erfordernissen der Dreifelderwirtschaft. Wenn dagegen in einem Felde wiederum mehrere Schläge genau bestimmt wurden, so deutet das darauf hin, daß man diese Stücke entsprechend ihrer Qualität auswählte.

Zweifellos stellte das Ackerland, das dem Leibzüchter zur Nutzung überlassen worden war, den bedeutendsten Bestandteil des Altenteils dar. Der Umfang dieser Flächen richtete sich selbstverständlich nach den gleichen Gründen, die schon bei der Bemessung der Abfindung als Maßstab dienten. Darüber hinaus aber ist es verschiedentlich von Bedeutung, ob die Landnutzung vom früheren Hofbesitzer beansprucht oder dem Aufkömmling zugestanden wurde. So konnte in den entsprechenden Fällen öfters beobachtet werden, daß sich der Ehepartner, der den Hof mit in die Ehe gebracht hatte, die volle Leibzucht sicherte, während sich nach seinem Tode der andere Ehegatte mit einer geringeren bescheiden mußte. In den meisten Verträgen wurde aber der Auffahrende mit dem früheren Hofbesitzer gleichgestellt. Das schloß nicht aus, daß man nach dem Tode des einen Elternteils dem anderen das Altenteil kürzte. So soll es nach den Angaben des Jerxheimer Amtmanns in diesem Amt üblich gewesen sein, dem Überlebenden nur noch die Hälfte der Altenteilsländerei zu belassen[195]. Dem ist aber entgegenzuhalten, daß im 18. Jahrhundert nur 23 Verträge dieser Regelung folgten, während 17 Ehestiftungen dem verbleibenden Leibzüchter bereits zwei Drittel und 13 weitere

Tabelle 34
Flächenumfang der Altenteilsländereien in den Ämtern Königslutter und Jerxheim im 18. Jahrhundert (in vha)

| Fläche in vha | Zahl der Ehestiftungen im | | | | | |
| | Amt Königslutter | | | Amt Jerxheim | | |
	Ackerleute	Halbspänner	Kotsassen*)	Ackerleute	Halbspänner	Kotsassen*)
1½	—	—	5	—	—	—
2	—	—	—	—	—	2
3	—	2	14	—	—	20
4	—	3	2	—	—	1
4½	—	—	1	—	—	1
5	—	—	—	—	—	2
6	4	7	10	—	2	15
7	—	—	1	—	—	—
7½	—	—	1	—	—	—
8½	—	2	—	—	2	1
9	1	2	1	8	5	2
10	—	—	—	1	—	—
12	7	1	—	19	—	—
14	1	—	—	—	—	—
18	—	—	—	1	—	—

*) Bei den Kotsassen wurden kleinere Flächen als 1½ vha nicht festgestellt, aber statt dessen Mengen reinen Kornes, die bereits auf noch kleineren Ackerstücken geerntet werden konnten. Sie wurden nicht erfaßt, weil bei diesen Höfen noch nichtlandwirtschaftlicher Zuerwerb erforderlich ist.

Quellen: Siehe Tabelle 27 und 28.

[195] GESENIUS, a. a. O., 1. Band, S. 548.

sogar das gesamte Altenteil zusprachen, so wie es ursprünglich für beide Elternteile festgesetzt worden war. Auch im Amt Königslutter wurde 30mal bestimmt, der Überlebende solle den Leibzuchtacker ganz oder zu zwei Dritteln behalten, und nur in 23 Fällen hatte er die Hälfte wieder herauszugeben.

Besonders für das 18. Jahrhundert konnte eine bemerkenswerte Erhöhung der Mitgaben an weichende Erben nachgewiesen werden. Es lag deshalb die Vermutung nahe, daß auch der Umfang des Altenteils spürbar vermehrt wurde. Prüft man jedoch für die drei Unterabschnitte dieses Jahrhunderts den Umfang jener Flächen nach, die sich der frühere Bewirtschafter bei der Hofübergabe vorbehielt, so ergeben sich keine Verschiebungen. Die drei Teilergebnisse konnten deshalb wieder zusammengefaßt werden. Es ist aber zweckmäßig, sie nach den drei Hofklassen getrennt aufzuführen; denn trotz der auch hier wieder zu beobachtenden Überschneidungen heben sie sich deutlich voneinander ab.

Entsprechend der in beiden Ämtern geübten Dreifelderwirtschaft waren die Gruppen am stärksten vertreten, deren Morgenzahl durch drei geteilt werden kann. Bei den Kotsassen ragten jene mit drei und sechs Morgen weit heraus. Weniger einheitlich war die Verteilung der Größenklassen bei den Leibzuchtsländereien der Halbspännerhöfe. Im Amt Königslutter nahm die Gruppe mit sechs Morgen eine zentrale Stellung ein, um die sich die übrigen Klassen gleichmäßig verteilten. Im Amt Jerxheim dagegen lag das Schwergewicht bei einem Flächenumfang von achteinhalb und neun Morgen. Auch bei den Ackerhöfen schloß die gesamte Variationsbreite im Amt Königslutter weit geringere Flächen mit ein als im Amt Jerxheim, doch war in beiden Ämtern die Größenklasse von zwölf Morgen am stärksten besetzt. Das ist erstaunlich, da im Amtsbezirk Königslutter ein Ackerhof im Durchschnitt nur 100 Morgen, im Bezirk Jerxheim aber 162 Morgen Ackerland umfaßte[196].

Die dem Leibzüchter überlassenen Flächen wurden in beiden Ämtern vom Hofbesitzer gepflügt, mit Stalldung befahren und eingeerntet. Gelegentlich wurde auch bestimmt, daß auch das Verfahren des gedroschenen Kornes vom Hofe übernommen werden mußte. Die Einsaat hatte dagegen meistens der Altenteiler zu stellen. Das scheint auch für den Dung gegolten zu haben; denn von ganz wenigen Ausnahmen abgesehen, wurde nur das Dungfahren dem Hof auferlegt. Ungeklärt bleibt die Frage, von wem das Korn ausgedroschen wurde. Hierüber enthielt das gesamte Untersuchungsmaterial keine Vereinbarung.

Von dieser allgemeinen Regelung wich man häufiger in jenen Ehestiftungen ab, in denen ein Kotsasse das Altenteil aufzubringen hatte. In dieser Hofklasse mußten die Leibzüchter zuweilen ihr Land selbst bewirtschaften. Manchmal hieß es auch, der Annehmer des Gutes habe das Land der Altenteiler nur dann zu bestellen, wenn er Pferde halte. Daneben kam es auch bei den größeren Höfen vor, daß die Leibzüchter zwar von der Bewirtschaftung des Ackers befreit wurden, doch mußten sie das Pferdefutter beschaffen, manchmal auch die Arbeitskräfte beköstigen, wenn auf ihren Flächen gearbeitet wurde.

Von den onera publica für das Land – auch für das Vieh und die Person des Leibzüchters – hieß es in der Verordnung von 1696, sie seien dem Altenteiler «nach Pro-

---

[196] Diese Zahlen wurden an Hand der Dorfbeschreibungen aus der Mitte des 18. Jahrhunderts errechnet. Die Archivnummern enthält Tabelle 28.

portion» aufzuerlegen[197]. Auch nach einem Vertrag aus dem Jahre 1746 war es herrschende Observanz, daß der Leibzüchter für das Altenteil die öffentlichen Lasten trug (488/98). In sechs Eheverträgen vor dem Dreißigjährigen Kriege war das auch der Fall gewesen. Ordnet man aber die übrigen 136 Ehestiftungen, die hierüber eine Bestimmung enthalten, so überwogen während des 18. Jahrhunderts im Amt Königslutter die Beredungen, die dem Annehmer des Gutes diese Lasten aufbürdeten. Im Amt Jerxheim war das allerdings erst im letzten Teilabschnitt der Fall. Trotz dieser Erhebung aber ist die zu jener Zeit herrschende Gewohnheit nicht mit Sicherheit zu ermitteln. Sollte es nämlich in der weitaus größeren Zahl von Eheverträgen, die diesen Punkt übergehen, selbstverständlich gewesen sein, daß der Leibzüchter für seinen Anteil an den öffentlichen Lasten aufkam, so bleibt die andere Regelung, wonach der Hofbesitzer sie beglich, eine allerdings nicht unbedeutende Ausnahme.

Abschließend sei noch auf einen Sonderfall verwiesen. Verstarb einem Bauern seine erste Frau, und er heiratete erst später eine jüngere wieder, so mußte er in verhältnismäßig hohen Jahren eventuell noch unmündige Kinder unterhalten. Übergab er aber aus Altersschwachheit, oder weil sich ein Kind erster Ehe gut verheiraten konnte, den Hof, so war es verständlich, wenn er sich jetzt ein höheres Altenteil vorbehielt, als es sonst der Fall gewesen wäre. Hatten die Kinder aber «das erste heilige Abendmahl empfangen und konnten sie nun bei fremden Leuten ihr Brot verdienen», fiel dem Hof die zusätzlich abgegebene Fläche wieder zu (469/428). Die gleiche Regelung wurde in acht weiteren Verträgen für die Witwen solcher Leibzüchter getroffen, die ebenfalls so lange mehr Ackerland nutzen durften, bis die Kinder, für die sie zu sorgen hatten, konfirmiert worden waren.

Die Wiesen, die der Altenteiler zur Ausfütterung seines Viehes benötigte, wurden ebenfalls exakt beschrieben. Da aber ihre Größe durch Ausdrücke wie «eine Teilung» oder «Schwad» gekennzeichnet wurde, gelingt die Rekonstruktion des Flächenumfanges in diesen Fällen nicht mehr. Nur der Hinweis, mit der vorbehaltenen Grasfläche solle eine Kuh ausgefüttert werden, bietet einen gewissen Anhalt. In drei Verträgen aus dem Amt Königslutter und dem letzten Teilabschnitt der Untersuchung wurde hierfür von zwei Kotsassen und einem Ackermann ein halber Morgen vorgesehen (498/290, 363, 383). Etwas häufiger kam es vor, daß statt der Überlassung einer Wiese die Lieferung von Heu ausbedungen wurde. Die Verträge bestätigen aber auch diesmal nicht den Bericht des Amtmanns in Königslutter, wonach die Altenteiler auf Halbspännerhöfen ein halbes Fuder Heu bekommen hätten, die auf Acker- und Kothöfen entsprechend mehr oder weniger[198]. In fünf Ehestiftungen von Halbspännern wurde dagegen übereinstimmend ein Fuder Heu vereinbart[199]. Das Einfahren des «Wiesenwachses» übernahm in etlichen Fällen ausdrücklich den Hof, in einem Vertrage wurde es auch als allgemein gebräuchlich bezeichnet (466/313). Wahrscheinlich hatte aber der Leibzüchter das Gras zu mähen und zu heuen; denn in einer Ehestiftung wurde besonders erwähnt, daß der Hofbesitzer auch das Trocknen des Grases übernehmen müsse (498/259).

[197] 40 Slg. 3609.
[198] GESENIUS, a. a. O., 1. Band, S. 550.
[199] Die entsprechenden Archivnummern lauten: 481/27; 482/433, 453; 483/86; 486/180. Ein Fuder Heu bekam auch ein Kotsasse (482/382), drei weitere dagegen erhielten nur ein halbes Fuder Heu (482/367; 483/105; 488/276). Ein Ackermann beanspruchte sogar 2 Fuder (481/56).

Neben dem Acker- und Grünland beanspruchte der Altenteiler noch kleinere Flächen für die verschiedensten Früchte. Am häufigsten wurde bestimmt, ihm solle eine bestimmte Menge Lein gesät werden. Hierfür kamen das Winter- oder Brachfeld in Frage (470/313; 467/221), und die ausgesäte Menge schwankte meistens entsprechend der Größe des Hofes zwischen einem halben und einem Himten, bei Kothöfen begnügte man sich manchmal auch mit einem viertel Himten. Von einem Himten Lein, den man aussäte, scheint man im allgemeinen vier Himten Lein wieder eingeerntet zu haben (497/591). Die Anzahl der Himten Lein, mit denen man eine bestimmte Fläche besäen konnte, wurde auch als Flächenmaß für andere Früchte verwandt. Das gilt besonders für das «Mohrrübenende», das im Amt Königslutter allerdings seltener ausbedungen wurde und dessen Umfang zweimal auf vier Quadratruthen festgesetzt wurde (470/375, 300), während sonst eine Aussaatmenge von einem viertel Himten Lein die Größe bezeichnete. Ähnliches galt auch für das mit Kohl bestellte Land. Aber hier war die Angabe der Pflanzenzahl in Schock mindestens ebenso gebräuchlich. Die Leibzüchter müssen schon ziemliche Mengen an Kohl und Sauerkraut verzehrt haben, wenn ihnen der Hof 8 bis 15 Schock Kohlpflanzen liefern mußte, wie es meistens vereinbart wurde.

In einem Falle wurde sogar die Aussaatmenge von einem viertel Himten Lein als Maß für die Kartoffelfläche benutzt (497/659), aber wenn sie auch bereits im Brachfeld angebaut wurden, so sind sie doch noch gartenmäßig «in Bänken» kultiviert worden; auch die für den Altenteiler angebauten Flächen betrugen nur acht und zwölf Quadratruthen (497/677; 498/641). Alle Angaben über den Kartoffelbau entstammen dem letzten Teilabschnitt der Untersuchung, in dem auch einmal bereits der Anbau von Kohlrabi erwähnt wurde (470/638).

Zur Gewinnung des Öls, das in den «Krüseln» mit stark rußender Flamme Licht spendete, wurde in beiden Ämtern meistens Wintersaat, also Winterrübsen, angebaut. Sommersaat wurde dagegen nur einmal erwähnt (470/638). Nach einem Vertrag konnten von einem Himten Saat zwölf Pfund Öl «zum Brennen» erwartet werden (470/606). Die für die Leibzüchter ausgesäte Menge lag ebenfalls meistens bei einem halben oder ganzen Himten Wintersaat, doch es kam auch recht häufig vor, daß ihnen statt dessen «freies Licht» versprochen wurde. Die gleiche Menge wurde vereinzelt den Altenteilern im Amt Jerxheim auch an Mohn ausgesät, der ebenfalls «zum Leuchten» diente (463/145). Doch wurde er nicht nur im Felde, sondern auch im Garten angebaut.

Im allgemeinen nutzte der Altenteiler auch noch ein Drittel des Gartens, und dieser Satz galt nicht nur für das Garten- und Grabeland, sondern auch für das Obst. Besonders im Amt Königslutter wurden aber auch einzelne Bäume genau beschrieben, die der Leibzüchter abernten wollte. Diese Beschreibungen zeigen, daß man während des Untersuchungszeitraumes bereits einzelne Sorten unterschied[200]. Auch das Pfropfen der Bäume muß bereits bekannt gewesen sein (488/264). Während dem Altenteiler meistens nur zwei bis vier Apfel- und Birnbäume überlassen wurden, liegt die Zahl bei den Zwetschenbäumen mindestens doppelt so hoch. Nußbäume gehörten dagegen nur in Ausnahmefällen zum Altenteil.

[200] Bei den Apfelbäumen konnten 15 Sorten unterschieden werden. Mehrfach erwähnt wurden Röcken-, Adams-, Borst- und Süßapfelbäume. Bei den Birnbäumen wurden sogar 25 verschiedene Sortennamen ermittelt. Mehrmals wurden Winter-, Honig-, Gänse-, Herbst-, Röcke- und Puritzbirnbäume genannt.

Der Leibzüchter konnte sich aber nicht nur auf die Nutzung der verschiedensten Flächen beschränken. Zum Lebensunterhalt benötigte er auch Erzeugnisse tierischer Herkunft, und deshalb mußte er Vieh halten. Besonders bei den größeren Höfen geschah es gar nicht selten, daß selbst ein Pferd mit auf das Altenteil genommen wurde, oder man behielt sich vor, daß es einem immer dann zur Verfügung stand, wenn man es verlangte. Da man mit einem Tier wohl reiten (so 463/145), aber keine Bestellungsarbeiten erledigen kann, scheint hier die Grenze zwischen Luxus und Lebensnotwendigem bereits überschritten zu sein. Das bestätigt auch jener Vertrag, bei dem der Altenteiler sein Pferd im Spann des Sohnes beließ und dafür nur noch seinen Anteil am Verdienst forderte (481/43).

Unabdingbar aber war die Haltung einer Kuh. Sie scheint der Leibzüchter auch dann besessen zu haben, wenn der Ehe- und Übergabevertrag keine entsprechende Vereinbarung enthielt; denn in vielen Verträgen dieser Art wurde eine Wiesenfläche beschrieben, die ohne Rindviehhaltung nicht zu nutzen gewesen wäre. Bei den größeren Höfen wurde zuweilen die Futtergrundlage auch so bemessen, daß sie für zwei Tiere ausreichte. Im Amt Jerxheim war das im 17. Jahrhundert sogar häufiger der Fall. Dagegen verzichtete der Altenteiler im 18. Jahrhundert mit zunehmender Häufigkeit auf die Haltung einer Kuh und empfing dafür eine bestimmte Menge Butter und Käse. Besonders gebrechliche Leibzüchter werden diese Regelung bevorzugt haben, aber sie konnten statt dessen auch ihre Kuh «in der Riege» des Hofbesitzers mit ausfüttern lassen, wenn sie sich nur von der Heuwerbung und dem Füttern des Tieres entlasten wollten[201]. Bei den großen Unterschieden von Tier zu Tier scheint es bei der Auswahl der Altenteilskuh oft Streit gegeben zu haben, deshalb präzisierte der Leibzüchter immer häufiger seinen Anspruch, indem er das zweitbeste Stück forderte oder sich von vornherein die freie Wahl vorbehielt. Rinder, Kälber und Schafe wurden nur in Ausnahmefällen dem Leibzüchter übergeben, auch hier wurde es später gebräuchlich, an Stelle von Schafen, die oft vom Hofe aus gefüttert werden mußten, einige Pfund Wolle zu beanspruchen.

Von völlig unbedeutenden Ausnahmen abgesehen, erhielt der Altenteiler bei der Hofübergabe die vereinbarten Stückzahlen der bislang beschriebenen Tierarten nur einmal und hatte für deren Nachzucht selbst zu sorgen. Dagegen mußte der Hof das Schlachtschwein von einer Beschaffenheit, wie sie der Ehevertrag bestimmte, in jedem Jahr liefern. Häufig wurde die Lieferungspflicht mit einem halbjährigen Polk abgegolten, doch schwanken die verzeichneten Altersangaben sehr stark. Sie betrafen im Mindestfall sechswöchige Ferkel und bezogen sich im Höchstfall auf 1½jährige Schweine. Zu der Angabe des Alters trat häufig noch eine weitere Kennzeichnung als Fett-, Feist-, Fort-, Mager- oder Deelschwein[202]. Diese Tiere wurden in der Regel

---

[201] Siehe Anmerkung 32.
[202] Fort- und Magerschweine sind sicher identisch. Beide wurden nie nebeneinander genannt, doch abwechselnd im Gegensatz zu den Fettschweinen aufgeführt. Unter den Schweinen, die zur «Deeltucht» gehören (Deelschweine), versteht man nach BRINCKMEIER, E.: Glossarium diplomaticum, Wolfenbüttel 1850, 1. Band, S. 587: «Was ein Bauer nach seines Hofes Umständen an Schweinen durchhalten kann. Die Schweine mögen auf seiner Diele fallen oder zugekauft werden». Von den Fort-, Mager- und Deelschweinen hieß es im ersten Teilabschnitt des öfteren, sie sollen «themes» oder später «thomes» alt sein (z. B. 488/87, 130; 479/276). Auch «getömedes» alt kommt vor (478/184). Ähnlich kennzeichnete man im Amt Jerxheim die Tiere als «Thomd»- oder «Tomechtsschweine» (459/13, 27), und einmal war jährlich ein «Vercken

vom Altenteiler gemästet. Im Amt Königslutter sicherte er sich allerdings häufig das Recht, sein Schwein mit in das Holz treiben zu lassen, wenn ein Mastjahr war. Andernfalls bekam er vom Hof zwei bis fünf Himten Gerste. Im Amt Jerxheim dagegen war keine «Holzmast» vorhanden. Hier war es verschiedentlich gebräuchlich, ein Schwein so abzugeben, «wie es aus der Stoppel» kam (z. B. 460/41), und der Leibzüchter hatte sie anschließend auszumästen. Sollte dagegen der Hof das Tier füttern, so bekam es der Altenteiler «auf den Trog» (460/33), zuweilen mußte er es sogar selber kaufen. Gegen Ende des Untersuchungszeitraumes wurde gelegentlich statt der Lieferung eines Schweines die Zahlung einer bestimmten Geldsumme vereinbart.

Die Zahl der Hühnereier, die der Leibzüchter forderte, schwankte zwischen einem halben und zwei Schock. Nur im Amt Jerxheim wurden in wenigen Fällen größere Mengen versprochen. Anstatt dieser Abgabe konnte sich der Altenteiler auch vorbehalten, an ein oder zwei Wochentagen alle Eier auszunehmen. In diesem Fall trug er das Risiko der Hühnerhaltung mit. In einigen Verträgen mußte ihm der Annehmer des Hofes auch noch eine Zuchtgans samt der Zuzucht halten und füttern oder ihm jährlich zwei bis drei Gänse liefern. Selbst Tauben hatten in Ausnahmefällen den Speisezettel des Leibzüchters zu bereichern.

In nahezu allen Ehestiftungen einigte man sich darüber, wo der Altenteiler sein Vieh aufstallen konnte, selbst die Dungstätte wurde zuweilen bestimmt, und ebenso oft wurde auch vereinbart, wohin er sein Korn und Stroh legen wollte. Schließlich beanspruchte der Bauer, wenn er seinen Hof abgab, für sich und seine Frau «freien Umgang in Haus und Hof», den «freien Sitz in der warmen Stube», eventuell wählte er auch den Platz am Ofen, oder er forderte «den Stuhl dorthin zu rücken, wo es ihm beliebt». Eine eigene Stube war für die Leibzüchter nur ganz selten vorgesehen. Auch Altenteilshäuser wurden im Untersuchungsmaterial nur in 17 Verträgen genannt. Daneben gebrauchte er ein oder zwei Kammern, deren Lage genau angegeben wurde. Sie werden aber nicht alle bewohnbar gewesen sein, denn einmal hieß es von diesem Raum, er diene zur «Hinlegung der Früchte» (488/264). Häufiger wurde auch noch Bodenraum beansprucht, recht selten dagegen ein Platz im Keller, der sich auch auf dem Hofe befinden konnte (460/49).

Verstarb einer der Leibzüchter, so erhielt der Überlebende meistens die gleichen Naturallieferungen wie zuvor und bewohnte dieselben Räume, auch wenn er einen Teil des Ackerlandes an den Hof zurückgeben mußte. Natürlich gab es auch hier wieder Fälle, in denen der Hof seine Leistungen einschränkte und sich der verbleibende Leibzüchter mit weniger Wohnraum begnügen mußte.

Dabei ist von entscheidender Bedeutung, in welchem Verhältnis der Leibzüchter zum Hof stand. Die stärkste Stellung hatte naturgemäß der ursprüngliche Hofbesitzer. Das wird besonders in den Ehestiftungen deutlich, in denen er zwar den Hof an eins seiner Kinder übergab, so daß es ihn auch seinem Ehegatten zufreien konnte, sich aber

---

Thömels oldt» zu liefern (460/123). Womöglich hat man diese Bezeichnung auf die Pölke übertragen, wurden doch nach dem Dreißigjährigen Kriege im Amt Königslutter den Altenteilern häufig Tömels-Pölke zur Mast übergeben. Ursprünglich waren es sicher junge Tiere; denn meistens wurde ihr Alter mit einem halben Jahr angegeben, im Mindestfall war es «ein abgewöhntes Polk, so zehn Wochen alt» (466/123), später behielten sie die gleiche Bezeichnung noch, wenn sie bereits ein Jahr alt waren (466/501). Die ursprüngliche Bedeutung erhellt auch der Vertrag vom 14. X. 1600, in dem es hieß: zwei «Polcken» zu Fortschweinen (478). Sie konnten schließlich auch wieder «uf die Deel» kommen (479/80).

die Wirtschaftsführung vorerst vorbehielt. Hier verfügte er zuweilen, daß er nicht nur den Termin der Übergabe nach seinem Belieben festsetzen wolle, sondern auch Art und Umfang des danach aufzubringenden Altenteils. Diese Rechte konnte der Aufkömmling nicht immer geltend machen, da der ursprüngliche Anerbe bei der Abgabe des Hofes oft nicht nur für sich und seinen Ehegatten, sondern auch für den zuletzt Lebenden das Altenteil bestimmte. Mit zunehmender Häufigkeit vereinbarte der abgebende Hofbesitzer mit dem Annehmer aber auch jene Leibzucht, die im Falle der Wiederheirat eines Altenteilers gewährt werden sollte. Dabei ergaben sich erhebliche Unterschiede, die an drei typischen Beispielen verdeutlicht werden sollen.

Im Jahre 1748 einigte sich ein Ackermann mit seinem Sohn, daß er für beide Eltern 12 Morgen Ackerland abzugeben und zu bestellen hätte. Für einen Elternteil wurde nur noch die Hälfte beansprucht. Heiratete er aber zum zweiten Male, so erhöhte sich das Altenteilsland wieder auf 9 Morgen. Dem zweiten Aufkömmling allein aber standen nur 3 Morgen zu (488/229). Ebenso häufig vorkommende Abmachungen enthält auch der Vertrag aus dem Jahr 1798, den ebenfalls ein Ackermann mit seinem Sohn abschloß. Hiernach waren Mengen reinen Kornes zu liefern, die auf ungefähr 6 Morgen geerntet werden konnten. Der Vater beanspruchte diese Menge grundsätzlich, während er sie seiner Frau nur so lange zubilligte, bis das jüngste Kind zum Heiligen Abendmahl gegangen war. Danach bekam sie nur noch die Hälfte. Ging er aber eine zweite Ehe ein, so bekam die zweite Ehefrau für sich allein nur ein Fünftel der ursprünglich festgelegten Kornmenge (498/290). Ganz andere Bestimmungen dagegen traf ein Ackermann im Jahre 1798, als er zum zweiten Male heiratete. Seiner zweiten Ehefrau versprach er zur Leibzucht etliche Himten Roggen, Weizen und Gerste, für die man eine Anbaufläche von ungefähr 4½ Morgen benötigte. Zuvor konnte sie aber den Hof 21 Jahre lang nutzen und sich bis zum vierten Jahr vor der Übergabe an die Tochter erster Ehe auch wieder verheiraten. In diesem Falle wurden ihr und dem Interimswirt neun Morgen Altenteilsland zugestanden und, falls sie vor ihrem zweiten Mann verstarb, blieb ihm immerhin die Hälfte, also wiederum 4½ Morgen. Allerdings durfte der Interimswirt keine zweite Ehe mehr eingehen (470/228).

Alle drei Beispiele zeigen eindeutig die Verfügungsgewalt des ursprünglichen Hoferben. Es hing von ihm ab, ob er dem ersten Aufkömmling das gleiche Altenteil zusichern wollte wie sich selbst oder nur die Hälfte. Sie bekam der Auffahrende aber in jedem Fall, auch wenn der Hoferbe für sich allein nur die halbe Leibzucht von jener forderte, wie sie zuvor für beide Eheleute festgesetzt worden war. Dagegen mußten sich die Ehegatten, die einen Altenteiler heirateten, nach dessen Tode mit sehr geringen Lieferungen und Rechten bescheiden. Das erste und zweite Beispiel zeigen die bei diesem Sachverhalt typische Herabsetzung auf ein Viertel oder ein Fünftel. Unvergleichlich besser aber war die Stellung des Interimswirtes, der den Hof «in gutem Stande» zu erhalten hatte, bis der noch unmündige Anerbe die Wirtschaftsführung übernehmen konnte. Geschah das aber nicht, so haftete seine Frau mit ihrem Eingebrachten für die Schulden (478), oder der Interimswirt bekam nicht die volle Leibzucht (482/418). Früher wurde er aber auch für die Gebäudebesserung, den Abtrag von Schulden und das Einlösen verpfändeten Landes entschädigt (458/75; 459/53; 479/95, 156; 481/38), ganz im Gegensatz zu dem später geltenden Recht[203].

---

[203] RUNDE, CHR. L.: Rechtslehre von der Interims-Wirtschaft, Göttingen 1832, S. 175.

Zum Abschluß sei noch auf einen bemerkenswerten Unterschied zwischen den Verhältnissen in beiden Ämtern hingewiesen. In allen Ehestiftungen aus dem Amt Jerxheim behielt sich der abgebende Bauer nur zweimal die Wirtschaftsführung für sechs Jahre und zweimal für unbestimmte Zeit vor. Im Amt Königslutter beabsichtigte der alte Hofbesitzer in sechs Fällen, die Wirtschaft noch einige Jahre fortzusetzen, während er immerhin in 23 Verträgen den Übergabetermin ganz in sein Belieben stellte[204]. Wenn die jungen Eheleute bis dahin auch Essen und Trinken, das alltägliche Zeug, im Höchstfalle drei Morgen Land und vielleicht noch ein Klafter Holz (ähnlich 145/151) erhielten, so mußten sie sich in einigen anderen Fällen mit dem «freien Sitz und Tisch» begnügen (so 488/268). Mögen diese jungen Menschen auch anspruchsloser gewesen sein, und deshalb die Zeit bis zur Übernahme des Hofes leichter ertragen haben, ihnen scheint dennoch kein leichtes Los beschieden gewesen zu sein, wenn man in einem früheren Vertrage liest: «Er und seine Hausfrau haben sich vorbehalten, Zeit ihres Lebens in ihrem Hause zu regieren und Jonas Künen und ihre Tochter Anna als Diener und Dienerin mit Arbeit und sonst in dem Hause zu halten. Dagegen sich Görgen Giseke nebst seiner Hausfrau versprochen, dieselben mit Speise und Kleidung nach Notdurft zu unterhalten und zu versorgen» (478).

II. Die Vererbung des Nachlasses der Altenteiler

Während des Untersuchungszeitraumes befaßte sich die Landesregierung nur viermal mit den Rechtsverhältnissen der Leibzucht. Abgesehen von einer allgemein gültigen Mahnung, die Altvaterteile so mäßig zu setzen, daß der Hof und Successor nicht ruiniert werden, wurden aber nur Sonderfälle geregelt[205]. Über die Vererbung des Nachlasses der Altenteiler wurde dabei nichts bestimmt. In Fällen, in denen kein Testament vorlag, hätten die Verordnungen von 1689 und 1754 angewandt werden können; aber in beiden wurden die Ehestiftungen den Testamenten ausdrücklich gleichgestellt, so daß auch diese Landesgesetze für die vorliegende Arbeit nicht herangezogen werden können[206]. Außerdem wurde bezweifelt, ob sie überhaupt den Bauernstand betrafen[207].

Der bedeutendste Teil des Altenteils war zweifellos das Nutzungsrecht, das sich der Leibzüchter an einem Teil des zum Gut gehörigen Landes vorbehalten hatte. Zwar konnte er den Umfang dieser Altenteilsländereien für sich und den zuletzt lebenden Ehegatten zumindest mit bestimmen, aber er konnte bei der damals herrschenden Rechtslage niemals den Heimfall dieser Äcker an den Hof hindern[208]. Infolgedessen liegt die Vermutung nahe, auch das mit dem Gute verbundene und vom Leibzüchter genutzte Allod wäre nach dessen Tode in das Eigentum des Anerben übergegangen. Dieser Annahme stehen aber letztwillige Verfügungen über «das Korn im Felde» entgegen, nach denen sich alle Kinder des Erblassers darin teilen sollten (466/307; 497/363). Weit häufiger wurde allerdings die Ernte des Getreides, das beim Tod des Alten-

---

[204] Die entsprechenden Absprachen entstammen 2mal dem Teilabschnitt nach dem Dreißigjährigen Kriege, 6mal der Zeit von 1708-1720, 7mal der von 1745-1750 und 8mal jener von 1794-1800.
[205] RUNDE: Leibzucht, a. a. O., S. 112 ff.
[206] Siehe Anmerkungen 137 und 138.
[207] SCHOLZ III: Afindungen, a. a. O., S. 93.

teilers gerade auf dem Halm stand, dem Hofbesitzer zugesprochen, der dafür das Begräbnis auszurichten hatte. Diese Regelung war fraglos sehr zweckmäßig, da die weichenden Erben häufig nicht nur den Hof, sondern auch ihr Heimatdorf verlassen hatten. Über das trennbare Allod, das Bargeld und die zum persönlichen Gebrauch bestimmten Gegenstände trafen die Leibzüchter so unterschiedliche Dispositionen, daß es nicht leicht ist, vorherrschende Gewohnheiten zu erkennen.

Waren noch beide Altenteiler am Leben, so fiel beim Tode des einen sein Nachlaß eventuell dem Überlebenden und den Kindern zu gleichen Teilen zu. Dieser verhältnismäßig seltenen Absprache steht eine beinahe erdrückende Zahl von Eheberedungen gegenüber, in denen sich die Ehegatten gegenseitig zu Erben einsetzten. Fast immer hatte auch der zuletzt Lebende den zuerst verstorbenen Altenteiler zu begraben. So wurde es jedenfalls in 36 Eheverträgen vereinbart, und nur in sechs Ehestiftungen hatte der Hof für das Begräbnis beider Elternteile aufzukommen. Für die Beerdigung des zuletzt lebenden Altenteilers hatte er dagegen ausnahmslos zu sorgen. Diese Belastung wurde aber durch verschiedene Regelungen gemildert[209]. In der überwiegenden Zahl der Fälle, nämlich in immerhin 31 Eheverträgen, erhielt der Besitzer des Hofes dafür den gesamten Nachlaß, in fünf weiteren wenigstens das Korn auf dem Halm. In sieben anderen Ehestiftungen fiel an den Hof auch das eingeerntete Getreide, Futter, Stroh und Vieh wieder zurück, während sich alle Kinder in den «anderen Mobilien» teilten. In einem Vertrage aus dem Amt Jerxheim hieß es dazu ausdrücklich, die vorstehende Vereinbarung entspräche «hiesiger Gewohnheit» (470/8)[210]. Ähnliches wurde sicher auch in den sechs Eheberedungen beabsichtigt, die bestimmten, die Kosten der Beerdigung seien aus dem Nachlaß zu bestreiten, und der Rest sei unter alle Abkömmlinge gleichmäßig aufzuteilen. Eine für den Hoferben ungünstige Regelung enthielten dagegen nur sechs Verträge. Sie besagten, daß er zwar das Begräbnis ausrichten müsse, doch solle der Nachlaß ihm wie den übrigen weichenden Erben zu gleichen Teilen zukommen.

In fünfzehn Ehestiftungen schließlich wurden den Söhnen die Kleider des Vaters, den Töchtern die der Mutter zugesprochen. Ebenso blieben Bett und Bettgewand, Flachs und Linnen häufig den weiblichen Erben vorbehalten. Für diese Vereinbarungen sprach, daß sie zweckmäßig waren. Es ist aber ebenso gut denkbar, daß in ihnen die Tradition von Heergewette und Frauengerade fortlebten.

D. Schlußbetrachtung

Das Ziel dieser Arbeit war es, festzustellen, in welchem Umfang sich die Ertragslage braunschweigischer Bauernbetriebe vom Ende des 16. Jahrhunderts bis zum Schluß des 18. Jahrhunderts verändert hatte. Um diese Aufgabe lösen zu können, mußten zuvor zwei Fragen geklärt werden. Erstens war zu untersuchen, ob die Abfindungen, die man den weichenden Erben aussetzte, auch der Leistungskraft der Bauernhöfe entsprachen. Das ist mit Sicherheit der Fall gewesen. Unterschritt die Ausstattung das Vermögen des Gutes, so drangen die weichenden Erben selbst oder ihre Vormünder auf eine

---

[208] Siehe Anmerkungen 93 bis 97, außerdem RUNDE: Leibzucht, a. a. O., S. 388.
[209] Sie fordert RUNDE: Leibzucht, a. a. O., S. 463.
[210] So auch GESENIUS, a. a. O., 1. Band, S. 549.

höhere Mitgift. Überstieg sie aber die Kräfte des Hofes, so forderte dessen Annehmer oder der zuständige Amtmann, der die Ehestiftung zu genehmigen hatte, eine Herabsetzung der Mitgabe. Zweitens war zu überprüfen, ob der abgebende Bauer die nötige Verfügungsfreiheit besaß, um sein Altenteil und die Abfindung seiner Kinder nach seinem Ermessen festzusetzen. Denn bei den vielen hierzu ergangenen Verordnungen war zu befürchten, Landes- und Gutsherr hätten die Mitgabe an die weichenden Erben so niedrig gehalten, daß durch sie die Leistungskraft der Höfe nicht voll ausgeschöpft wurde. Sie hätten dann um so eher ihre Abgaben liefern und ihre Dienstpflicht erfüllen können. Bei den Erbenzinsbauern beschränkte bereits das gültige Landesrecht die Freiheit der Vertragsgestaltung nur, indem es für die Ehestiftung die «obrigkeitliche Confirmation» durch den Amtmann forderte. Aber auch bei den Meiern ist sicher, daß sie keine weitere Erschwernis hinnehmen mußten, und infolgedessen bei Abschluß des Ehevertrages auch nicht den gutsherrlichen Konsens erbrachten, den die Landesgesetzgebung noch 1770 forderte. Das gesamte Untersuchungsmaterial enthielt nicht einen Hinweis auf die unterschiedliche Rechtsstellung von Erbenzinsleuten und Meiern, die das Landesrecht immer wieder betonte.

Nicht zuletzt konnte wegen der Länge des Untersuchungszeitraumes ein erheblicher Wandel der Erbsitten beobachtet werden. Der entscheidende Umschwung erfolgte nach dem Dreißigjährigen Kriege. Zuvor wurde noch das Mußteil gewährt, und die Stellung des sippenfremden Aufkömmlings war noch sehr ungünstig. Falls es die «rechten Erben» wollten, konnten sie ihn vom Hofe wieder vertreiben, wenn sein Ehegatte, der ursprüngliche Hoferbe, verstorben war. Es kam sogar vor, daß der Anerbe zusätzlich zur Abfindung seinen Geschwistern die Wartrechte auf das Gut entschädigen mußte, wenn sie durch die Geburt seiner Kinder verlorengingen. Es hieß deshalb auch ausdrücklich, diese Kinder sollten die rechten Erben des Gutes sein. Nach dem Kriege aber verbesserte sich die Stellung des Auffahrenden schnell und grundlegend. Folgten der Ehe keine Kinder, so wurde er Alleinerbe des Gutes und konnte es auch einem zweiten Ehegatten wieder zufreien. Auch das Verbleiben auf dem Hof und der Empfang des Altenteils wurden jetzt dem Aufkömmling stets zugesichert.

Überblickt man die Entwicklung der Ertragslage in den Ämtern Königslutter und Jerxheim, so ergeben sich für das ausgehende 16. und das gesamte 17. Jahrhundert keine nennenswerten Unterschiede. Bis zum Jahre 1600 kann der Wert der Abfindung von einem Ackerhofe mit knapp 200 fl. angenommen werden. Im Jahrzehnt von 1611 bis 1620 stieg er zwar auf 260 fl. an, doch lag hierin keine Mehrbelastung für den Hof, da sich nicht der Umfang der Mitgift vergrößerte, sondern nur ihr Wert, der sich entsprechend den gestiegenen Preisen für Agrarprodukte vermehrte. Nach dem Dreißigjährigen Kriege betrug der Geldwert der Abfindung wiederum knapp 200 fl.

An diesem Ergebnis überrascht die gleichhohe Abfindung in beiden Ämtern; denn im Amt Königslutter umfaßte im Schnitt ein Ackerhof nur 100 Morgen, im Amt Jerxheim dagegen 162. Es muß hierbei aber berücksichtigt werden, daß im Amtsbezirk Königslutter die Höfe etwas mehr Wiesenland besaßen und hier die Qualität der Weiden und Anger erheblich besser war. Infolgedessen wurde hier eine intensive Viehzucht betrieben. Zwar blieb der Viehbesatz absolut hinter jenem im Amt Jerxheim etwas zurück, relativ aber war er weit höher[211]. Deshalb konnte den weichenden Erben

---

[211] Diese unterschiedlichen Verhältnisse wurden den Dorfbeschreibungen aus der Mitte des 18. Jahrhunderts entnommen (Quellennachweis s. Tab. 28). Da sie auf natürlichen Gegeben-

im Amt Königslutter auch nahezu ebenso viel Großvieh mitgegeben werden. Die noch verbleibende Schlechterstellung wurde vollends durch die starke Schweinehaltung in den Wäldern des Elms ausgeglichen, wodurch der Hofannehmer in diesem Amt of doppelt so viel Schweine ausloben konnte wie jener im Amt Jerxheim. Damit ist die Wertgleichheit der Abfindung an Vieh erklärt, die anfangs immerhin ein knappes Drittel der gesamten Abfindung ausmachte. Wenn aber auch die Barabfindung, die Hochzeitskosten und die zur einmaligen Ernte überlassenen Morgen Landes in beiden Ämtern den gleichen Umfang erreichten, so wurde zweifellos die Ertragskraft eines Ackerhofes im Amt Königslutter weit stärker in Anspruch genommen als im Amt Jerxheim.

Überraschend ist aber auch der Umfang der Abfindungen nach dem Dreißigjährigen Kriege, der normalen Vorkriegsverhältnissen entsprach. Da sich der betreffende Teilabschnitt bis zum Jahre 1683 hinzog, kann selbstverständlich geschlossen werden, die Ertragskraft der Höfe habe in 35 Nachkriegsjahren im Schnitt die alte Höhe wieder erreicht. Es darf aber nicht übersehen werden, daß für fünf braunschweigische Dörfer im gleichen Zeitraum eine erhebliche Zunahme der Verschuldung nachgewiesen werden konnte[212], und auch die Amtshandelsbücher dieser Zeit enthalten eine bedeutende Zunahme der «Obligationen». Die Ursache ist aber zweifellos nicht nur bei den Auswirkungen des Krieges zu suchen, sondern auch in einer geradezu erstaunlichen Häufung von Mißernten[213]. Es widersprach aber wohl dem Gerechtigkeitsgefühl, der Erfahrung, der Tradition und vielleicht auch dem Geltungsdrang, wegen dieser, wie man wohl glaubte, vorübergehenden Schwächung der Leistungskraft des Hofes die weichenden Erben geringer auszustatten. Deshalb muß besonders im Amt Königslutter damit gerechnet werden, daß die Höhe der Mitgaben in diesem Teilabschnitt eine zu günstige wirtschaftliche Lage vortäuscht, und sicher geriet mancher Hof jetzt auch deswegen in Schulden, weil zu hohe Abfindungen versprochen waren. Auf die Dauer konnte die Ertragskraft der Höfe aber nicht überfordert werden.

Bereits im folgenden Abschnitt von 1708 bis 1720 zeigen sich die Auswirkungen dieser Handlungsweise, die sicher noch durch die neuerlichen Mißernten im letzten Jahrzehnt des 17. Jahrhunderts verstärkt wurden. Der Wert der Naturalabfindung einschließlich der Hochzeitskosten blieb im Amt Königslutter gegenüber dem vorigen Teilabschnitt beinahe gleich, und da die Korn- und Viehpreise inzwischen wieder angestiegen waren, bedeutet das einen Rückgang des Umfanges. Die Barabfindung sank sogar auf 36 fl. ab. Infolgedessen verminderte sich auch der Gesamtwert der Mitgift von 190 auf 164 fl. Im Amt Jerxheim dagegen scheint man die Ertragslage nach dem Dreißigjährigen Kriege kaum überschätzt zu haben. Auf jeden Fall verbesserte hier der Aufschwung der Kornpreise die Rentabilität so sehr, daß der Gesamtwert der Abfindung gegenüber dem letzten Unterabschnitt um 61 fl. zunahm und jetzt eine Höhe von 246 fl. erreichte. Diese Zunahme beruht ausschließlich auf dem Anwachsen der Barabfindung.

heiten beruhten, ist nicht anzunehmen, daß in der vorhergehenden Zeit nicht die gleichen Unterschiede bestanden hätten.

[212] ACHILLES, W.: Kirchenrechnungsbücher als Quellen zur Agrarkonjunktur und -krisenforschung, in: Schriftenreihe für ländl. Sozialfragen, Heft 44 (Festschrift Wilhelm Abel), Hannover 1964, S. 45.

[213] GESENIUS, a. a. O., 1. Band, S. 487 ff. Von 1657 bis 1666 werden die Meierzinsen achtmal wegen Mißwachs herabgesetzt.

Anschließend ist in beiden Ämtern bis zur Mitte des 18. Jahrhunderts ein erneuter Anstieg des Wertes zu beobachten. Mit 207 fl. war er im Amt Jerxheim etwas stärker als im Amt Königslutter, wo er nur 169 fl. betrug. In der zweiten Hälfte dieses Jahrhunderts wuchs im Amt Königslutter die Zuwachsrate auf beinahe 250 fl. an, so daß um 1800 ein weichender Erbe vom Hof im Schnitt 582 fl. erwarten konnte, im Amt Jerxheim aber vermehrte sie sich nahezu um das Fünffache auf knapp 1000 fl., und der Sohn eines Ackermannes durfte hier gegen Ende des Untersuchungszeitraumes im Durchschnitt eine Mitgabe im Werte von 1451 fl. erhoffen.

Hierzu muß in jedem Fall noch der Wert des Ehrenkleides gerechnet werden, der im Vergleich zum Gesamtwert der Mitgabe aber unbedeutend ist. Lediglich bei der Abfindung der Töchter muß zumindest in den späteren Teilabschnitten noch ein größerer Betrag für Kisten und Kasten, Betten und Bettgewand und «Leinengeräte» hinzugerechnet werden.

Dadurch wird aber das Gesamtbild, wie es zuvor entworfen wurde, nicht nennenswert verändert. Es ist zugleich ein gutes Beispiel dafür, wie unterschiedlich der konjunkturelle Aufschwung in verhältnismäßig naheliegenden Gebieten sein konnte[214], obwohl in beiden das geltende Recht in vielerlei Hinsicht gleich war und die Preise für Getreide, Vieh und Agrarprodukte gleiches Niveau und gleiche Entwicklung aufwiesen. Auch die Dreifelderwirtschaft war in beiden Amtsbezirken gebräuchlich. Falls also die Bauern im Amt Jerxheim nicht sparsamer und in der Wirtschaftsführung geschickter gewesen sein sollten, wofür sich keine Anhaltspunkte finden lassen, so müssen es die umfangreicheren Nutzflächen und die höhere Bodenfruchtbarkeit gewesen sein, die hier das weit stärkere Anwachsen der Überschüsse bewirkten.

Der unterschiedliche konjunkturelle Aufschwung in beiden Ämtern zeigt aber auch, daß die Veränderungen der Ertragslage mit einem der in dieser Arbeit verwandten Maßstäbe immer nur annähernd erfaßt werden können. Von 1661 bis 1800 verdreifachten sich die Einnahmen aus der Bodenproduktion, wenn man das Steigen der Getreidepreise und -erträge zusammenfaßt, und im Amt Königslutter stiegen auch die Überschüsse auf das Dreifache an, wenn man die Abfindungen hierfür als Maßstab wählt. Daraus folgt, daß auch die Unkosten um diesen Betrag gestiegen sein müssen. Der Anstieg des Bodenwertes auf das Sechsfache könnte jetzt aber nur zur Hälfte auf die verbesserte Ertragslage der Landwirtschaft zurückgeführt werden, während die darüber hinausgehende Wertsteigerung des Bodens auf das gestörte Verhältnis von Angebot und Nachfrage zurückgeführt werden müßte. Dagegen sind zwar die Einnahmen im Amt Jerxheim ebenfalls um das Dreifache gestiegen, doch müßten sich die Überschüsse entsprechend dem Gesamtwert der Abfindungen auf das Sieben- bis Achtfache erhöht haben. Die Unkosten dürften hier also kaum gewachsen sein, jedoch läßt sich das Steigen des Bodenwertes in diesem Amt ohne weiteres aus der verbesserten Ertragslage erklären, da sie sich noch stärker erhöhte als er. Diese unterschiedlichen Schlußfolgerungen führen zu der Erkenntnis, daß sich die drei Maßstäbe für die Agrarkonjunktur – Getreidepreise, Bodenwerte und Werte der Abfindungen – nicht widerspruchslos zu einem Gesamtbild vereinen lassen. Es folgt aber auch daraus, wie sehr sie einander bedürfen und sich ergänzen.

[214] Die Entfernung in der Luftlinie beträgt zwischen beiden Amtsorten genau 20 km.

Im Amt Königslutter war der Preisanstieg beim Getreide in erheblichem Umfang ebenso Ursache der verbesserten Ertragslage wie deren Maßstab. Im Amt Jerxheim ist er sicher noch wesentlich an ihrer Verbesserung beteiligt, aber er vermag sie nicht mehr zu kennzeichnen. Die ähnliche Vervielfachung von Bodenpreisen und Gesamtwerten der Abfindungen zeigt, daß hier Einnahmen und Ausgaben nicht mit dem gleichen Faktor multipliziert werden dürfen, da sonst das weit stärkere Steigen der Überschüsse unerklärbar bliebe. Bedenkt man aber, wie es schon für die Abfindungen im Amt Königslutter nach dem Dreißigjährigen Kriege nachgewiesen werden konnte, daß jeder Maßstab dem Geschehen nicht mit absoluter Treue folgt, so müssen alle aufeinander bezogen werden, um den tatsächlichen Verhältnissen möglichst nahe zu kommen. Korrigiert man also die anfänglich überhöhten Mitgaben im Amt Königslutter, so nähern sich bereits die Steigerungsraten in beiden Ämtern. Auch ist nicht anzunehmen, daß der Bodenwert der nicht so fruchtbaren Böden im Amt Königslutter ebenso stark gestiegen sei wie im Amt Schöningen. Auch kann ohne weiteres vermutet werden, daß die Erträge im Amt Jerxheim stärker zunehmen als im Vergleichsamt. Im Amt Jerxheim ist auch eine besonders kräftige Steigerung der Einnahmen aus der Viehhaltung wahrscheinlich, nachdem beim Rindvieh die Sommerstallfütterung eingeführt worden war, und weiterhin muß die starke Schafhaltung dieses Bezirks erwähnt werden, die allein durch ihr starkes Wachsen die mit ihr verbundene Rentabilität beweist. Schließlich ist auch denkbar, daß hier bei einer erheblichen Zunahme der Überschüsse der Anteil wuchs, mit dem man die weichenden Erben abfand.

Der Umfang des Altenteils konnte für die Zeit vor dem Dreißigjährigen Kriege nicht genau ermittelt werden. Es konnte aber erkannt werden, daß weit öfter als später Altenteiler und Hofannehmer einen gemeinsamen Haushalt führten und den Leibzüchtern zusätzlich nur wenige Morgen Landes frei bestellt wurden, deren Ernte sie als Notpfennig verwenden konnten. Nach dem großen Kriege aber blieb der jetzt weitaus größere Umfang des Altenteils praktisch gleich. Neben den Naturalleistungen behielt sich im Regelfall der Abgeber eines Ackerhofes die Nutzung von 12 Morgen, der eines Halbspännerhofes von 9 bis 6 und der eines Kothofes von 6 bis 3 Morgen vor. Lediglich die Tendenz wurde spürbar, immer mehr Naturallieferungen mit Geld zu entschädigen. Ebenso wurde die Eigenwirtschaft des Leibzüchters verringert und ihm zum Ausgleich vom Hof Fertigprodukte geliefert. Am allgemeinen Aufschwung der Landwirtschaft nahm der Altenteiler also nur in dem Umfang teil, wie er Getreide, das er nicht zu seinem Lebensunterhalt benötigte, zu gestiegenen Preisen verkaufen konnte. Daneben verfügte er im allgemeinen über keine verkaufsfähigen Erzeugnisse.

QUELLENVERZEICHNIS

A. Ungedruckte Quellen

I. Niedersächsisches Staatsarchiv Wolfenbüttel

Signatur

2 Alt Supplement XI 2 (Geheime Ratsregistratur)

4 Alt Findbuch 2 Achim 8, Hessen 2 und 7, Königslutter 6, Jerxheim 8, Schöningen 25 und 98, St. Lorenz 8 und 9, Warberg 14, Twieflingen 4, Winnigstedt 6 (Kloster- und Amtsakten)

20 Alt 11 I, 30 I, 55 I, 74 I und II, 97 I, 104, 111 I, 118 I, 136 III, 193, 194 II, 206 I, 210 I und III, 239 I, 245 I, 293 I, 303, 310, 316, 327, 350 I, 359, 361 I, 370 I u. III, 400 I (Dorfbeschreibungen)

21 Alt 145, 458, 459, 460, 462, 463, 464, 466, 467, 469, 470, 478–484, 487–491, 495, 497, 498, 781–800, 899, 900, 908 (Amtshandelsbücher)

22 A Alt 1499 (Amtsrechnungen)

23 Alt 256 (Ältere Kontributionsbeschreibungen)

74 Alt 1, 3 I und III, 678–685, 816, 821, 828 (Rektifizierte Kontributionsbeschreibungen)

71 Neu Findbuch 4, 12, 76, 116, 123, 200, 201, 313, 333, 351, 398, 455 (Neuere Kontributionsbeschreibungen)

40 Slg. 656, 944, 989, 1116, 1427, 1474, 1567, 1604, 1635, 1699, 1757, 1876, 1936, 2082, 2101, 2177, 2191, 3325, 3645, 3962, 4372, 4918, 5041, 5819, 5994, 6048, 6862, 6912, 7653, 7669, 7892, 10 077, 11 493, 14 118 (Verordnungssammlung)

Landschaftliche Bibliothek 1225 Band VIII und X (Collectanea Hassel)

II. Kirchenrechnungsbücher

Kirchenrechnungsbuch von Hedeper für die Jahre 1630 bis 1690, aufbewahrt im Pfarramt zu Hedeper, Kreis Wolfenbüttel

Kirchenrechnungsbuch von Mahlum für die Jahre 1649 bis 1711, aufbewahrt im Pfarramt zu Mahlum, Kreis Gandersheim

III. Privatbesitz H. Keune, Gielde, Kreis Goslar

Handschriftliche Übersicht über die Erträge der Amts-Öconomie Schladen, Kreis Goslar, aus der Berichtszeit (1803–1811)

Kopie der Inventarübersicht des Beutnagelschen Ackerhofes zu Neuenkirchen, Kreis Goslar, aufgenommen am 16. V. 1804, beglaubigt mit Stempeln des preußischen Amtes Liebenburg

B. Literaturverzeichnis

ABEL, WILHELM: Agrarkrisen und Agrarkonjunktur in Mitteleuropa vom 13. bis zum 19. Jahrhundert, Berlin 1935.

— Geschichte der deutschen Landwirtschaft vom frühen Mittelalter bis zum 19. Jahrhundert, in: Deutsche Agrargeschichte, Band II, Stuttgart cy. 1962.

ACHILLES, WALTER: Die Getreidewirtschaft der Kirchen zu Hedeper und Bornum, in: Zs. f. Agrargesch. u. Agrarsoziologie. Jg. 8, H. 2, 1960.

— Kirchenrechnungsbücher als Quellen zur Agrarkonjunktur und -krisenforschung, in: Schriftenreihe für ländliche Sozialfragen. H. 44 (Festschrift Wilhelm Abel), 1964.

ANDREE, RICHARD: Braunschweiger Volkskunde, Braunschweig 1901[2].

BATH, BERNHARD H. SLICHER VAN: De agrarische geschiedenis van West-Europa, in: Aula-Boeken, Utrecht Antwerpen cy. 1960.

BOMANN, WILHELM: Ländliches Hauswesen und Tagewerk im alten Niedersachsen, Weimar 1927.

CONRAD, HERMANN: Deutsche Rechtsgeschichte, Karlsruhe 1954.

FINCKENSTEIN, H. W. GRAF: Die Landwirtschaft in Preußen und Deutschland und in den neun alten preußischen Provinzen von 1800–1930, 3 Bände (Bern 1959, Mschr.).

FRAUENDORFER, SIGMUND v.: Die Ideengeschichte der Agrarwirtschaft und Agrarpolitik, Band I, München 1957.

GESENIUS, CARL: Das Meierrecht mit vorzüglicher Hinsicht auf den Wolfenbüttelschen Theil des Herzogthums Braunschweig-Lüneburg, 2 Bände, Wolfenbüttel 1801/3.
HASSEL, G., und BEGE, K.: Geographisch-statistische Beschreibung der Fürstenthümer Wolfenbüttel und Blanckenburg, Band II, Wolfenbüttel 1803.
JUSTI, JOHANN HEINRICH GOTTLOB, v.: Göttingische Polizey-Amts-Nachrichten für das Jahr 1755, Göttingen 1755.
KEILITZ, ALFRED: Die Wirkungen des Dreißigjährigen Krieges in den Wittumsämtern des Herzogtums Braunschweig-Wolfenbüttel, in: Quellen und Forschungen zur braunschweigischen Geschichte, Band X, Wolfenbüttel 1938.
KENYON, G. H.: Kirdford Inventories, 1611 to 1776, in: Sussex Archaeological Collections, Vol. 93, Oxford 1955.
LONG, W. HARWOOD: Regional Farming in Seventeenth-Century Yorkshire, in: The Agricultural History Review, Vol. VIII, 1960.
NELKENBRECHERS Taschenbuch der Münz, Maaß- und Gewichtskunde für Kaufleute, hg. von M. R. B. Gerhardt sen., Berlin 1798.
NIEKERKEN, WALTHER: Das Feld und seine Bestellung in Niedersachsen, in: Sprache und Volkstum, Band V, Hamburg 1935.
OEHR, GUSTAV: Ländliche Verhältnisse im Herzogtum Braunschweig-Wolfenbüttel im 16. Jahrhundert, in: Quellen und Darstellungen zur Geschichte Niedersachsens, Band XII, Hannover Leipzig 1903.
PLANITZ, HANS: Deutsche Rechtsgeschichte, Graz/Köln 1961².
REINBECK, C.: Das Recht des bäuerlichen Grundbesitzes im Herzogtum Braunschweig, Wolfenbüttel 1903.
RIEMANN, FRIEDRICH-KARL: Ackerbau und Viehhaltung im vorindustriellen Deutschland. Diss. agr. Göttingen 1952 (gedr.: III. Beiheft zum Jahrbuch der Albertus-Universität Königsberg i. Pr., Kitzingen 1953).
RUNDE, CHRISTIAN LUDWIG: Abhandlung der Rechtslehre von der Interims-Wirtschaft auf Deutschen Bauerngütern, Göttingen 1832².
— Die Rechtslehre von der Leibzucht oder dem Altentheile auf Deutschen Bauerngütern 2 Theile, Oldenburg 1805.
SAALFELD, DIEDRICH: Bauernwirtschaft und Gutsbetrieb in der vorindustriellen Zeit, in: Quellen und Forschungen zur Agrargeschichte, Band VI, Stuttgart 1960.
SCHOLZ DER DRITTE, I.: Über Abfindungen von deutschen Bauerngütern, Braunschweig 1838.
— Über die Intestaterbrechte der Ehegatten auf deutschen Bauerngütern, Braunschweig 1837.
STEER, FRANCIS W.: Farm and Cottage Inventories of Mid-Essex 1635–1749, Colchester 1950.
STEINACKER, ADOLF: Particulares Privatrecht des Herzogthums Braunschweig, Wolfenbüttel 1843.
UNGER, JOHANN FRIEDRICH: Von der Ordnung der Fruchtpreise, Göttingen 1752.
Universallexikon aller Wissenschaften und Künste, hg. von Johann Peter v. Ludewig, Leipzig Halle 1742.
WÄCHTER, HANS-HELMUT: Ostpreußische Domänenvorwerke im 16. und 17. Jahrhundert, Diss. agr. Göttingen 1957 (gedr.: XIX. Beiheft zum Jb. der Albertus-Universität Königsberg i. Pr., Würzburg 1958).
WISWE, HANS: baare-bil, in: Korrespondenzblatt des Vereins für niederdeutsche Sprachforschung, Jg. 1957 und 1962.
WITTICH, WERNER: Die Grundherrschaft in Nordwestdeutschland, Leipzig 1896.

Die wirtschaftliche Situation in Deutschland und Österreich um die Wende vom 18. zum 19. Jahrhundert

Bericht über die Erste Arbeitstagung der Gesellschaft für Sozial- und Wirtschaftsgeschichte in Mainz, 4. bis 6. März 1963

Im Auftrage des Vorstandes der Gesellschaft herausgegeben von
Prof. Dr. Dr. Friedrich Lütge, München

1964. VIII, 254 Seiten, 6 Abbildungen, Format 15,2 × 22,9 cm, Ganzleinen DM 39,—
(Forschungen zur Sozial- und Wirtschaftsgeschichte. Hrsg. von F. Lütge, München. Band 6)

Die Gesellschaft für Sozial- und Wirtschaftsgeschichte hat Anfang März 1963 in Mainz ihre erste Arbeitstagung – der weitere folgen sollen – abgehalten. Den Vorsitz führte Prof. Dr. Lütge (Universität München), der Vorsitzende der genannten Gesellschaft. Eine Reihe der führenden Wirtschaftshistoriker – nämlich W. Abel, W. Fischer, H. Hassinger, H. Kellenbenz, H. Mauersberg, W. Treue und W. Zorn – befaßten sich mit dem Thema «Die wirtschaftliche Lage Deutschlands um die Wende vom 18. zum 19. Jahrhundert». Es handelt sich bei diesem Thema um einen Fragenkreis, der zu den ungeklärten Problemen unserer Wirtschaftsgeschichte gehört. Während eine Fülle von Untersuchungen dem Merkantilismus und speziell auch dem Manufakturwesen gewidmet ist, und eine fast noch größere Zahl der frühen Entwicklung des Industriesystems, ist die dazwischen liegende Zeit – eine sogenannte «Übergangszeit» – so gut wie unbekannt. Um ihre Klärung bemühte sich die genannte Arbeitstagung. Die dort gehaltenen Referate sind, unter Verwertung der höchst lebendigen und intensiven Diskussion, nunmehr in diesem Sammelband vereinigt. So darf dieser Band als eine der wichtigsten wirtschaftsgeschichtlichen Publikationen angesehen werden.

GUSTAV FISCHER VERLAG · STUTTGART

Anleitung zu der Landwirtschaft

Von Martin Grosser

Oeconomia

Von Abraham von Thumbshirn

Zwei frühe deutsche Landwirtschaftsschriften

Herausgegeben von Dr. Gertrud Schröder-Lembke, Mainz
1965. V, 109 Seiten, 2 Abbildungen, Format 16,4×24,4 cm, Ganzleinen DM 34,—

(Quellen und Forschungen zur Agrargeschichte. Herausgegeben von F. Lütge, München, G. Franz, Stuttgart-Hohenheim, W. Abel, Göttingen. Band XII)

Die Veröffentlichung macht zwei frühe deutsche Landwirtschaftsschriften, die nur noch in wenigen Originaldrucken erhalten sind, einem größeren Interessentenkreis zugänglich. Beide sind aufschlußreiche Quellen für die Geschichte der deutschen Landwirtschaft im 16. Jahrhundert, da sie 1. aus der Praxis heraus geschrieben sind und sich von der gelehrten antiken Tradition freigehalten, 2. sich im Thema auf die landwirtschaftliche Fragestellung beschränken und nicht an der Weitschweifigkeit der eigentlichen Hausväterliteratur leiden, und 3. zeitlich und örtlich genau bestimmbar sind (Sachsen und Niederschlesien Ende des 16. Jahrhunderts).

Die Einleitung führt den Leser ein in die historischen und biographischen Bezüge der beiden Schriften und ihrer Autoren. Wort- und Sacherklärungen, die Erläuterung der alten Maß-, Gewichts- und Kalenderangaben machen den zum Teil recht krausen und schwer verständlichen Text dem modernen Leser zugänglicher, zwei Kartenskizzen lokalisieren die erwähnten Ortsangaben, Literaturhinweise und eine Zusammenstellung der erhaltenen Druckexemplare geben Anhalt für weitere wissenschaftliche Beschäftigung mit dem Thema.

GUSTAV FISCHER VERLAG · STUTTGART

Bei Fragen zur Produktsicherheit wenden Sie sich bitte an:
If you have any questions regarding product safety,
please contact:

Walter de Gruyter GmbH
Genthiner Straße 13
10785 Berlin
productsafety@degruyterbrill.com